JN080919

離島、廃校、移住者受け入れから考える

小さな地域と小さな学校

中島勝住
中島智子
編著

明石書店

プロローグ

中島智子

本書は、日本の３つの地域を取り上げて、それぞれの地域の文脈の中で、地域に学校があるというのはどういうことかを考えようとするものである。また、これらの地域と共通する課題の解決に独特な方法で取り組んでいる韓国の事例を収める。

３つの地域とは、鹿児島県熊毛《くまげ》郡屋久島《やくしま》町の一湊《いっそう》地区と口永良部《くちのえらぶ》島、京都府相楽《そうらく》郡南山城《みなみやましろ》村高尾《たかお》地区、和歌山県東牟婁《ひがしむろ》郡那智勝浦《なちかつうら》町色川《いろかわ》地区である。韓国の忠清南道《チュンチョンナムド》洪城《ホンソン》郡洪東《ホンドン》地区も含めて、これらの地域は中山間地域あるいは離島といわれ、過疎化が進展している地域である。

中山間地域とは、「山間地及びその周辺の地域、その他地勢等の地理的条件が悪く、農業生産条件が不利な地域」をいい、農林統計で用いられている地域区分のうちの中間農業地域と山間農業地域を合わせた地域のことである（農林水産省ＨＰ）。中山間地域は日本の国土面積の約７割を占めている。一方、離島とは、北海道・本州・四国・九州・沖縄本島の５島を除く島をいい、４２０島前後あるとされる。なお、過疎地域・離島の全般を中山間地域と呼ぶこともあり、都市や平野部と比べてさまざまな面で条件が不利な地域を指している。

そんな地域の中にある、もしくはかつてあった、「小さな学校」がもう一つの本書のキーワードである。

学校規模は、日本では学級数によって、「過小規模校」（小学校で5学級以下、中学校で2学級以下）、「小規模校」（小学校で6～11学級、中学校で3～11学級）、「適正規模校」（小・中学校とも12～18学級）、「大規模校」（小・中学校とも19～30学級）、「過大規模校」（小・中学校とも31学級以上）に分類されている。また、複数の学年を合わせた複式学級編制をとることによって、小学校で3学級以下、中学校で2学級以下の学校を「極小規模校」というようだ[1]。

本書でいう小さな学校は、上記の定義でいうところの過小規模校を主とするが、小規模校までを含む。２０１８年度の文部科学省学校基本調査によると、日本の公立学校の中で、11学級以下の学校は小学校の43・5％、中学校の51・6％を占めており、5学級以下の小学校は9・4％、2学級以下の中学校は1・9％である。

学校の適正規模が決められているため[2]、それより規模が小さい学校は学校統廃合の対象にされてきた。しかし、どのように学校統廃合を推し進めようと、小さな学校はなくなってはいない。統合しても適正規模に達しない場合が多く、また統廃合の道を選ばず学校を存続させているところもある。だが、そうした小さな学校は、いつかなくなるかもしれないという状況に置かれている。そのような学校の多くが、中山間地域や離島にある。地域も学校も存続の危機にある、そういう地域とそこにある小さな学校に本書は目を向ける。

２０１４年5月に日本創成会議[3]が、全国の市町村のうち約半数が２０４０年までに消滅する恐れがあると発表したことは、大きな衝撃をもたらした。これを受けて政府は、東京一極集中を是正して、地方の人口減少に歯止めをかけ、日本全体の活力を上げることを目的とした地方創生政策を展開している。各自治体では、地域の活性化策を実施している。

一方、文部科学省は２０１５年1月に、「公立小学校・中学校の適正規模・適正配置等に関する手引」（以下、「手引」）を示した。「手引」では、今後の少子化の進展によって「小・中学校が過度に小規模化したり教育条件への影響が出たりすることが懸念」され、また「家庭や地域における子供の社会性育成機能が弱まっているため、学校が小規模であることに伴う課題が、かつてよりも一層顕在化している」として、学校規模の適正化について市町村の検討を促している。

しかし、統廃合を進めるだけではなく、小規模校を存続させる場合の教育充実策や休校とした学校の再開方法についても言及している。「特に山間へき地や離島といった地理的な要因や、過疎地など学校が地域コミュニティの存続に決定的な役割を果たしている等の様々な地域事情により、学校統合によって適正規模化を進めることが困難であると考える地域や、小規模校を存続させることが必要であると考える地域、一旦休校とした学校をコミュニティの核として再開することを検討する地域なども存在するところであり、こうした市町村の判断も尊重される必要があ」るとして、中山間地域や離島など条件の厳しい地域に言及しているのである。[4]

1 『公立小・中学校の国庫負担事業認定申請の手引き』より。

2 学校教育法施行規則第41条に、「小学校の学級数は、12学級以上18学級以下を標準とする。ただし、地域の実態その他により特別の事情のあるときは、この限りでない」とある（中学校に準用）。

3 日本創成会議とは、東日本大震災からの復興を日本創成の契機としたいとして公益社団法人日本生産性本部が２０１１年5月に発足させた政策提言組織である。

4 中島勝住（2015）「小規模学校存続の可能性を求めて――新『手引』を読んで」『年報 教育の境界』12。

また、２０１５年12月に中央教育審議会（中教審）答申「新しい時代の教育や地方創生の実現に向けた学校と地域の連携・協働の在り方と今後の推進方策について」が出された。答申では、「これからの教育改革と地方創生の動向を踏まえながら、学校と地域の連携・協働をいっそう推進していくための仕組みや方策」に、学校と地域が目指すべき姿として「パートナーとしての連携・協働関係」を示し、その方途に「地域とともにある学校」としてのコミュニティスクールと、社会教育の体制としての「地域学校協働本部」の推進や整備を提言し、学校教育と社会教育が相互に補完しあって「社会総掛かりでの教育を図る」ことが目指されている。

このように、直近の動向を見れば、小さな学校や立地する地域の存続や活性化、学校と地域の連携を後押しする政策や施策が打ち出されている。それに呼応するように、地域の活性化や学校と地域の連携に取り組む事例研究や成功事例を紹介する出版物や研究が多くみられるようになった。これらの書物を読むと、日本の各地でさまざまに繰り広げられている取り組みや素晴らしい成果、そこに描かれる悪戦苦闘にさえ、力づけられる。

私たちもまた、ここ何年にもわたって過疎地といわれる地域に足を運び、小さな学校に通い、地域と学校の存続を願う人々と交流をする中で、その素晴らしさを伝えたいという思いを抱くようになった。しかしその一方で、単純化した地域や学校の物語として提示することへの躊躇も感じてきた。感動の物語や成功事例ではなく、私たちが見たり聞いたりしたことのありのままを伝えることが大切ではないのか。読者が自分たちの地域や学校と対比してあれこれ考えられるような地域や学校の物語が必要ではないのか。そのためには、短期的に切り取るのではなく、長いスパンで見る必要があるのではないかと考えるに至った。

地域とそこにある学校には、これまでの営みがあり、そしてこれからの道のりもある。その地域と学校の歴史や現在の姿を丁寧に描きたいというのが、本書の刊行の趣旨である。

本書は3章と補論によって構成されている。そこで取り上げる事例の概要は、以下である。

第1章では、鹿児島県屋久島町を取り上げる。統廃合によって地域の中学校がなくなり、小学校だけとなった屋久島の一湊地区で、中学校がなくなった影響と小学校の存続への思いや取り組みについて見る。また、屋久島の離島である口永良部島には極小規模の小・中学校がある。しかし、2015年の火山の噴火が学校もろとも地域の存在を揺るがした。自然災害と背中合わせの中での小さな離島の学校と地域の日常を描く。

第2章では、京都府南山城村の高尾地区を取り上げる。京都府内で唯一の村である南山城村では、2003年に3つの小学校が統合し、2006年にさらに1小学校が加わって、村の小学校は1校になった。地区に学校がなくなるとはどういうことかについて、廃校舎の活用も含めて考える。

第3章では、和歌山県那智勝浦町の色川地区を取り上げる。1970年代に都会から移住者を受け入れた色川地区は、Iターン[6]受け入れによる地域活性化や田園回帰の先駆けとして有名であるが、地区の学校を含めて色川を見るという視点はこれまではなかった。地区に1つだけある小・中学校

5　遠野みらい創りカレッジ編（2017）『学びあいの場が育てる地域創生――産学官民の協働実践』水曜社、山内道雄・岩本悠・田中輝美（2015）『未来を変えた島の学校――隠岐島前発 ふるさと再興への挑戦』岩波書店、など多数ある。

を地域存続の要としてきた色川において、地域と学校の関係はどのようなものなのかを考察する。

最後に補論として、韓国の忠清南道洪城郡洪東地区を取り上げる。これは、統廃合を排して小さな学校を守ることを、地域住民の思いだけではなく教師が主導する運動として積み重ねてきた事例である。しかも、運動だけにとどまるのではなく、教育行政のあり方や教育改革とも連動して新たな潮流をつくり出している。地域と学校の関係やあり方について、韓国の事例から学べるものは多い。

以上の地域は、調査目的に合わせて選定したのではなく、また韓国を除いて先進事例でもない。対象地域との出会いは偶発的だった。屋久島町調査のきっかけとなったのは、中島勝住が勤務する京都精華大学の卒業生で屋久島町の図書館司書補をしていた大垣裕美から、当時島内で進められていた4中学校の統合の話を聞いたことだった。南山城村の調査は、尾﨑公子が当時勤務していた大学の学生から、自分の母校である村内の小学校が統合される予定だと聞いたことがきっかけだった。色川調査もまた、京都精華大学の卒業生が色川中学校で非常勤講師をしていたことが縁で、その父親が校長として赴任するということを聞いて色川地区を訪れたことが発端である。韓国調査については、日韓の教育行政学会が国際シンポジウムを韓国の公州大学で共催した際に、尾﨑公子が同大学のチェ・ジョンユル教授と出会い、翌年に訪問したのが本書に登場する洪東中学校だった。

このように、本書に登場する地域との出会いはたまたまであり、それを契機に調査が始まった。小さな学校や過疎傾向のある、しかも交通の便も悪い地域を知り、そこに入っていくには、このような出会いやきっかけはとても重要である。研究課題から最適な地域を選定するという方法もあろう。あるいは、すでに取り組みなどで成果をあげている著名な地域や学校を調査するという方法もあろう。しかし、それでは事前情報が多く、調査する側の目を一定の方向や人々に限定してしまうことにもなる。知りたいことのみ確認しに行くことにもなりかねない。短期的な調査ではそうなることも多い。

そうではなく、私たちの方法では、たまたまの縁を大切にして何度も何度も訪れる中で、私たち自身の調査の目や研究目的を更新していった。また、複数の対象地域を扱うことによって、自ずと比較の視点や内省の機会を多く持つようになった。

ここで取り上げる地域は、中山間地域や離島を代表するものでも、代弁するものでもない。地域にはそれぞれ独自の歴史や文化がある。それぞれに異なる個性を持つ地域を取り上げて、小さな地域に住まう人々にとって小さな学校とは何なのか、地域に学校があるとはどういうことなのか、学校と地域の関係の実際について、本書ではリアリティのある物語を提示しようと試みている。

しかし、地域にこだわり、地域や学校の人々の声を最大限に大切にしようと思うことは、一冊の本としてまとめるときの障害ともなる。以下の４つの章の書き方や視点に統一性を欠くところがあるとしたら、私たちの長い道筋の紆余曲折の表れであるとともに、異なる地域の物語を同じ枠にはめることなどできないことの証である。４つの章のどこから読んでもらってもよく、まずはその地域に浸ってみていただきたい。

6　一般に、地方出身者がいったん故郷を離れたのちに出身地に戻ることをUターン、地方出身者がいったん故郷を出たあと出身地にほど近い別の地方都市に移住することをJターンという。これに対して、都会出身者が何の係累もない地方に移って定住することはIターンといわれる。

小さな地域と小さな学校 ―― 離島、廃校、移住者受け入れから考える ＊ 目次

補論　創意が生きる小さなマウルと学校——韓国・忠清南道洪城郡洪東地区……尾崎公子　223

＊本書に掲載の写真は、特に記載のないかぎり本書の執筆者が撮影したものである。

本書に登場する地域

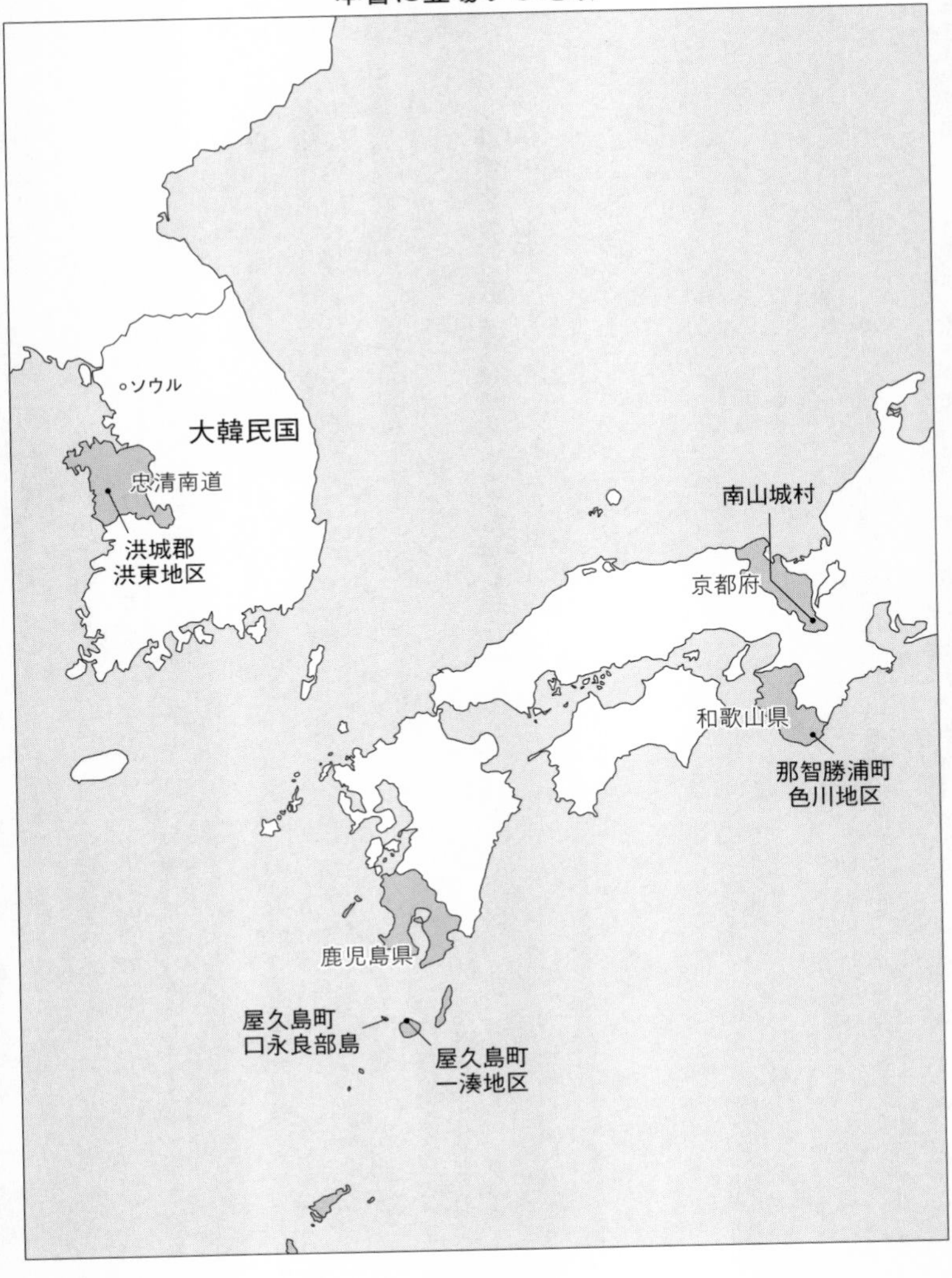

ソウル
大韓民国
忠清南道
洪城郡
洪東地区
南山城村
京都府
和歌山県
那智勝浦町
色川地区
鹿児島県
屋久島町
口永良部島
屋久島町
一湊地区

第1章

離島とその離島の小さな地域社会と小さな学校

鹿児島県熊毛郡屋久島町一湊地区・口永良部島

——中西宏次・大垣裕美・中島勝住

［一湊公民館HP］

屋久島にはかつて8校の中学校があったが、統廃合の結果、現在では3校にまで減少した。その影響で人口が急減し、小学校の小規模化が進む集落が現れた。その中の一つ、一湊《いっそう》地区では、ようやく住民と学校それぞれに、「最後の砦《とりで》」としての小学校を守る取り組みが始まった。一方、屋久島という「離島の離島」である口永良部《くちのえらぶ》島では、離島であるがゆえに、子どもが1人でもいれば学校はなくならない。しかし、島の人口は確実に減少し、2015年には新岳の噴火によって6ヵ月にも及ぶ全島避難も経験した。こうした逆境の中で生まれた、島育ちの若者たちによる新たな動きに注目した。

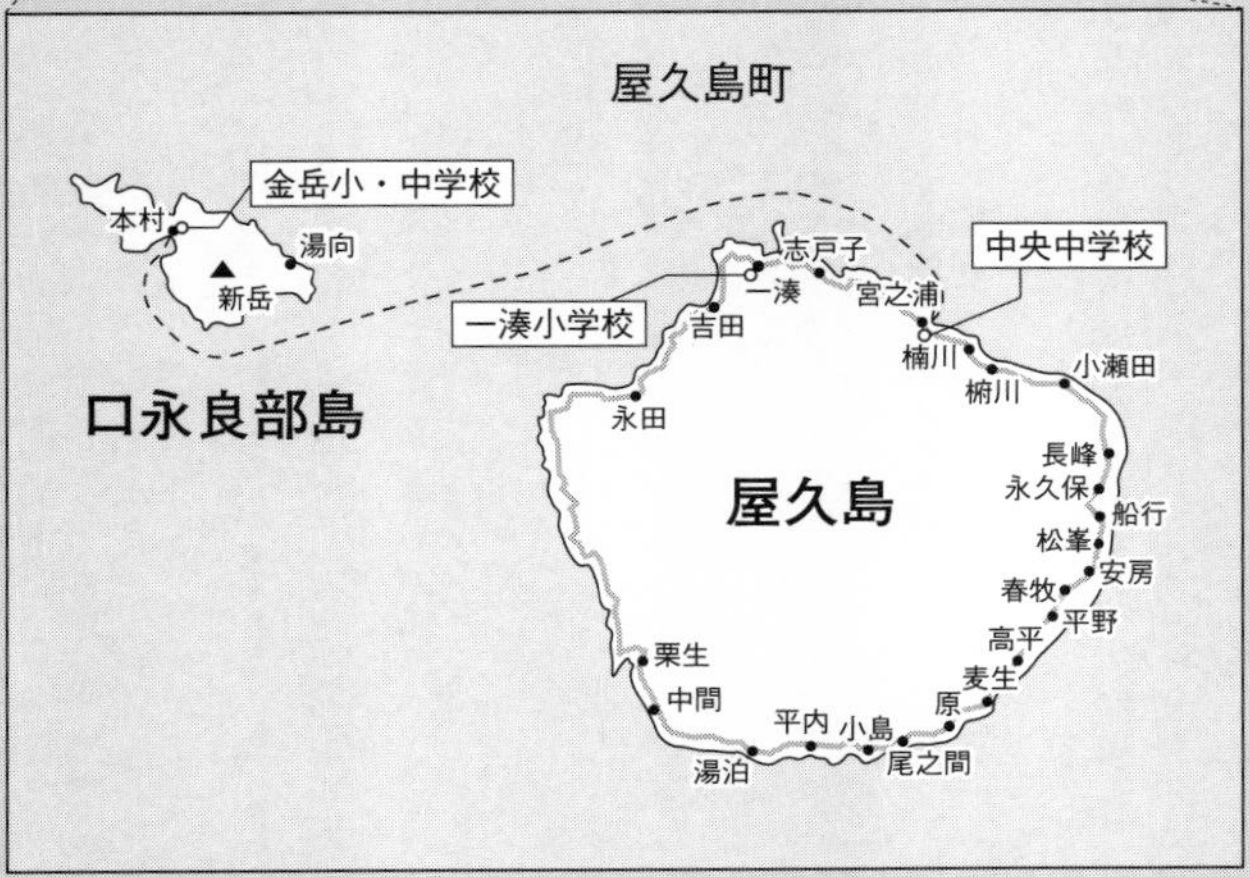

はじめに

❶屋久島の自然

屋久島は、鹿児島県の大隅半島佐多岬の南南西約60㎞に浮かぶ、面積約500㎢の島である。島としては日本で7番目に大きい。隣の種子島が台地状の地形であるのに比べ、島の中央部には「洋上アルプス」とも呼ばれ冬には冠雪する宮之浦岳、永田岳などの高峰がそびえ、樹齢千年以上の屋久杉が繁る太古からの森には、人を容易に寄せつけない厳しい自然が残っている。1993年、屋久島は白神山地とともに日本で最初にユネスコ世界自然遺産に指定された。

島中央部の大半が山地であるため、集落は海に面した狭い平地に立地している。前頁の地図にみるように、島を周回する全長約130㎞の県道に沿って24の集落が点在している。西部の永田から栗生《くりお》までは集落がないが、この間は特に山地が海岸まで迫っており、西部林道と呼ばれる車の離合困難箇所が連続する道路により、かろうじて結ばれている。

気候は温暖であることはもちろんだが、海からの湿った気流が山に沿って上昇し雨雲をつくるため、年間を通じて多雨であり、平地での年降水量は約4500㎜、山間部では8000～1万2000㎜にも及ぶ。この豊富な水が、奥深い森を育てるとともに山腹の至るところに渓流や滝を形成し、屋久島を「水と緑の島」として特徴づけている。

このように、屋久島は今「世界自然遺産の島」として知られているが、1970年代初めまでの主要産業は、屋久杉をはじめ森林資源を伐採して商品化する林業だった。島の森林の主要部を占める国有林では、屋久杉は木目の美しい建築用材として盛んに伐採され、比較的高度が低い山に広がる照葉樹林でも、広範囲の樹木が一本残らず伐採されてパルプ材として売られた。

　このため、むき出しになった風化花崗岩《かこうがん》質の山腹が大雨のときに崩壊し、土石流となって麓の集落を襲うという災害が多発するようになった。この事態を憂い、伐採反対運動を展開したのは、当時東京からUターンしてきた島の若者たちだった。一湊出身の兵頭昌明《ひょうどうまさはる》さん、永田出身の柴鐵生《しばてっせい》さんらは１９７２年、「屋久島を守る会」を結成し、当時の上屋久町会議員に立候補・当選した。

　彼らは「森を眺めて飯が食えるか」という反発の声に対し、島の自然を子々孫々の代まで残すのが我々の義務ではないかと訴えた。１９７３年、上屋久町議会が「屋久杉原生林の保護に関する決議」をしたのが転機となり、生態学などの研究者たちの奮闘もあって１９８２年、当時の環境庁は国立公園の拡張と特別保護区への格上げを決定し、屋久島の森林は保護されることになった。この流れは、１９９３年のユネスコ世界自然遺産登録につながった。

❷屋久島の町と人

かつて、屋久島にはヒト・サル・シカがそれぞれ2万ずつ住んでいるといわれていた。実際には人口は１９６０年の2万４０１０人がピークであり、その後減少に転じて２０１９年3月末には１万２２７１人となっている。世帯数は６０３４戸で、一世帯人員は2・03人、高齢化率は２０１８年度推計で35％（全国平均推計28・1％）であり、少子化と高齢化が進んでいる。

島の人口分布には、かつて屋久島に2つの町があった影響が現在でも見られる。北部（口永良部島を含む旧上屋久町地域）の中心集落である宮之浦が約3000人、南部（旧屋久町地域）の中心である安房《あんぼう》とその隣の春牧《はるまき》を合わせて約2000人と、他の集落に比べ突出して多い。したがって、あとの7000人余りが、750人の尾之間《おのあいだ》から123人の栫川《たぶかわ》まで、21集落に分布していることになる。人口減少の中、大きな集落への集中傾向が見られる。

2007年10月に島北部の上屋久町と南部の屋久町が合併して屋久島町が発足した。ただ、南部と北部では気候がかなり異なる。北部は北側が海であり、冬場は北西の風が吹きつけ、気温は低めで曇りがちである。それに対して南部は、北に山がそびえているために風がさえぎられ、温暖で晴れる日も多い。そのために、南北では人々の暮らしの中にも違いがあるとよくいわれる。

❸ 調査の概要

プロローグで簡単に触れたように、屋久島町調査のきっかけとなったのは、当時、中島勝住が勤務していた京都精華大学の卒業生で屋久島町の図書館司書補をしていた大垣裕美から、その頃島内で進められていた4中学校の統合の話を聞いたことであった。その調査のために2008年11月に屋久島を訪れて以来、2018年9月まで都合10回の現地調査を実施した。調査は4中学校統合問題から始まり、その影響が大きいと考えられた一湊地区、また、「離島の離島」である口永良部島にまで調査対象地域を広げた。

1　屋久島町報『やくしま』2019年5月号より。

これら調査を行ったのは、大垣と中西宏次と中島勝住である。したがって、本章の執筆はこの3人が担当した。

❹本章の構成

本章では、次のような2つの地域について論じている。

(1)屋久島では、海岸沿いに点在する集落間の距離が比較的長いこともあり、最大時には15校の小学校と8校の中学校（分校を含む）があった。しかし統廃合が進んだ今、3校に減った中学校への長距離通学などの問題が生じたことに加え、中学がなくなった地域の人口が急減し、小学校の極小規模学校化が進んだ。そのような集落の一つである一湊に焦点を絞り、地域史と学校史を踏まえた上で、現在の地域と学校の取り組みを見ていく。

(2)同じ屋久島町であるが、屋久島の宮之浦港からフェリーで1時間40分かかる「離島の離島」口永良部島では、通学上の問題から子どもが1人でもいれば現存の小中学校は維持できる。しかし、島民の数は着実に減少し、高齢者の割合が増えているという現状を前に、島育ちの若者たちが、島の将来の問題に真剣に向き合い始めた。そのきっかけは、２０１5年に発生した島の活火山・新岳の噴火による長期に及んだ避難であった。避難指示解除後、多くの島民が口永良部島へ帰島している。火山という自然の脅威の下で暮らす彼らが島を愛し、それでも島に戻りたいという気持ちは、どこから湧くのだろうか。彼らの日常を通し、その気持ちに寄り添いながら、学校を地域に存続させる工夫と、これからの展望に迫る。

1　屋久島と学校

❶「集落の学校」から「校区の学校」へ

現在、屋久島町内の小・中学校は、表1・1に示すように、小学校9校、中学校4校である。高校は、鹿児島県立屋久島高校（宮之浦）、通信制の私立屋久島おおぞら高校（平内）の2校がある。

小学校については、口永良部島の金岳《かながたけ》小学校を除けば、二大集落にある宮浦小学校と安房小学校だけが200人を超えていて、他の小学校はすべて100人以下である。その中でも、北部にある永田小学校と一湊小学校は、集落人口に比して児童生徒数が格段に少ないことがわかる。このことは、屋久島町全体が少子化の傾向にあるとはいえ、実際の進度はそれぞれの集落が抱える事情によって異なる

表 1.1　屋久島町学校一覧（2018 年）

学校名	所在地	通学区
永田小学校（19）	永田	永田（424）
一湊小学校（31）	一湊	一湊、吉田、志戸子（1,132）
宮浦小学校（227）	宮之浦	宮之浦、楠川、椨川（3,510）
小瀬田小学校（60）	小瀬田	小瀬田、長峰（833）
安房小学校（200）	安房	安房、永久保、船行、松峯、春牧、平野（3,220）
神山小学校（84）	原	原、高平、麦生、尾之間（1,689）
八幡小学校（56）	平内	平内、小島、湯泊（1,041）
栗生小学校（33）	栗生	栗生、中間（668）
金岳小学校（6）	本村	口永良部島（本村、湯向）（108）
中央中学校（178）	宮之浦	宮之浦、長峰、小瀬田、椨川、楠川、志戸子、一湊、吉田、永田（5,870）
安房中学校（92）	安房	安房、永久保、船行、松峯、春牧、平野（3,220）
岳南中学校（88）	小島	小島、高平、麦生、原、尾之間、平内、湯泊、中間、栗生（3,398）
金岳中学校（7）	本村	口永良部島（本村、湯向）（108）

注：学校名末尾の（ ）内の数字は 2018 年 5 月 1 日現在における在籍児童生徒数、通学区の（ ）内の数字は同年 3 月末現在の住民基本台帳に基づく集落の総人口を表す。
出所：児童数は『平成 30 年版　統計 屋久島町』、通学区人口は屋久島町報『やくしま』2018 年 5 月号

ということであろう。

表1・1に見るように現在、屋久島町の小学校は、北部5校、南部4校となっているが、それは二町時代の1970年代末までに実施された学校統廃合の結果であり、現在の9小学校体制が近い将来変更される可能性は少ない。

中学校は、1982年に島南部の旧屋久町において、神山《かみやま》、八幡《はちまん》、栗生《くりお》の各中学校が岳南《がくなん》中学校に統合、安房中学校と2校体制になった。一方、北部の旧上屋久町では、後述するように4校を1校にする統廃合計画が進んでいたが、町合併後にずれ込み、ようやく2011年に小瀬田《こせだ》中、宮浦中が統合し、宮浦中学校校地に中央中学校が創設され、2年後の2013年に永田中、一湊中が中央中学校へ統合された。この結果、北部ではこの中央中学校と口永良部島の金岳中学校との2校体制になった。これ以降の統廃合はない。

❷ 旧上屋久町の中学校統合

中央中への二段階統合は、一湊地域と一湊小学校について述べる次節と関連するので、概略を紹介する。

旧上屋久町における中学校統合は、2003年の「上屋久町学校規模適正化審議会」発足が始まりであった。表1・2によれば、2003年度で4中学校の総生徒数から見ても統廃合の対象となる規模だったにもかかわらず、完全統合まで10年を要したのは、屋久島の特殊事情があったからである。

表 1.2　上屋久地区 4 中学校生徒数の推移（人）

	2003年	2004年	2005年	2006年	2008年	2009年	2010年	2011年	2012年
小瀬田	33	36	33	23	18	18	20	−	−
宮　浦	123	111	114	123	114	119	106	146	133
一　湊	38	39	44	52	47	38	37	34	31
永　田	19	14	18	15	13	12	11	9	6
計	213	200	209	213	192	187	174	189	170

出所：町報『やくしま』より作成

当時、日本全国で「平成の市町村大合併」が進行しており、屋久島の二町は少々遅れたものの、2005年4月に施行された「市町村の合併の特例等に関する法律」のもとで2007年に合併を果たした。学校の統廃合の議論が進む中での二町の合併であったが、学校統合に関する手続きにおいて合併前後で齟齬《そご》が生じ、一度議論が差し戻される事態となった。その中で合併後の屋久島町は、新たに審議会を発足させたが、合併に対する「慎重派」を排除した構成を提案したため、宮之浦以外の集落の住民、特に永田と小瀬田の住民から疑問が呈され、その進行が大きく遅れることにもなった。

この中で慎重派が主張した論点は、以下のようであった。

第一に、各集落の中で、小・中の学校連携が途絶えてしまう、第二に、中学校がなくなれば、この先の小学校の児童数減につながる、第三に、永田では、中学校までの距離が20kmにもなる、というものであった。特に、第一と第二の点については、宮之浦を除く集落では、住民だけではなく学校関係者からも憂うる声があがっていた。しかし、そのような慎重論がくすぶる中で、中学統廃合が実施された。

2　一湊と学校

❶屋久島一の湊

屋久島北海岸のほぼ中央部に一湊という港町がある。標高の高い矢筈岳《やはずだけ》と番屋峰《ばんやみね》という岬に東西を囲まれた天然の良港で、「一湊」という地名は「屋久島一の湊《みなと》（港）」に由来するといわれている。港としての一湊の全盛期は、トビウオやサバ漁などの漁港としての賑わいと、鹿児島からの旅客船・折田丸も寄港する「屋久島の玄関」としての地位をあわせて保っていた高度成長期以前まででであろうか。宮之浦港に大型船が着岸できるバースが整備され、鹿児島港と結ぶフェリーや高速船が就航するようになると、一湊港は漁港として特化したが、トビウオ漁、サバ漁が不振に陥るに至って、漁港としてもかつての活気はなくなり、集落内にあった商店街も往時の面影をなくしてしまった。しかし、一湊はもともと屋久島の集落の中では比較的人口が多い集落であり、独自の地域史と文化を持っている。この地がたどった歴史をまず概観しておきたい。

一湊集落の東、松山の浜には縄文期から弥生期に至る一湊松山遺跡があり、この地に人が住み始めたのは太古にさかのぼる。現在の集落は、後方の山から流下する一湊川の三角州に形成されているが、三方に山が迫っているため平坦地はあまり広くない。このため一湊漁港が第四種漁港（離島などにあり漁場開発や漁船の避難に必要な漁港）として整備される際に、埋め立てによる港の拡張が行われたほか、一湊川分流の埋め立て道路化、大火をきっかけとした鯖節工場の一湊川東側への集団移転など、何度か集落の再編が行われてきた。

また、戦時中の1944～45年には空襲を受け、死傷者が出たうえ集落もほぼ全焼した。一湊が大規模な空襲を受けたのは、松山測候所や番屋峰防空監視所などの軍関連施設があったためともいわれるが、そうした施設がない多くの集落でも空襲を受けている[2]。さらに戦後も、1965年に一湊川の氾濫による水害などの災禍があったが、その都度、住民が力を合わせて乗り越え、復興して現在に至っている。

狭い土地に人口が集積していた時期には、人口圧が高まった結果、外部への分村が行われたこともあった。漁村を別につくって分村するのは難しいため、分村は農業集落ということになる。戦後間もなく、一湊の次三男を中心に一湊川を4㎞ほどさかのぼったところにある谷あいの緩傾斜地に最盛期で28世帯が入植し、白川山《しらこやま》集落[3]が形成された。一時期は、ここから60人を超す児童生徒が一湊の学校へ通っていた。しかしこの集落は、土石流に襲われ被害が出たのをきっかけに、その頃には向都離村のため人口圧が低下していた一湊本村へ戻る世帯が相次ぎ、廃村となった。

白川山への分村とは経緯が異なるが、宗教上の対立が元になって戦時中の1940～41年に、数多くの世帯が宮之浦の営団開拓地へ集団移住するという出来事もあった。この結果、戦後の一湊は、ほとんどの世帯が真宗大谷派願船寺の檀家という宗教的に「純化」された形になり、願船寺は

2　一湊のほかに宮之浦、安房、栗生、原、永田なども空襲や艦砲射撃を受けた（鹿児島県屋久島町編集（2015）『戦争の記憶・平和への祈り』屋久島町役場町民生活課）。
3　この地は戦時中、一湊の人たちが空襲を逃れて疎開していた地である。

一湊の人たちの生活文化の中心施設となった。今も朝夕、願船寺で撞《つ》かれる鐘の音が一湊集落全体に鳴り響く。集落では「いい（結）もどし」と呼ばれる相互扶助・協調の精神が強調されるようになったが、これは対立や別離を経てきた集落の歴史があったからこそかもしれない。

「いいもどし」は近年、一湊をあげて取り組まれたミュージカルのサブタイトルになるが、この上演活動については後に詳しく見ることとする。

❷中学統合と一湊住民

一湊では戦後、新制中学として一湊中学校が設立され、一湊小学校の敷地内に2棟の木造校舎が建てられた。[4] 1947年4月、それ以前は旧制種子島中学校に通っていた1、2期生も含め、1〜3年生が揃って開校した。校区は一湊と両隣の志戸子《しとご》・吉田である。1973年に志戸子小学校と吉田小学校が一湊小学校に統合されたため、一湊小学校区と一湊中学校区が重なることとなり、以後この「一湊校区」は小中9年間、子どもたちがそこで学び、育つ地域として定着していた。しかし、一湊中学校が統合され廃校になったことにより、校区の状況は大きく変わることになった。

その変容とはどのようなものだったのかを見ていきたい。

▼▼▼一湊中学校の統合とその影響

一湊中学校の生徒数は、1964年に374人と最大数になったあと減少に転じ、近年では、前掲の表1・2に見るように2003年の38人から漸増、2006年に52人になったものの、以降は再び減少していた。２００３年に旧上屋久町に「学校規模適正化審議会」が発足、中学校の統廃合が検討され始め、先に述べたように屋久島町への合併を挟んで紆余曲折があったものの、隣の永田中学校とともに２０１３年度に宮之浦の中央中学校に統合された。２０１２年度の生徒数は31人と、最盛期の10分の1以下になっていた。

中学校の統合が検討され始めてから実際に統合に至るまでに10年間を要した。このことは、十分に議論が尽くされた結果というよりは、中学生の教育環境のことを考慮すれば「統合はやむなし」との結論、つまり「子どものために」という教育の論理に収斂していった結果であることは、当時のさまざまな住民の意見[5]から推測される。

一湊から中学校がなくなったあと、当初はこれほどとは予想されていなかった事態が起こった。一湊校区の人口および一湊小学校の児童数が急減したのである。

図１・１によると、中心集落である宮之浦と空港があり屋久島町の新庁舎ができる小瀬田ではほぼ横ばい傾向であるが、それ以外の集落は減少傾向にある。特に一湊の減少が目立つ。１９６０年には２７７５人、１９９５年にはまだ１０００人を超していたのだが、２０１５年には６９３人と急減した。

また表１・３は、永田中学校と一湊中学校が廃校したあとの、永田・一湊小学校区の人口および

4　一湊中学校は後に、一湊川の対岸に移転した。
5　兵頭昌明（2005）「小さな地域の小さな学校」、（2006）「学校の適正規模とは」〈兵頭昌明の四方談義〉『屋久島タイムス』10、13。中島勝住（2010）「学校統廃合過程の実態――屋久島町上屋久地区を例として」『年報 教育の境界』7。

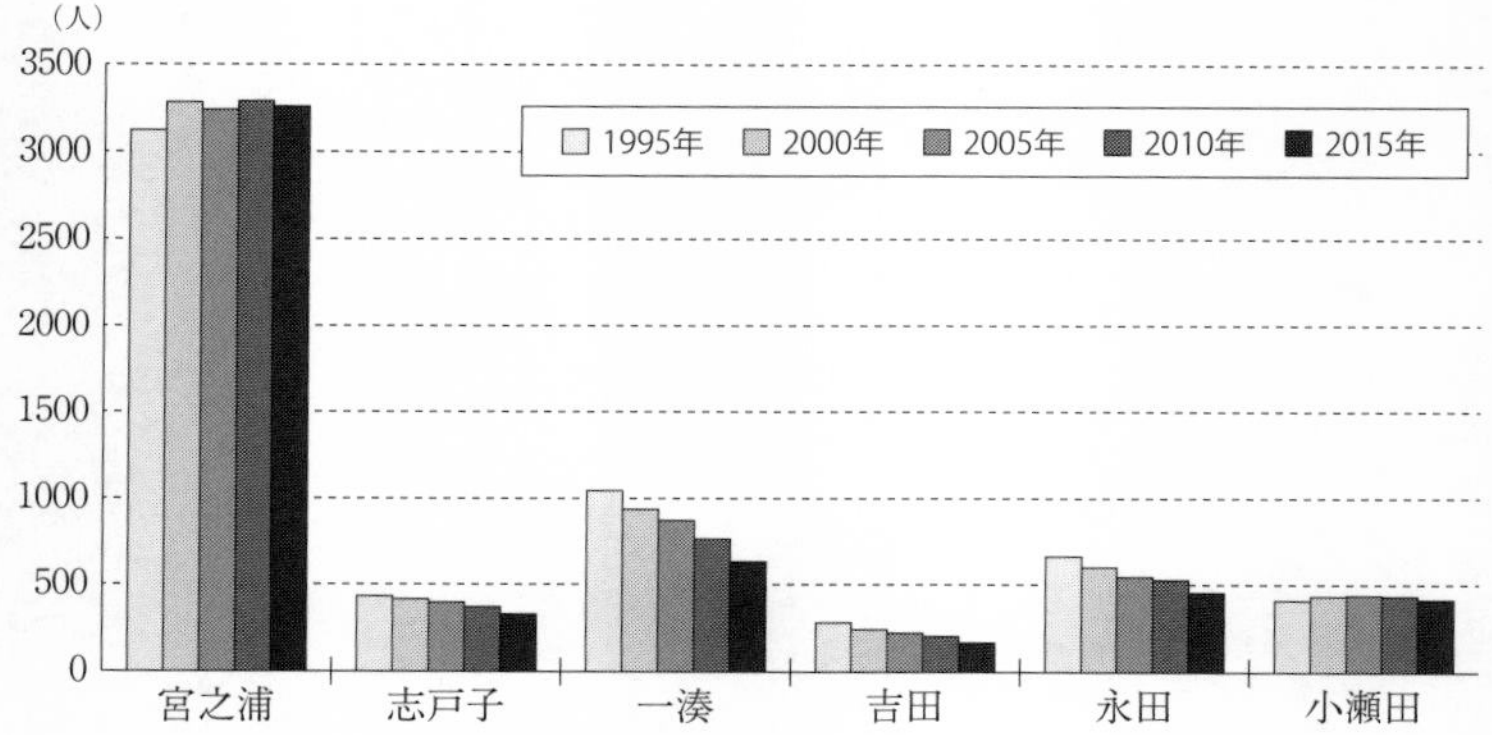

図 1.1　上屋久地区の集落別人口推移

出所：国勢調査データによる

小学校児童数の推移である。これを見ると、両校区とも人口が減少したものの、それよりも児童数の減少率が大きいことがわかる。その要因としては、小学校学齢期の子どもを持つ世帯の流出率が高いことが考えられる。

特に、一湊校区では地場産業が衰退する中で、一家の働き手は宮之浦方面に職場を持っているケースが多く、通勤の便を考えると宮之浦に近いほど便利である。また屋久島では第一子が小学校に入学するのを機に家を建てる家庭が多い。とすれば、それは小学校まで徒歩で通学ができ、かつ中学校のある場所、さらに屋久島唯一の県立高校である屋久島高校のある場所、すなわち宮之浦近辺が望ましいということになる。一湊校区から学齢期の子どもを持つ家庭が近年、宮之浦方面に転出した事例をいくつも確認できたので、これは起こるべくして起こった現象といえるであろう。

表 1.3　永田小学校区、一湊小学校区における人口と児童数の推移（人）

	2013年	2014年	2015年	2016年	2017年	2018年	2013～2018年の減少率
永田	529	491	481	455	439	424	20%
永田小学校	**31**	**30**	**30**	**27**	**28**	**19**	**39%**
吉田	202	186	184	178	170	173	14%
一湊	764	726	693	669	646	636	17%
志戸子	369	369	358	347	334	323	12%
一湊小学校	**51**	**45**	**43**	**34**	**29**	**31**	**31%**
屋久島	13,584	13,366	13,085	12,924	12,672	12,545	8%

注：児童数は各年度５月１日現在、集落人口は３月末日現在。
出所：児童数は 2013 ～ 2015 年『統計やくしま』、2016 ～ 2018 年『統計 屋久島町』。集落人口は町報『やくしま』各年５月号

▼▼▼こんなに減っているとは……

一湊小学校の児童数減が急激であったため、校区の大人たちはそのことに気づくのが遅れた。登下校時を見守るスクールガードを２００６年から続けている住民は、「この何年か子どもの数が目に見えて減っているので怖い。このまま減り続ければどうなるのかと。ここの小学校がなくなったらえらいこと。限界集落もいいとこ」。そういう危機感は他の方も持っていますか？との問いには、「いや、あまりわかっていないと思う。自分は学校にかかわっているからわかっているけど」と言う。

また、吉田から通学している児童のお母さんは、「子どもたちが通学バスを待っているときに近所のおじいちゃんが通りかかって、「今日はこれだけか？」と言うので、「今日だけでなくいつもこれだけです」と答えたことがありますが、年寄りたちは子どもの数がこんなに減っているという実感がないと思います」と話す。

一湊校区で小学校児童数減への危機感があまりなかったことは、屋久島町の「山海留学制度」[6]に参加していなかったこ

とからもうかがえる。隣の永田では１９９７年度から家族留学と、里親留学である「かめんこ留学」を実施してきたし、屋久島では他にも栗生小学校の「まんてん留学」、八幡小学校の「じょうもん留学」、口永良部島金岳小・中学校の「南海ひょうたん島留学」がある。

かつて「屋久島一の湊」として繁栄した一湊だけに、近年の人口急減に象徴される集落としての衰退に機敏に対応できなかった面があるのかもしれない。

❸一湊の「地域力」

一湊から中学校がなくなったことは、単に中学生の教育・通学環境が変わっただけではなく、一湊が保ってきた「上屋久地域における宮之浦に次ぐ中心集落」という位置づけを左右する出来事なのであった。しかし、この地域が元来持っている潜在力・地域文化のポテンシャルは相当に高いものがある。

▼▼▼移住者の受け入れ

先に見たように１９７０年代から80年代初めにかけて、屋久島は「林業の島」から「自然遺産の島」への転換の渦中にあった。その流れを切り拓《ひら》いたのは、一湊の兵頭昌明さん、永田の柴鐵生さんら、当時東京からＵターンして屋久杉伐採反対運動を展開した島の若者たちだった。兵頭さんは島全体の方向転換にかかわりつつ、一湊の里山にも目を向けていた。当時廃村になっていた白川山集落の復活をはかったのである。廃村後まだ名義が残っていた開拓農業組合から15ヘクタールの土地を購入し、そこに、今でいえばIターン者を受け入れようとした。それに呼応した第一号が日吉《ひよし》眞夫《まさお》さんだった。日吉さんは60年安保で学生運動を経験し、その後広告会社を経営したがそれをたたみ、妻と3人の子どもの家族5人で永住できる土地を探していたのである[7]。日吉さんが白川山に来たのが1975年、それから2年遅れで移住したのが山尾三省《やまおさんせい》一家だった。山尾さんの著書には兵頭さんがしばしば登場する[8]。山尾さんが開拓農民として暮らしていく上でその方向づけをしたのは兵頭さんだった。

山尾三省さんは1938年生まれ。大学中退の後「社会変革のためのコミューン運動」として「部族」という集団設立にかかわり、トカラ列島諏訪之瀬島《すわのせじま》での共同生活などをした。1960年代末から70年代初めに高揚したヒッピーの、日本での活動例として位置づけられている。その後、家族で1年間インド・ネパールに巡礼の旅をし、帰国後、日吉さんに誘われて家族5人で白川山に来たのである。その後彼は、2001年に胃癌のため62歳で亡くなるまでの24年間、一湊白川山で暮らした。

白川山集落は、外来者が形成したコミューンであるとの見方があるが、決して一湊の地域社会と切れて存在していたわけではない。日吉さんたちは一湊の人たちとも日常的に交わり、宴席もよく共にした。白川山だけでは日常生活を維持できないし、地元の人たちの生活の知恵に学ぶ姿勢は著

6　屋久島町山海留学制度は、1997年の永田「かめんこ留学」から始まった。里親留学・家族留学があり、町からの補助もある。
7　日吉眞夫（2005）『屋久島——日常としての旅路』麗澤大学出版会。
8　山尾三省（1988）『聖老人——百姓・詩人・信仰者として』野草社、36頁など。

書からもうかがうことができる。彼らの子どもたちは一湊小学校、一湊中学校に通った。山尾さんが作詞した「心からなる友達よ」という歌は、一湊中学校の「第二校歌」となり、[9]中学がなくなった後は一湊小学校の子どもたちの愛唱歌として今も受け継がれている。

▼▼▼屋久の子文庫

兵頭昌明さんの妻・千恵子さんは、一湊の生まれで、実家は一湊特産の鯖節加工場を経営していた。一湊小学校、一湊中学校、屋久島高校と学び、鹿児島大学を出て鹿児島で小学校教員になった。昌明さんとは幼なじみだが、彼が東京に出たあと交際が始まり、結婚後上京して東京都港区立小学校の教員になった。しかし、夫が当時勤務していた気象庁を辞め、屋久島に帰ると言いだした。千恵子さんは夫の決意が固いことを見定め、鹿児島県の教員採用試験を再受験して1971年に夫とともに帰郷し、母校である一湊小学校の教員に採用された。[10]

一湊小学校に勤務中の1979年、2人の子どもを夫と姑に託して日本女子大学に半年間、国内留学をした。講義を聴くだけでなく図書館巡りや読書グループとの交流をして多くの知り合いができ、世田谷の読書グループから屋久島の子どもたちに1500冊もの本を寄贈してもらった。この本をもとに願船寺に「屋久の

屋久の子文庫　［写真提供：高田みかこ］

子文庫」が開設された。「屋久の子」の名は、夫たちが1966年に東京で結成した屋久島出身者の会「屋久の子会」にちなんだものである。週1回、土曜日の午後に読み聞かせやお話し会を続け、毎回50人ぐらいの子どもが集まるようになった。千恵子さんとともにこの取り組みの中心になったのは、山尾三省さんの妻・順子さん、願船寺住職の佐藤明了《めいりょう》・佳志子《かしこ》夫妻だった。

その後、千恵子さんが一湊から転勤し、1987年に山尾順子さんが若くして亡くなり、活動が停滞した時期があったが、その後また復活した。山尾さんが再婚した妻の春美さんがバトンを受け継ぎ、佐藤夫妻らとともに読み聞かせ活動などを再開したのである。

屋久の子文庫が、活動の停滞期はあっても一湊の地に根づいたのは、文庫が願船寺という一湊文化の中核施設にあったこと、そこを佐藤夫妻が守ってきたことに大きく拠っている。[11]

▼▼▼『屋久島一湊物語』

屋久の子文庫は出版活動も行った。公刊されたのは、大場博『屋久島一湊物語』（1981年）、長沢哲夫・山尾三省訳『ラームプラサード――母神讃歌』（1982年）、山尾順子『笑太郎と踊り念仏』（1987年）の3冊である。このうち『屋久島一湊物語』が出された経緯は次のようなものである。

9　一湊中学校校庭に「心からなる友達よ」碑が設置され、廃校後の現在も残されている。
10　兵頭千恵子（2001）『屋久島の森を守る――世界自然遺産への道』春苑堂出版。
11　現在は休止中。

著者の大場博氏は、戦前に一湊小学校校長として赴任した父とともに一湊に住み、一湊小学校で学んだことがある。大人になってから一湊を懐かしく思い、仕事でつながりがあった学研が発行する月刊学習雑誌を、毎月一湊小学校宛てに送るようになった。一湊小の児童からはお礼状や、地元からはときどきトビウオの干物などが送られ、この交流は新聞に報道されたこともある。[12]

兵頭千恵子さんは自分が一湊小学校の児童だった頃、この学習雑誌を毎月読むのを楽しみにしていたが、母校に教員として赴任したとき、まだ雑誌の寄贈が続いていることに驚き、図書館担当教員として児童図書委員の手紙を添えて大場氏にお礼状を書いた。その返事が届き、手紙のやりとりが続いたあと、千恵子さんは出産のため休職した。ところがその直後に大場氏は亡くなったのである。千恵子さんは復職後、宮崎県高鍋町にある大場氏宅を訪れ墓参りをした。そのとき、遺族から大場氏の遺稿があることを知らされ、見せてもらうと、大場氏の子ども時代の一湊の様子や、子どもの遊びなどについて懐かしく回顧する内容だった。このとき出版を決意し、東京の出版社などに交渉したが叶わず、結局8年後に屋久の子文庫から発刊することになったのである。児童文学者である椋鳩十《むくはとじゅう》[13]氏が序文を寄せ、編集を担当したのは山尾三省さんだった。

▼▼▼離島希望の校長

一湊の人たちが地域をあげて文化活動に取り組み、一湊小学校と、当時はまだあった一湊中学校が、地域の文化センターとしての役割をいかんなく発揮した出来事があった。しかも、今からそれほど遠い過去ではない2010年のことである。その経緯をたどってみたい。

春木寛治さんは２００７年度から２０１０年度まで一湊小学校の校長を務めた。そのときは妻とともに学校の隣にある校長住宅に住んでいた。屋久島のような離島に赴任する教員は家族を鹿児島などに残し単身赴任する人も多いが、春木校長は一湊に家庭を移し、そこが一湊校区住民の社交場、溜まり場のようになっていたという。

春木さんは東大阪市の出身。大阪府職員をへて鹿児島県教員になり、長島・種子島など離島の学校を中心に教員生活を送った。これは希望を出した結果だという。離島が多い鹿児島県では教員生活の中で必ず離島の学校に勤務することになっているが、わざわざ離島の学校に行きたいという希望を出す人は多くない。春木さんが離島勤務を希望したのは、小規模な学校での子どもたちとの触れ合いの確かな手応えや、地域の人たちとの親密な交流などが教員としての生き甲斐に直結するからである。校長として2校目の赴任校が一湊小学校だった。

当時、一湊小学校では児童数減が始まってはいたがまだ複式学級はなく、一湊中学校も統合の噂はあったものの、先生たちには「何とか残るのでは」という楽観的な見方が多かったという。運動会は小中合同で実施するなど、小中連携や先生たちの日常の交流も盛んだった。そうした中で春木校長は、一湊の地域史を題材にしたミュージカル上演を着想したのである。

12 『朝日新聞』宮崎版、１９５６年6月25日付。

13 １９０５‐１９８７。戦前、鹿児島で教員をしたあと、戦後の１９４７年から鹿児島県立図書館長を19年間務める。その間児童文学作家としても活躍した。姶良《あいら》市に椋鳩十文学記念館がある。

▼▼▼ミュージカルをやろう

そのきっかけになったのは、春木校長が、同じく外部から一湊に来ていた願船寺の佐藤明了さんと一緒に、一湊の年配者に昔の一湊について話を聞いて回ったことだった。

佐藤さんは熊本県阿蘇市の寺で生まれ育ち、僧侶の資格をとったあと、1979年、願船寺に着任した。以前から仏教青年会の関係で知り合いだった願船寺の前任者が郷里に帰ることになり、その人と交代したのである。今は一湊に定着した感がある佐藤さんだが、地元出身ではないので、一湊の歴史、特に戦時中の一湊のことなどはあまり知らなかった。春木校長と二人で年配者から話を聞く中で、特に一湊空襲の受難とそれからの復興について、これは今の若い世代や子どもたちにも伝えなければ、という思いを持つようになったという。

ミュージカルを一湊校区をあげて上演することになったきっかけは、春木校長が赴任した年、一湊小学校PTAの取り組みとして子どもたちと親とで、20分程度のミュージカル「絆」をつくり演じたことだった。上演が終わったあとの打ち上げ会の席上で、今度は学校やPTAだけでなく一湊をあげてミュージカルをやろう、という話が盛り上がったのだという。その提案をしたのは、ミュージカル「絆」で実行委員長を務めた真辺《まなべ》真也さんだった。当時のPTA会長・寺田猛さんの「一湊校区の人が誰でも参加できる、いいもどし劇団にしたら?」、佐藤さんの「それなら一湊校区文化祭にしよう」などといった提案もあり、どんどん構想が膨らんでいった。言うだけではなく、寺田猛さんは実行副委員長・総指揮、佐藤明了さんは事務局を務めた。そして「自分たちが動くから、校長は脚本と詞と演出を」と頼まれたのだという。校長はこのとき、戦時中の一湊の受難と戦後の復興をテーマに脚本を書くことを決めたのだった。

春木校長は学生時代に人形劇のサークル活動を経験し、脚本を書いたり舞台づくりをしたりするノウハウを持っており、前任校でも子どもたちに自作のミュージカルを演じさせた経験がある。しかし、一湊でのミュージカルづくりはそれとはかなり様相が違っていた。学校での教育活動というより、地域の人たちとの協同作業で一つの作品を創っていく過程であり、仕事というより個人としてやりたいことに熱中したという感が強かったという。

上演されたのは2010年3月6日。この日、一湊小学校体育館は屋久島中から集まった700余人の観客で埋まった。出演した一湊校区住民は113人にものぼり、当時の一湊小学校児童も21人が出演し、今も語り草になっている。上演から8年後の2018年11月には、テレビ番組でも取り上げられた。一湊住民が霧島市に住む春木先生の自宅に、一湊沖でとれた海の幸をダンボール箱に入れて届けるという内容だった。

偶然にもちょうど同じ頃、私たちもミュージカルの取り組みに強い関心を持っていて、テレビ取材と相前後して春木さん宅へお邪魔して詳しくお話をうかがった。どうしてこのようなことができたのか、春木さんに直接聞きたかったからである。

この聞き取りの場には、当時一湊中学校の音楽科教員でミュージカルでオリジナル曲の作曲を担当し、楽曲指導とピアノ伴奏をした中野真由美先生にも同行、同席してもらった。中野先生にとって、春木夫妻との再会は一湊中学校から転勤して以来のことだった。話が進む中で、8年前の上演前後の思い出が一気によみがえり、感慨に浸ることになった。二人にとってこのミュージカルは教員生活を通じての最高の思い出の一つであった。春木さんにとっては、今考えると奇跡のような出来事であり、一湊という土地で在任中に出会った人たちとの心を開いたつき合いがあったからこそできたことだと、当時を振り返る。中野先生は今でも気持ちが落ち込んだときには、ミュージカルのCDを聴くと心が安らぐそうだ。

▼▼▼「番屋峰に陽が昇る」上演

ミュージカル「番屋峰に陽が昇る」のあらすじを記しておく。

番屋峰というのは、一湊集落の西から北へ向かって突き出している岬の山で、標高は165m。戦時中は山上に軍の防空監視所があった。そこには一湊から若者たちが動員され、監視業務にあたっていた。監視所には指揮官として一人の若い少尉がいたが、彼は一湊の町に相思相愛の女性がおり、彼女との手紙のやりとりは山上に水や食料を運ぶ子どもたちがとりもっていた。（第一幕）

戦局が逼迫《ひっぱく》し、一湊港には南方や沖縄戦に送り込まれる多数の兵隊が寄港する。彼らに束《つか》の間の憩いを提供するため歓迎の宴をはる一湊の人たち。しかしその一湊を米軍の爆撃機が襲う。焼き尽くされた一湊の町を逃れ、人々は助け合って白川山へ避難する。（第二幕）

終戦後、焼野原になった一湊にシベリアから復員してきた若者。これが我が故郷かと落胆するが、一湊の人たちはそんな彼を温かく迎え、手を取り合って復興にいそしむ。サバ漁などで活気を取り戻す一湊。「薪割《まきわり》仲間は酒仲間」「結《いい》戻し」、この共に生きていく意気が、昔から人々が受け継いできた一湊の気風だ。（第三幕）

春木校長はミュージカルの構想を温めていた頃、オリジナル曲の作曲者として最初から中野先生を想定していた。しかし職場が小学校と中学校で隣とはいえ、どのタイミングで依頼をしようかと迷っていた。ちょうど宮之浦のグラウンドでのサッカーの試合観戦で出会う機会があり、そのとき意を決して頼んだのだという。中野先生は「2、3曲でいいので」と依頼されたので、「それぐらいなら」と引き受けたのだが、「結局12、3曲になりました」と苦笑していた。

配役などの構想も、いろいろな機会に膨らんでいった。たとえば第二幕で登場する「歌の上手い兵隊」役の中島一孝さんは、一湊で9月に行われる「十五夜綱引き大会」で綱引唄を歌っているのを聴いた春木校長が感激し、起用を決めたそうだ。

メンバーの結成会が行われたのは上演前年の11月26日。練習開始は12月5日で、週3回、夜に一湊小学校の音楽室、理科室、体育館などを使って続けられた。以後、練習は30回以上に及んだ。また2月26日には、小学校・中学校の家庭教育学級共催で「郷土の歴史を学ぶ会」として、一湊で実際に戦争体験をした年配者の話を聞く会が催された。

ミュージカル「番屋峰に陽が昇る」を収めたDVD

配役は老若男女に及んだので、高校生も若者役などで多数参加した。彼らを対象に2月上旬に行われたアンケートには、一湊の高校生たちのさまざまな思いが記されている。たとえば、一幕で少尉の恋人役を演じた馬場海希望《みきの》さんは、次のように記している。

お話を頂いたとき、正直私のようなものがその役を演じることができるのかと不安に感じていましたが、練習を重ねる中で、このミュージカルに参加することができること自体を感謝しながら練習しています。私は、今年の春この島を離れなければなりません。そんななか、この「いいもどし」は、自分の故郷とあらためて向かい合ういい機会を与えてくれました。島を離れる一人の若人として、この劇を成功させることで故郷の歴史を語り継ぐという使命を果たしたいです。

キャストだけでなく、スタッフの苦労も並大抵ではなかったようだ。大道具、小道具、衣装などすべて一湊校区の人たちが一つひとつ手作りしていった。第三幕のトビウオ漁の場面で使う、網にかかって引き揚げられるたくさんのトビウオを厚紙で作る作業は特に大変だったという。

このようにして3月6日の本番を迎え、満員の観客の前で上演は大成功に終わったのだった。一湊校区という地域社会が一つになってこれだけのイベントを成し遂げたことは、この地の地域力が健在であることを示した。しかし、その地域力にはその後、急激にかげりが見えてきたのである。

❹小さな学校、一湊小学校

地域をあげて取り組まれたミュージカル上演から3年後、一湊中学校は隣の永田中学校とともに宮之浦の中央中学校に統合された。その後の一湊校区での人口と小学校児童数の急減については前に見た通りである。一湊小学校では２０１３年に初めて複式学級が発生した。２０１７年度の児童

表 1.4　2017 年度の一湊小学校児童数（人）

	1年	2年	3年	4年	5年	6年	合計
男　子		3	4（2）	2	1	3	13（2）
女　子	3	3（1）	1	1	3	2	13（1）
計	3	6（1）	5（2）	3	4	5	26（3）

注：1、2 年生は単式学級、3・4 年と 5・6 年が複式学級、プラス特別支援学級 1。カッコ内は特別支援学級児童。
出所：一湊小学校『平成 29 年度　学校要覧』

数は表1・4の通りである。

▼▼▼小規模学校の良さ

２０１６年４月に赴任した廣原《ひろはら》俊一校長は、着任時点から小規模学校の良さを前面に出すことを学校経営の基本方針として打ち出した。そして、２０１７年度から２年間、鹿児島県教育委員会の研究指定を受け、「複式・少人数のよさを生かした国語科学習の充実～本や文章・資料を読む力の育成を目指して～」というテーマで研究活動を進めた[14]。廣原校長が複式授業や小規模校での教育に関心を持ったのは、30代の頃、シラス台地の上に点在する小規模校での複式授業の研究授業を見に行った際、子どもらが自分たちで学習を進める姿を見て「すごい」と思ったのが原点だった。自身の複式授業経験は多くはないが、一湊小学校に赴任することになったとき、ここで小規模校・複式授業の良さを追求しようと決意したという。同校の「学校要覧」には、小規模校の現実を踏まえ、教員集団が課題を共有して一湊小学校ならではの共通実践を進めるという方針が示されている。

私たち（中島・中西）は、廣原校長や先生方の了解を得て、２０１７

14　２０１８年10月26日、一湊小学校において公開研究会が行われた。

5・6年生の国語科複式授業の様子

年6月12～15日の4日間、一湊小学校の授業を参与観察する機会を得てビデオ録画も行った。

複式学級といっても授業形態は多様である。たとえば5・6年クラスの場合、担任が別単元複式授業を行うのは国語科だけで、家庭科・図工・総合・道徳・外国語活動は担任が同単元指導をする。算数・理科・社会は単式授業で、5年、6年は別々に指導が行われるため、担任のほかに他学年の担任や教頭があたる。このほかに音楽・体育も複式や全校授業というかたちで他学年の教員が指導しており、全校教員の連携により柔軟に組み合わされている。

これは教員数が少ないことからくる持ち時間数の偏りをなくすため、互いに相手の授業を一部受け持つ「相互乗り入れ」によって平準化を図っているという面もあるが、教員全体で子どもたちの教育にあたる、みんなで一人ひとりの子どもを見ていくという教員集団の姿勢が具現化したものといえる。

また、小規模学校だからこそできる臨機応変・柔軟な対応も見られる。たとえば、この年度は当初5・6年生の算数は別単元複式授業（担任担当）でスタートしたが、途中で5年生の計算力に問題があるということになり、急きょ1年担任の教諭が5年生を取り出して別教室で教えることになり、単式授業に変わった。この時間の1年生は別の先生が教えるように時間割を変更したのである。

理科と社会を単式にしている理由について、理科の場合は単元が別々なので実験・観察などが複式ではやりにくい。社会の場合はこれも学年によって歴史的内容と地理的内容では分野が大きく異なるので、単式の方がやりやすいといった説明であった。

私たちが一湊小学校の授業を参与観察して気づいたことなどについては別稿[15]に記したので、ここでは参与観察の合間に先生たちに行った聞き取りデータから見えてくる、同校教員の特徴などについて記すことにしたい。

▼▼▼ベテラン揃い

まず、教員経験年数であるが、表1・5からわかるように、最長35年、最短13年、平均24・6年、すべての先生が10年を超えている。経験を積んだベテラン教員揃いといえる。ただ聞き取りによると、世代が下がるほど教諭採用までの年数がかかっている。これは、鹿児島県での教員採用が年々難関化していたことと関係があるだろう。

教師の一湊小学校での勤続年数は、２０１８年度で最長8年、最短2年である。このうち最長8年目の教員は、２０１８年度に定年を迎えるので、この時点の県教委異動内規では、通常7年である最長の同一校勤務年数が1年延長されていたのである。初任は種子島西之表《にしのおもて》市の小学校で、その後、鹿児島市内の2つの学校に10年間勤務したあと、屋久島の小学校での勤務が続いた。永田小6

15　中島勝住・中西宏次（2017）「小規模学校の特性を活かした実践――鹿児島県屋久島町一湊小学校複式授業の取組み」『年報 教育の境界』15。

表 1.5　2017 年度の一湊小学校教員および教員体制

職　名	本校経験年	教員経験年	担　任	他学級受け持ち教科など
校長	2 年目	33 年		3/4 年総合（一部）
教頭	3　〃	26 年		3 年理科、5 年社会
教諭	8　〃	35 年	1 年	3 年社会、5 年算数、音楽
教諭	7　〃	16 年	2 年	教務主任
教諭	2　〃	30 年	3・4 年	研究主任
教諭	3　〃	13 年	5・6 年	全校体育など
教諭	3　〃	31 年	支援学級	5 年理科
養護教諭	3　〃	13 年		

注：教職員には他に事務職、用務員、支援員各 1 名。教員経験年数には期限付講師期間も含む。

出所：学校要覧他資料および聞き取りより作成

年間、安房小6年間、そして一湊小が8年間と合計20年間。これが可能だったのは、永田小は当時の上屋久町、安房小は当時の屋久町、そして一湊小は統合後の屋久島町と、それぞれ異なる自治体と見なされたためである。希望を出して屋久島での勤務にこだわったのは、屋久島の小杉谷出身であることと関係が深い。父は営林署勤務、母は小杉谷小学校教員に採用され、1973年、廃校の年まで勤務した。自身が小杉谷小学校最後の卒業生であり、屋久島で教員をしたいという想いが強かったからである。

もう一人、屋久島での勤務に強い希望を持っている教員がいる。この先生は徳之島の出身。期限付講師としての初任は奄美群島の与路島《よろしま》にある瀬戸内町立与路小中学校だった。与路島には奄美大島の古仁屋《こにや》港から船で渡る。当時、人口90人ぐらいで小学生4人、中学生4人。半数は教員の子どもだったという。その後、鹿児島市、出水《いずみ》市などで10年ほど勤務したあと一湊小学校へ。2年前に屋久島の人と結婚し今は安房に在住。今後、屋久島から出たとしても、また戻りたいと考えている。

離島勤務を「避けられないこと」、「できれば早く終えたい」と考える先生たちが多いと聞くが、「できれば離島で勤めたい」、「屋久島で勤務したい」といった希望を持っている教員も決して少なくないのである。

離島・へき地での勤務は、一湊小以前に全員の先生がすでに経験している。期限付講師のとき経験した人が2人である。そのうちの1人は最初の勤務校が、薩摩川内《さつませんだい》市の現在は統合により廃校になった学校で、赴任した年は全校児童11人、次の年は8人だった。初年度5・6年担任だったが、複式授業は全く経験がないのでどうしたらいいのかわからず、先輩の先生の授業を見せてもらって放課後も一緒に練習したという。

音楽科、全校生による合唱

学生の頃からへき地教育に関心があった教員もいる。正規の教育実習とは別にサークルをつくって、へき地校の実習先を自分たちで探した。教員採用試験の際には、面接官とへき地教育の話で盛り上がったそうだ。福岡県の出身だが、鹿児島県の採用試験を受けたのは、へき地・離島が多いからだった。しかし採用後、奄美大島などの学校に勤務したが極小規模校の経験はなかった。6校目の一湊小学校に来て初めて複式授業を担当することになり「念願が叶った」。しかし、実際やってみるとすぐ大変さがわかった。教材研究と準備がすべて2倍になり、小規模校ゆえに教員一人あたりの校務分掌の量も多くなるからである。

複式授業のメリットについては、「得意な子が苦手な子に教える。それを下級生がみている。それが刺激になる」、「複式授業内では学年別と学年混在を使い分けている。混在はリーダーシップを発揮させるため」、「上級生がすぐ近くにいるので、「去年どうだったたっけ」と聞けたり、場合によっては5年生の授業に6年生に入ってもらったり、わからないことがあれば「6年生に聞いておいで」と言ったりできる」、「ガイド学習（教員が他学年を指導中、児童が輪番で進行役を務める授業形態）では自分たちで学ぶ力がつくし、人数が少ないので何もせず1時間を終えることはあり得ない。そういう中で自然とつく力はあると思う」などの意見があった。

▼▼▼「一湊スタイル」

先に見たような臨機応変な対応が可能なのは、「この規模の学校だから」、「どの先生も「こうしよう」といえば協力する雰囲気がある」、「みんながわかっているということが、やりやすさにつながる」、「一湊は特別。新しい考え方かなと思う。臨機応変にやればできるということ。今のメンバーだからできるのかな」などと、「この時点でのこのメンバーだからできる」という認識を持っている先生が多かった。「これは来年もできるかはわからない。その時々の教員構成にかかってくるので」という声もあった。

廣原校長は、たまたま構成メンバーに恵まれたためいろいろなことができるという現状に満足することなく、教員が入れ替わっても受け継いでいける基本形＝〈一湊スタイル〉というものを確立しようという取り組みを始めた。校長は次のように語る。

今は特に複式指導のマニュアル化を意識している。今後3～6年生は複式クラスが避けられないので、1、2年生から複式授業を意識した準備をする。そして3年からの複式授業では、子どもたちの司会進行の仕方などについて今、5・6年担任の教諭が資料づくりをしている。来年度、職員が半分以上入れ替わる見込みなので、新しく来た先生にはそのマニュアルを基に〈一湊スタイル〉を受け継ぎ発展させる取り組みをしてもらいたい。おそらく、複式経験のない人が来る。複式経験があるのは5人のうち1人いるかいないか。今後は増えると思うが。だから教員が入れ替わっても、「この学校の取り組みのベースはこれ」というものを残したい。

このような学校運営の基本型が確立するならば、「一湊小学校はこんな特色がある学校」という特徴がはっきりすることになり、それはそのまま一湊校区の特徴にもなるであろう。

❺ 黒潮留学への取り組み

一湊小学校維持の問題に関して地元の一湊で危機感に火がついたのは、一湊集落からの新入生が2016年から3年連続でわずか1人という事実が口コミで広がったことだった。そこで兵頭昌明さんが動きだし、留学委員会を組織して2018年度から屋久島町の山海留学に参加することになった。当面、家族留学のみとし、一湊沖を流れる黒潮にちなんで「黒潮留学」と名づけられた。

説明会に来た家族に対し個別に一湊を案内したりした結果、東京からの2家族と、千葉からの1家族の計3家族が一湊集落の借家に入居し、1年生2人、3年生1人の3人の子どもが一湊小学校に通うことになった。

この経緯について、一湊小児童の保護者の一人、高田みかこさん（兵頭さんの娘さん）に寄稿してもらった。

Voice

わたしたちの学校

高田みかこ

一湊の弔い《とむらい》は、集落における重要なメディアだ。親族だけで通夜を済ませたあと、1週間にわたって、客を迎え、個人の思い出話や身近な問題を語り合う夜伽《よとぎ》が繰り返される。

そんな夜伽の席に私が持ち込む話題が2つある。「一湊小学校の児童数が30人を切った」、「息子の同級生は集落にゼロ」。この話をすると、その場に集った年寄りは一様に仰天する。そして「いわれてみれば、子どもを見かけなくなったかもしれない」と口を揃える。

子どもが遠いのである。近所にも親戚にも身近な子どもがいなくなったがゆえに、減っていることに気づかないのだ。かくいう我が家も息子が生まれるまで、少子化を実感したことはなかった。

息子が乳児の頃、集落に4人いた同級生になるはずの子どもたちは、小学生になるまでに、

1人残らず中学と高校のある宮之浦集落に引っ越してしまった。息子の入学時、一湊集落からの新入生は3年連続で1人となっていた。

2017年、「来年から全学年が複式学級になる」ということを聞きつけた父は、屋久島町が推し進める「山海留学制度」を一湊小学校も取り入れるべく、行動を起こした。幸い3組の親子が留学を決め、全学年複式学級はひとまず免れた。

すでに町内各校で進めている山海留学との差別化を図るために打ち出したのが、放課後に子どもたちを預かる「児童クラブ」だ。かつて教員住宅として使われていた校庭の隅の建物を町から借り受けて改装、集落の住民からボランティアを募り、始動したのが2018年の6月。

宿題を終えた子どもたちの遊びを見守るだけのシンプルなクラブだが、保護者とボランティア、ボランティアと子どもたち、互いに顔と名前を覚え、顔見知りになることが、問題意識の共有にもつながるのではないかと考えている。

組織は、集落の高齢者が中心となって運営しており、学校のサポーターとして、夏休み期間中の美化活動や運動会の応援など、少しずつ、学校との連携も図っている。今年の運動会では、出ずっぱりの子どもたちの負担を減らすため、保護者や地域住民の競技を増やした。

屋久島特有の花崗岩からできた白い砂混じりの一湊小学校の校庭は、地域の人々が各自、洗面器一杯の砂を持ち寄って整備した。先代の木造校舎は、地域の人々がトビウオを売って積み立てた資金で造り上げた。そんなエピソードの一つひとつが、この集落の学校に対する思い入れの深さを表している。

地域の力を借りることで、人手不足という小規模校のデメリットを減らし、地域と学校とのより良い関係を築き上げていくことができるのか、試みは始まったばかりである。

▼▼▼「最後の砦」を護る

高田さんが記すように、黒潮留学の取り組みは家族留学を誘致しただけではなく、子どもたちを放課後に預かる「児童クラブ」を発足させ、今まで学校や子どもたちとやや疎遠だった地域の高齢者がボランティアでかかわるなど、学校と一湊校区の大人たちとの関係を再構築しようとする取り組みにもなっている。かつての繁栄の遺産の上に安住してはいられなくなった一湊の人たちが、ようやく危機感を共有し、一湊小学校を集落維持のための「最後の砦」として護《まも》っていく決意が示されたといえるだろう。

では「護られる側」の一湊小学校の先生たちは、一湊校区についてどのように見ているのだろうか。

話は一湊小学校教員への聞き取り調査に戻るが、教員からは「地域の人たちがよく考えてくれる。協力的で、関心が高く、やりやすい」という声がある反面、「子どもの減少について、住民の危機感はあまりないように思う。「さみしいねぇ」と言うだけ」、「ようやく留学制度ができるが、一湊が一番という考え方が強く、外部の人を受け入れられないのか、空き家があってもなかなか貸さない。地域をどう柔軟にしていくのかが課題では」、「一湊中学校がなくなったことにより、小学生が中学生を知らない。今までは中学校があったので1年生でも中学生を知っていた。おじいちゃん、おばあちゃんも、地域に中学があり中学生がいることによって活性化されていた部分があったと思う。だから「地域には学校が必要」という認識をもっと持ってもらうことが大切ではないか」、「中央中に統合されたあと、宮之浦に家を建てて転居する人がいる。少人数の良さ、複式の良さがある。それを一湊の人たちにアピールしなければ」といった声もあった。

先生たちのこのような声が、校区の人たちにストレートに届いていたかといえば、それは疑問である。「小規模学校の良さを活かす」という取り組みは、廣原校長を中心に一湊小学校の実践として始められたのであり、校区からの要望があったわけではない。一方、校区の大人たちは、一湊小学校がある程度の規模を維持していた時期のイメージをそのまま持ち続けていたのである。一湊小学校をなくさないために地域はどうすればいいか、学校はその課題にどう応えればいいか、という連携の土台がまだ明確にはなっていなかった。

しかし、児童数の急減に危機感を持った大人たちがようやく動き出し、黒潮留学がスタートした。すると、「小規模学校の良さ、地縁社会の温かさ」に惹かれて、実際に遠方から親子留学に来てくれたのである。これは、衰退への道を歩んでいた一湊校区が踏みとどまり、反転して再生に向けて歩み出した第一歩ともいえるであろう。

これからは、黒潮留学という地域と学校の共通課題の中身をともに創っていくプロセスの中で、住民と教員の双方が忌憚《きたん》のない意見交換をし、地域と学校がそれぞれの課題を明確化していくことが期待される。かつて校区をあげてミュージカルをつくり、上演するという盛り上がりを見せた地域なのだから、その「地域力」を再び発揮することができれば、地域再生への道筋は自ずと見えてくるのではないだろうか。
2018年度の黒潮留学3家族のうち、東京から親子で一湊に来た志波聖子《しわせいこ》さんに寄稿してもらった文章を紹介する。

Voice

首折れサバと縦割り教育

志波聖子

「屋久島の首折れサバの刺身やなぁ」。最後の晩餐《ばんさん》に何食べたい？ と夫に聞いた答えがこの一言。よもや山海留学に参加するとは、つゆほども想像しないときのこと。でも、振り返ればこれが、私たち親子（母・小3息子・3歳娘）が一湊地区を留学先に希望した一番の決定打だったかもしれません。なにせここ一湊は、首折れサバの総本山。強いご縁を感じざるをえません。

「日本人であることに誇りを持つ地球人になってほしい」、そんな願いを胸に、2人の子育てをしています。私自身は幼少期のほとんどを海外で過ごし、「何人《なにじん》？」と聞かれれば「日本人」と答え、日本人学校や日本人会といったコミュニティに属し、何かと「日本」を意識しながら育ちました。神道、仏教、茶道、華道、武士道など、さまざまな本を読んだり、実際に体験してみたりもしました。少しでも日本について知識を増やして、「日本人」の心が何たるかを理解したかったのです。けれども、表面的な知識が増えたとて、腑《ふ》に落ちることはなく、身にもつきません。そこで、福岡に住む大正生まれの祖父母と暮らすことを思いつきましたが、その願いは叶わず。いつの頃からか、古くからある集落で老若男女とのべったりした人間関係と日本古来の八百万《やおよろず》の神々の中で暮らすことで、感覚的に「日本」が私に染みてくるかもしれない、子どもたちにもそんな生活を経験した上で社会に出てほしい、そんな希望を持つようになっていました。

そんなこんなで、息子が小2の春、山村留学を考えていると夫に伝えたところ「1人やなくって3人で行ったらええやん」と、同意＋αの答えが。その手もありか！　さっそく家族留学の受け入れ先を調べ、比較検討（なんちゃって、それぞれの地域での自分たちの生活を想像してみただけですけど）をしました。北国は凍結道路の運転と雪下ろしに自信がなく、南方へ絞り込み。私の頭の中の世界では、堤防で息子が釣りをし、釣ったバケツの中の魚を娘が指で突っつき、その横で私が弾けもしないウクレレなんぞ爪弾《つまび》いていました。そしてふと思い出した、冒頭の夫の最後の晩餐メニュー。第一希望は屋久島、第二が種子島で、2ヵ所に応募書類を提出しました。

屋久島地区の山海留学には、家族での受け入れが4校区ありますが、希望校区の選択の参考になるような情報がほとんどなく、半分やっつけで第一から第三希望を応募書類に書きました。情報量が一番多いのは永田の「かめんこ留学」、何十年も受け入れをなさっています。対して一湊の「黒潮留学」は、情報皆無。面接の場で知ったのですが、私たちの応募した年が受け入れ初年度だったからでした。第一期生ならば、きっと校区の皆さんも熱意を持って受け入れてくださるにちがいないと勝手に想像し、まずは加点。そして、「屋久島の首折れサバ」は一湊のそれということもここで知りました。もうね、これは縁があるとしか言えないでしょ、◎どころかハナマルです。面接後、最終的に第一希望を一湊校区に変更しました。直感に動かされて、（ウクレレ以外の）妄想と願いがすべて叶うことになりました。

都会では決して経験できない、地域全体での子育てがここにはありました。古くから受け継がれる行事、人と人とが濃密につながり合う社会。とうの昔に失われたものと思っていた「日本の心」が、確かに息づいていることを日々感じさせられます。一湊集落は仏事が多く、同じ校区内の吉田・志戸子には平家落人由来の神社もあり、神仏ともに今も深く信仰されています。子どもたちが気軽に遊べる海・川・山はすぐそこ、サバは、引っ越し初日から娘を抱いて寝かせてくださった漁師のやっちゃんが、首折りたてホヤホヤを「さばく練習しなさい」とくださいます。持ってきたウクレレを弾いている時間がないほど、集落の行事や井戸端会議に混ぜていただき、親子三人ありがたく仲間に入れてもらっています。

そして、うれしいオマケは小規模複式学級。他学年の指導中に子ども同士が互いに教え合うことで、思いやりの心と相手に伝える力、いわば和と輪の精神が育まれ、自ずと自己効力感も高まっていくさまが見て取れます。棋士の藤井聡太さんが受けられたモンテッソーリ教育さながらの縦割り教育が日常なんです。

今までに持ったことのない最大級の気持ちで、ここ一湊校区とのご縁に感謝しています。根なし草でフルサトのなかった私たちにも、故郷と感じられる場所ができました。私たち親子の全身全霊に向けて、絶え間ない刺激と変化を与えてくれる「黒潮留学」、バンザイ!!

3　口永良部島と学校

前節では、屋久島町一湊にスポットを当てた。一湊はかつて「屋久島一の湊」としての賑わいを見せたが、現在は人口減に伴い中学校は統廃合され、小学校を地域社会持続のための「最後の砦」として存続させるための取り組みが行われている。一方で、同じ屋久島町でも「児童生徒が1人でもいれば統廃合の心配はない」という特殊な環境下にある学校がある。本節では、その例を取り上げる。屋久島宮之浦港からフェリーで1時間40分、そこに口永良部島はある。鹿児島からの直行便はなく、一度屋久島を経由する。口永良部島の行政区は屋久島町であるが、基本的な日常生活は島内で完結し、子どもたちも島内の学校に通学している。島にある小中学校は1つ。その口永良部島は近年、大きな災害を被った。

❶噴火、避難、そして帰島

2015年5月、口永良部島の新岳が大噴火した。その際、気象庁は噴火警戒レベル5を発表し、全島民137人が島を出て避難をしなければならない状況に迫られた。避難生活は実に7ヵ月に及んだが、一人の犠牲者を出すこともなく、その後大半の島民が島に戻った。[16]

16　屋久島町報『やくしま』2019年5月号によれば、帰島した住民は2019年3月末現在で64世帯、99人である。

口永良部島では、過去に何度もの噴火を経験している。その都度、被害が出たり人々の生活が脅かされたりしたが、島での暮らしを根底から壊すには至らなかった。住民は噴火が落ち着くとまた島に戻り、暮らしの営みを続けた。２０１５年の噴火もそうした歴史に1ページを加えたといえるのであろうが、長期にわたる全島避難という異例の事態となり、火山島に住むことの意味があらためて問われることになった。この間の経緯を、島内唯一の学校、金岳《かながだけ》小・中学校の子どもたちの動向を中心に振り返る。

▼▼▼新岳噴火と全島避難

２０１５年5月29日午前9時59分、以前から活動が活発になっていた口永良部島新岳は、大音響とともに火口付近から大量の黒煙を噴出する。その黒煙は最高で上空９０００ｍに達した。[17] 当時中学3年生だった貴舩楓《きふねかえで》さんはそのとき、学校で数学のテストを受けていた。残り時間を確認しようと教室にある時計を見上げ「あと5分だな」と思った次の瞬間、大きな爆発音がした。「飛行機の離陸時のような音がした」と彼女は振り返るが、その前年の夏にも水蒸気爆発を経験していたため、すぐに噴火だとわかったという。その頃は地震も多く、村の人たちとも「そろそろ噴火するね」と話していたそうだ。

学校では月に1度ほど避難訓練をする。登下校時には各自がヘルメットを持参し、緊急時にはすぐに車で避難できるよう、教職員は校舎に沿って縦列駐車しておくなど、日頃からの備えもあり、噴火に対して比較的落ち着いて行動ができた。噴火後、児童生徒たちはすぐに教職員の車で番屋ヶ《ばんやが》

新岳噴火当時の様子　［撮影：関口浩］

峰《みね》[18]にある一時避難所に避難した。教科書などの持ち物も一切持たず、特に危険と判断された前田地区に自宅がある楓さんは、家に帰ることも許されず、そのまま午後にはフェリーで屋久島に避難することになる。

新岳は爆発と同時に火砕流が発生し、一部は海にまで到達していたが、爆発の時間帯が夜間ではなかったことが幸いし、住民はスムーズに避難、集合することができた。気象庁は10時7分に噴火警報を出し、噴火警戒レベルを入山規制の3から避難の5に引き上げた。10時15分、屋久島町が島民に島外への避難指示を出す。住民は、時間を決めて家に荷物を取りに帰るなどし、15時40分には全島民が町営のフェリー太陽に乗り、島を離れて屋久島宮之浦に向かった。楓さんと同じく当時中学3年生だった山口かの子さんは、「飼っていた動物たちを連れて行くことができず、心配だった」と語る。口永良部島では、畜産を生業としている住民もいる。いつ帰れるかわからない状況の中、島を離れることにどれだけの不安があっただろうか。

17　後にこの噴火は前年のものとは違い、「マグマ水蒸気爆発」だったとされた。
18　島の西部にある峰（291m）。口永良部島はひょうたん型をしているが、ひょうたんのくびれにあたる場所より西側の地区で一番標高の高い場所。

▼▼▼避難生活の始まり

宮之浦では、公民館と2つの高齢者支援施設の計3ヵ所に避難所が設置された。それぞれがどの避難所へ入るかはフェリーの中で話し合いによって決められた。上記の避難所のほか、屋久島島内や島外の親戚・知人宅に身を寄せた人たちもいた。

全国からの支援物資のおかげで物には困らなかったが、避難所に個室はなく雑魚寝《ざこね》だったため、しだいに体調を崩す人が出てきた。その後町は、空いている公営住宅をとりあえず用意し、6月下旬から仮設住宅27戸を建設、8月には入居が終わる。この間、住民たちは避難所ごとに代表者を決めるなどして結束し、情報交換や行政との連絡調整、交渉などにあたった。

小中学生は6月1日から宮之浦にある小中学校へ通うことになった。宮浦小学校は当時、児童数約260人、中央中学校は生徒数約170人と、屋久島最大規模の学校である。極小規模校の金岳小・中学生にとっては初めての大きな学校で、多数の児童・生徒との学校生活となった。

避難した金岳小・中学生は総勢16人だったが、避難先の関係で3人が別の学校に通い、小学生8人、中学生5人の計13人が宮浦小と中央中に通った。宮浦小では当該学年のクラスに入り、図工や音楽・体育などは一緒に授業を受け、それ以外の教科は金岳小の児童だけで学習した。金岳中でも国語・数学・英語・社会の4教科は金岳中の生徒だけで学び、それ以外の教科は小学校と同様、中央中の生徒と一緒の授業だった。いずれにせよ、避難前の学校生活とは大きく変わった。

「最初はすごく緊張した」と楓さんは話す。初めの頃は、通学時に報道陣に囲まれることを避けるため、登下校に警察官が付き添っていたという。慣れない多くの同級生の中でどう振る舞えばよいのかわからない、なんと自己紹介していいかわからない。唯一の金岳中の同級生である楓さんとかの子さんは、合同で受ける授業のクラスを分けられそうになったが、「それは耐えられない」と交渉し、同じクラスで授業を受けられるようにした。

しかし、二人の不安は想像していたよりも早くに解消されていく。中央中の生徒は「大変だったね」などと、優しく声をかけてくれた。「それからは短い時間で仲良くなれた。それまでは、将来大きな学校へ行くのが怖いという気持ちもあったけれど、それの模擬練習になったような感じ」と、当時を振り返った。

2学期に開催された中央中・金岳中合同体育大会では、両校の「エール交換」を行い、初めてのフォークダンスも経験した。この頃には新しい友達もたくさんでき、学校行事を楽しめるようになっていた。「制服はどうしてたの？」と聞くと「あ、そういえばなかったですね、ずっと体操服で通ってました。ずっと体操服。全然気にならなかったけど、今考えたら変ですね（笑）」。新しい環境やこれからの生活に対して、心配や不安、希望や喜びの中で目まぐるしい日々だったのであろう。受験生でもあった二人は、避難先で用意された共同勉強部屋の、決して広くない空間でぎゅうぎゅう詰めになりながら勉強をした。

この頃から二人の心境にも変化が出てくる。かの子さんはそれまで高校への進学を考えていなかった。口永良部島が大好きで、そのまま島で暮らしたいと思い続けていたのだ。しかし、屋久島で友人が増えたこと、そして、その先の自分の進路についてもあらためて考え直していく中で、屋久島高校への進学を考え始めた。一方、楓さんはそれまでは関東への進学を考えていたが、中央中生とのかかわりの中で、同じく屋久島高校への進学を希望するようになった。

詳細は後述するが、金岳小・中学校には「南海ひょうたん島留学」と名づけられた山海留学制度がある。横浜から口永良部に来ていた当時6年生の増永和佳《のどか》さんは、噴火直後は横浜の自宅に帰った。しかし、6月下旬には屋久島の避難所に戻ってくる。里親の山口家（かの子さんの家族）と生活を共にしたいと思ったのだ。「屋久島での生活もなかなかできないのでいい経験」と話した。[19]

そうした中、7月17日に屋久島島内に金岳小・中学校の仮校舎設置が検討されているとの新聞報道があった。記事によると、金岳小・中学校の児童・生徒であることの意識を維持してもらうことがねらいとのことだった。これに対し、口永良部住民の大半が反対する。そのような予算があるなら宮浦小と中央中の施設設備の充実に使ってもらいたいとの意向が示され、その結果、仮設校舎の建設は取りやめになった。町の担当者は住民の意向を確認せずに計画したことを陳謝した。

▼▼▼帰島に向けて

6月頃から住民の一時帰島が検討されたが、6月18、19の両日に新岳が再噴火したため、当面見合わせとなり、帰島に向けてのスケジュールがなかなか立てられない時期があった。見通しがつかない生活に住民の焦りや苛立《いらだ》ちが募ったりもしたが、7月に入ると65人の島民が一時帰島、10月になると、110人の島民が一時帰島を果たした。

10月21日、火山噴火予知連絡会は、噴火警戒レベル5は維持するが立ち入り禁止地区を概ね2㎞の範囲および新岳火口の西側の概ね2・5㎞の範囲に変更すると発表、住民の帰島への環境が整う。

そして12月25日、屋久島町はほぼ7ヵ月ぶりに避難指示を解除、多くの島民が口永良部の自宅へ帰宅することになる。避難中の集中豪雨のため道路が分断された寝待《ねまち》地区などの5世帯や、健康上の問題から屋久島他に残った4世帯があったことから、全員帰島とはならなかったが、長期にわたる全島避難後にしては、非常に高い帰島率といえる。

2015年以前から口永良部に縁のあった私（大垣）は、この間のニュースをテレビやインターネットで見ながら、一つひとつの情報に肝を冷やしたり安堵したりしたものだ。火山の麓で生活を営むということは、火山と共に生きるということ。小さな島である。大きな噴火があれば全島避難は免れないし、そのリスクは常に生活のそばにある。島を訪れたことのない人の中には「どうしてそこまでして島に住むのか」という思いを抱く人もいるだろうが、口永良部島の生活の中にこそ、その答えを導き出すヒントが隠れているように思える。以下では、私が体験した口永良部島での日常を描き出し、そこから人々がこの島に住み続ける思いと、特殊な環境下にある学校について言及したい。

❷子どもたちの日常

2015年の噴火以降、口永良部島は「火山の島」というイメージがより強くなった。それまで島を知らなかった人たちにとって、口永良部島は「被災地」であり、島民は「被災者」だというイメージが浸透したのではないか。報道は非日常を映すが、噴火以前、当然そこには日常があった。

---

19 『南日本新聞』2015年6月29日付。

私は、2008年から2012年までの間、屋久島町の小中学校で学校図書館司書補をしていた。初年度、司書は私1人だった。島内の8小学校と6中学校のすべてを担当し、軽自動車で文字通りぐるぐると島を回っていた。月に1度、1泊2日で口永良部島へも通った。口永良部で過ごす時間はしだいに他には代えがたいものとなり、2年目に司書補が1人増え担当校を振り分けることになったときは、迷わず継続して担当することを希望した。船に弱く、あの独特の重油の臭いを嗅ぐだけで気分が悪くなりかけるのにである。

口永良部島へ行くためには、朝8時10分に宮之浦港を出るフェリーに乗った。そのためには、自宅を7時前に出なければならない。出港すると、しばらくは揺れが激しいことも多く、慣れた人たちは出港前から早々に船内で横になり、眠る。最初の頃はそうと知らず、いつまでも浮かれていて船酔いをし、後悔した。フェリー太陽は通称「太陽丸」と呼ばれ、見た目もどこかノスタルジックでかわいいのだが、欠航が多いため「欠航丸」との異名を持つ。冬場は欠航が多く、1泊2日の予定が延泊になることも珍しくなかった。

島の人たちは口永良部島のことを「えらぶ」と呼ぶ。その方が、字画数の多い漢字表記より見た目も柔らかく、音の響きもどこか島の雰囲気に合っているような気がする。したがって、本稿でも以下、「えらぶ」と表記する。

▼▼▼極小規模校での日常

島にある唯一の小中学校、金岳小・中学校の児童生徒数は少ない。2018年度初めの小学校児童数は1年生ゼロ、2~5年生各1人、6年生2人の計6人、中学校生徒数は1~2年生各2人、3年生3人の計7人であった。人数が少ないので一人ひとりの顔がよく見える。月に1度しかない訪問、しかも司書業務の合間でのかかわりでも、回を重ねるうちに個々の性格や互いの関係性のようなものが見えてくる。お互い少しずつ親しみのようなものが湧き、来訪時、子どもたちが私を見つけてうれしそうな顔をしてくれるようになった。クラスの形態は複式学級の場合が多く、最少で児童と教員が1対1という年もあった。人数が少ないことのデメリットをあげることもできるが、ここではあえてメリットをあげる。そこにえらぶの良さがあり、その積み重ねこそが子どもたちを育む確かなものにつながっていると感じるからだ。

表 1.6　金岳小中学校の児童生徒数（人）

	2015 年	2016 年	2017 年	2018 年	2019 年
金岳小学校	10	4	6	6	6
金岳中学校	6	7	7	7	2

出所：2015 ~ 2018 年は『統計やくしま』および『統計 屋久島町』、2019 年は金岳小中学校 HP

　複式学級の場合、2学年が1つの教室で授業を行う。教室の両サイドに黒板があり、教科にもよるが、各学年がそれぞれの黒板を向いて座る。担任は片方の学年に、前回までの復習とこの時間のめあてを確認し、これから進める手順の指示を出す。そしてもう片方の学年で、授業を進める。担任がついていない方の学年は、個々に課題に取り組むこともあれば、その日のリーダーが前に立ち、みんなの意見を聞いたり取りまとめたりして授業を進めることもある。人数が少ない分、一人ひとりの役割は大きく、気が抜けなさそうである。

　そう思って、前述したかの子さんに聞いてみると「人数が少ないのでズルができない。課題が出たら一生懸命取り組む癖がついた」という答えが返ってき

複式授業の様子

た。子どもたちはお互いの得手不得手、あるいは癖のようなものまでひっくるめて受け入れつつ、時には衝突しながらも、どうにか自分たちの力で授業を進めていた。

2018年5月に再訪した際、授業を見学する機会を得た。子どもたちについて体育館へ行くと、体育館の端にあるグランドピアノを2〜4年生の女の子3人が囲んでいた。体操服を着ていたので、当然体育が始まるのだろうと思っていたが、担任の先生はラジカセを鳴らし始めた。流れる音楽に合わせて、各自が体育館をめいっぱい使って、スキップで回りだす。担任も一緒に、ぐるぐると何周も回る。しばらく様子を見ていてわかったが、どうやらこれは音楽の授業らしい。

後から担任に聞いてみたところ「ここの子たちは合唱の経験が少ないからか、リズムをとることが苦手なんですよ、だから体を使ってリズム感を養えたらと思って」とのこと。この先生は、この春短大を卒業したばかりの新任教員で、複式授業も初めて経験しているのだが、肩に力が入っておらず、さっぱりした感じに好感が持てた。数曲終わって体も暖まった頃、4人はピアノの前に座って、歌を歌ったりリコーダーを吹いたりし始めた。一人の2年生は、まだリコーダーを持っていないため、他の楽器を演奏している。何か目的があるようだ。

それは、その日に修学旅行に出かけた5、6年生が帰ってくるまでに上達し、演奏して彼らを驚かそうという目論見《もくろみ》であった。午前中に校庭で出発式が行われ、全校児童が見送った。数日間、学校を、島を離れるだけなのに、5、6年生が門を出て見えなくなるまで手を振っていた彼女たちの姿を思い出した。練習の途中、児童の1人の集中力が切れてしまう場面もあったが、他の2人はその様子につられることもなかった。チャイムが鳴って授業を終え、先生も含めた4人は、おしゃべりをしながら教室へ戻っていった。自分のペースで、できることをする。えらぶの子たちが日常の中で養っている力に、少し触れた気がした。

さて、給食はどのようなものか。小学校では給食を全校児童が一緒に図書室でとっていた。えらぶの給食はおいしい。自校で作られていて、パンも学校の隣にある調理場で焼かれる。午前中は10時を回ったあたりから、なんだかいい匂いが校内に立ちこめ始めるのもよい。船に弱い私は、学校へ着く10時前にはまだ体が揺れていて、給食なんてとても無理だと毎回思う。けれど、このおいしい給食を食べ残したことは一度もない。献立は、屋久島の宮之浦にある給食センターで考えられたものをベースに組まれていたが、特に台風シーズンは食材が揃わないこともあり、そのときに手に入るもので工夫しながら作られていた。一方、中学校では各クラスで食べていた。日によっては先生と1対1で食べることもあり、そこはみんなで食べた方が楽しいのではないかと思っていたが、なぜこうなのかは謎のままである。

学校が小さいなら、集落も小規模である。学校は港から徒歩5分ほどのところにある本村《ほんむら》集落の中にあり、ほとんどの児童生徒の家も同集落にある。通学距離は短い。少し離れた前田集落に住む児童が最長で、それでも歩いて20分ほどである。放課後、なんだか校庭で声がするなと思って見てみたら、本村集落の子どもたちが下校後すぐにまた小学校へ戻ってきて、普段と同じように、学年の違う子同士で遊んでいた。休みの日も同じように遊ぶのだろうか。えらぶの子は「学校の時間」と「それ以外の時間」の境目が柔軟であるように感じる。

前述したように、金岳小・中学校には山海留学制度がある。児童数が少ない学校で、彼らの存在は大きい。この山海留学「南海ひょうたん島留学」の歴史は、1996年度に始まる。その名称は島の形がひょうたんに似ていることに由来している。生活費として町から補助が出る。留学は3年が限度だが、過去には留学期間終了後「転入」という形でそのまま中学卒業まで島で過ごした留学生もいた。小学1年生から中学3年生までエントリーが可能で、子どもだけで留学する「里親留学」と保護者同伴の「親子留学」がある。

毎年4月になり、新しい留学生が入るとクラスの雰囲気も変わる。なんとなく緊張感が生まれたり、少しぎくしゃくとした角ばった印象を受けたこともあった。しかし、その角はしだいになくなり、ほどなく留学生も含めて皆「えらぶの子」になっていく。現在、看護師を目指して専門学校に通っているAさんは、留学生として小学6年生のときに来島し、中学を卒業するまでえらぶで過ごした。Aさんは、えらぶの人たちがたとえ相手が大人であっても子どもであっても、互いを下の名前で呼び合うことに、最初は慣れなかったという。しかし、しばらくすると「どこそこの家の子、人ではなく、みんな島の子、島の人という感じ」なんだということがわかってきた。

地域からは親子留学を望む声が大きいが、仕事や住宅などの問題でそうもいかない留学希望家庭は多い。現状では島で職を見つけること自体が難しく、親子留学を今後定着させるためには、職を用意することも課題の一つとしてあげられる。もちろんこの問題は留学制度にとどまらず、島として今後Iターンの受け入れに力を入れたいと考えるのであれば、同様の課題となる。

▼▼▼それぞれの役割

島外から着任した教員はたいてい3年ほどで島を離れる。そのため離島での生活経験値は子どもたちの方が高いことが多く、学校行事のみならず島内行事も含めて子どもたちの方が詳しいこともままある。遠足や海での水泳授業のときなど、「慎重すぎる」先生が「危ないからと言って行かせてくれなかった、泳がせてくれなかった。大丈夫なところなのに」と嘆く子どもたちである。海のこと、植物のこと、行事のこと、私も子どもたちから教わることが多かった。

港祭り

２０１１年の夏、港祭りに参加したときのことは忘れられない。島内すべての漁船が本村港に集合し、夏空に大漁旗をはためかせながらパレードをする。漁船には、誰でも乗せてもらうことができるので、私も子どもたちと一緒に乗せてもらうことにした。その漁船は、山口正行さんの漁船だった。湾を一周するだけだが、スピードが上がるにつれて顔に当たる風も強くなり、なかなか迫力がある。途中、ふと操縦席に目を向けると、当時6年生だった凛《りん》君が舵《かじ》を取っている。凛君は正行さんの息子で、当時から「大きくなったら漁師になりたい」と話し、学校の図書室で魚類の図鑑を広げてはさまざまな魚について教えてくれた。もちろん凛君の近くでは正行さんが注意を払っているのだが、私は今この6年生に命を預けているのだと思うと、少し心拍数が上がった。しかし、凛君の目がそれは真剣だった。普段見せる笑顔とはまた違い、信頼するに十分足る姿だった。湾内をぐるりと回り、灯台の先にある水神様に漁の無事と大漁をみんなで祈願した。船上から見る火山と海のコントラストが美しかった。

異年齢で集う子どもたちの様子を見ていると、自然な声かけの中に教えがあり、幼い子や力が十分でない子への配慮があった。下の子たちは時に上の子に反発しながらも、その姿から学びを得ているように見える。

こんなこともあった。2015年3月、正行さんのお連れ合いである真木《まき》さんにインタビューをしていたときのこと。仕事に出ていた正行さんが「シカが捕れた」と帰宅した。これからさばくというのでインタビューを中断し、見学させてもらった。そのときの正行さんの手さばきは鮮やかで美しく、思わず見入ってしまったが、その横で静かに作業を補助している青年がいた。水産高校に進んだ凛君だった。春休みを利用して帰省していたようで、次年度はマグロ漁船に乗ってハワイ沖まで行くという。凛君は、かの子さんの兄である。凛君の横ではかの子さんや、親子で留学し、そのまま移住した一蕗《いちろ》君も淡々と手伝いをしている。シカの首にナイフを入れる瞬間、彼らが周りにいた幼い子どもたちを遠ざけた。さりげない配慮だった。島の子たちにとっては、学校での勉強も、家での仕事や遊びも、日常の全体が濃くつながった学びなのだ。

❸ えらぶの教員

このような極小規模校の先生たちはどのような人たちなのだろうか、あるいはこの小さな学校をどのように見ているのだろうか。

▼▼▼「離島の離島」の学校の先生

えらぶへの赴任は基本的に3年である。離島の多い鹿児島県では教員生活の中で、小学校の場合、最低2回の離島赴任を経験しなければならないという。ただし、連続2回離島勤務は認められず、必ず間に本土の学校を挟まなければならない。任期は初任以外、通常だと6年だが、離島の場合「へき地級地」[20]によって異なる。「級地」は「生活をする上での便利さ」で決まり、たとえば空港や港、病院からの近さなどによって左右される。離島である屋久島は2級から4級で任期は5年、「離島の離島」であるえらぶは最も級地が高い5級なので3年に短縮されているが、希望すれば5年まで可能だそうだ。また、どのタイミングで離島希望を出すかは各教員の意向次第だとのことである。

もし自分が教員だったらと考えると、離島へ赴任し、きわめて小さいコミュニティに飛び込むことには、なかなかの緊張感が伴う。ただそれは、受け入れる側も同じであろう。赴任した教員と否応なしに3年間は時間を共にする。小学校なら子どもの在校中の半分、中学校ならすべて、である。

20　へき地校は、へき地教育振興法及び同施行規則に基づいて、1級から5級までのへき地等級を付して指定される。数字が大きいほどへき地の程度が大きい。

できれば良い関係を築きたい。そのためには離島赴任を希望する教員が望ましいだろう。離島を希望する教員は少ないのだろうか。希望すればもっと長くはいられないのだろうか。

過去には私の知る限りでも、島ならではの生活や教育に魅力を感じ、できる限り長くいたいと希望する教員はいた。I先生がそうであった。I先生は鹿児島県出身で、宮崎大学を卒業後、期限付き講師としてトカラ列島の悪石島《あくせき》の中学校で2年半教鞭を取った。当時の生徒数は2人だったという。そこでたまたま視察に訪れた県の教育長が「ここみたいな小さな学校は教育の原点なんだ」と教員に向けて話をした。その言葉が印象に残り、実感もあった。「大きな学校で40人に目を配れるかとなると100%は無理ですよね。でも、ちっちゃなところになるとほぼ100%、学校にいる間は見れますよね。教えるということで考えると、こっちの方が恵まれている」。

▼▼▼教育を見直す

金岳での授業を見ていると、内容や方法については何といっても丁寧であり、わかるということを最優先にする授業である。I先生が2度目の離島を希望した目的は「教員生活を十何年やってきたことを子どもたちに還元する」ためであったが、インタビューを行った赴任3年目の時点で、すでに「来てよかった」と思えるだけの実りを得ていた。子どもたちとの関係だけではなく、保護者や地域の人との関係も魅力的だったという。規模の大きな学校ではなかなか保護者との信頼関係に実感が持てず、何が大事かをあらためて考えたいと思っていた。

「なるべくいろんな人と話をします。ここだと保護者だけでなく、地域のおじいさん、おばあさんとも話がいっぱいできますし。港で釣りをしていても地域の方が「釣れたやー」とか。地域の人たちは子どもたちにも声をかけます。やっぱり声かけって大事だよなぁって感じていますね」。

I先生の言葉から、以前、貴船恭子さんに聞いた話を思い出した。関東出身の恭子さんは、えらぶ出身の貴船森《もり》さんと結婚。4人の子の母であり、小・中学校PTA副会長である。彼女はこの島のサイズを「つながりを実感できる規模」と表現した。

「人とのつながり、自然とのつながり、エネルギーのつながりとか、いろんなつながりを実感として持てる。それで、感謝する対象が感じられる。都会だと見えなさすぎて誰にありがとうを言ったらいいのかわからない。ここだと感謝しながら生活できる、実感できる規模なんです」。

恭子さんやI先生に限らず、子どもたちにとってもこの規模は、それぞれのつながりや自分のアクションに対する手応えを実感しやすいサイズなのかもしれない。

恭子さんは続けた。「学校の規模も。少人数の中で多数決でなく、自分の意見を言いながら決められる。これくらいの規模だから、実感として自分の役割も感じられる。つらいこともあるし、合わない人もいるけど、助け合わないと生きていけない人数なので邪険《じゃけん》にできない。先々のこと考えたり、先々のことが見えたりすると、うまくいかないから話し合おうとか。消去法かもしれないけれども、それができる」。

人数が少ないと、それぞれのやるべきことが多い。少ない人数で日常を回すということは、各自のキャラクターや持っている力を活かした役割分担と工夫、話し合いの繰り返しが必要だ。相性の良し悪しはあっても、とにかく一緒に生活を回す。その風景は「のんびり」ではない。しかし落とし所を見つけるまで話し合う時間はじっくりと持てる。それが、規模の大きな学校とは違う時間の流れのように目に映るのである。

長引く避難生活の中で「どうして口永良部がいいのか」と自問自答してきた恭子さん。出した答えは「みんなで寄り添い、助け合う生き方がすてき」であった。

さて、金岳のような極小規模校の場合、特に小学校では複式学級になることが多いが、教員は授業方法などの指導を受けているかといえば、そうとも限らない。多くの教員は、現場に着任してから、運がよければ周りの教員にアドバイスをもらいつつ、試行錯誤で進めるという。現在は教師を辞めているが、屋久島出身でえらぶに住む寺田仁奈《にな》さんは、かつて金岳小で教鞭をとっていた。前任校は屋久島の南西部にある栗生小学校だった。「(金岳小学校は)複式の職員研修がなかったんです。前任校は力を入れていて、先生同士で授業をして「ここはいい」とか「ここはもうちょっと」とか。研修が毎週のようにあって、そこで作ったものを金岳で使わせてもらいました。ここは他の学校との交流がほとんどないし」。

自身の経験もあり、早い段階から離島教育に興味があった仁奈さんは、鹿児島と同様に離島の多い長崎の大学へ進学し、教職を学ぶ。栗生小学校では複式学級の担任を経験した。彼女から見た金岳小の子どもたちは、自分たちが複式だとわかっているので、1年生からしっかり「自分たちでやらなきゃいけないというのがある。また、上の子がしっかり下の子たちの面倒を見るという暗黙の了解もある」。ゆえに、子どもたち同士での学び合いがしっかりと根づいているようだ。

えらぶでは高校に進学する際、必ず島を離れる。そして高校卒業後、大学へ行くにしろ就職するにしろそのまま島を離れる場合が多い。しかし、時期はさまざまだが、Ｕターンする人もいる。そして、少ないながら移住者がいる。その中で学校とかかわりのある人を取り上げる。

❹「外《ソト》」から見る

▼▼▼Uターン者にとってのえらぶ

渡邉百一《ももかず》さん（１９４7年生まれ）は、金岳小・中を卒業し、鹿児島の高校へ進学後、東京で電機系の会社に就職するが、過酷な労働環境の中で体を壊し、療養も兼ねて27歳で帰島した。帰島後は手先の器用さを活かし、土木会社から依頼を受けて簡単な図面を描くようになった。ワープロ、パソコン、ＣＡＤとそれぞれの時代に普及してきたものを独学で習得。その勤勉さが買われ、１９８5年に当時の校長から熱心な依頼を受け、冊子『口永良部島の物語　遊びうた』をまとめる。盆踊り歌である「十五夜」など、それまでは口承で伝えられていた島の文化が初めて編纂された。

百一さんが小学生の頃は、１学年50人程度、全校では３００人ほどいた。4年生のとき、入学児童が60人ほどになり1年生が2クラスになった。教室が足りなくなったため、グラウンドにブロックを積んで校舎を造った。島の人口が約２０００人だった頃だ。教室は常にぎゅうぎゅう詰めで、複式学級の経験はない。島のこれからについて「山の安定と、働く場が鍵」と言う。

地元で生まれ育った久木山栄一《くきやまえいいち》さん（１９7９年生まれ）は、自身が金岳小に通っていた頃、同級生が4人いたという。その頃はまだ島に林業が健在で、林業に携わる従業員の家族もいたが、その後立ち行かなくなり島を離れる友人を見てきた。中学卒業後、鹿児島へ進学し、しばらくして帰島。運送業などを営み、結婚。息子が金岳小に入学し、PTA会長も務めた。島の課題として子どもの減少を憂い、その方策として雇用拡大、産業振興をあげる。現在は運送業とともに、「口永良部活性事業組合」を立ち上げ、屋久島特産の焼酎「三岳」用の芋や、同じく特産のガジュツ[21]を副業として栽培するなど、島の人口を増やすために、行政と協力をしながらできることはないかと模索している最中である。

▼▼▼移住者の系譜

えらぶへの移住者の草分けは、貴船庄二・裕子夫妻である。二人は東京の美大生だった頃に出会い、結婚して二児をもうけたが、裕子さんが「都会での子育てはできない」と感じ、庄二さんは安住できる地を探し回った[22]。その結果たどり着いたのがえらぶだった。移住したのは1973年。2人の子を連れ、裕子さんのお腹には3人目の子がいた。一家は一時島を離れたが、1991年に帰島し、庄二さんは島北部の田代に、工場や中学校旧校舎の廃材を使って民宿を建て、その主に落ち着いた。余談ではあるが、この民宿が実に素晴らしく、私がえらぶを訪れるときの定宿である。

長男の森さんは現在、本村区長を務めるなど島の中心人物の一人であり、避難中も住民をまとめる役を果たした。次女の真木さんは島出身の山口正行さんと結婚し6人の子育てをした。この貴船ファミリーだけでも近年で10人もの金岳小・中学生を送り出したうえ、「南海ひょうたん島留学」の留学生も随時受け入れている。

民宿「くちのえらぶ」

庄二さんは2018年、屋久島での避難生活を終えて帰島後しばらくして、残念ながら亡くなったが、彼の遺《のこ》したものは島の至るところに息づいている。民宿は裕子さんが引き継いで守っている。彼の影響で移住してきた人もいる。

現在、3人の留学生の里親をしているのは関口浩さん（1965年生まれ）。2004年にお連れ合いの久子さんと当時5歳だった息子の拓真《たくま》君と共に移住した。拓真君は鹿児島の大学に進学し、「島立ち」している。浩さんは群馬県で生まれ育ち、島へ来るまでの職業は牧師だった。皮膚の病気を患っていた久子さんと拓真君が、療養しながらゆっくり暮らせる場所を探していた最中、たまたまインターネットで見つけたのが、貴船庄二さんが書いた「島民募集」の文章であった。移住者を求める全国各地の情報には「牛を一頭あげます」「畑つき」などの誘い文句が多かったが、庄二さんのそれには一切なかった。「「来たら、あとはなんとかしなさい」っていうそれがすごく気に入って」と関口さんは笑う。

海への憧れと温泉に惹かれて入島した結果、拓真君は半年で、久子さんは2年で快復。セルフビルドで建てた家は、全島避難中に修理を要する状態になったが、帰島後に修復した。学校について

21　ショウガ科の多年草で、屋久島では胃腸薬として加工されている。
22　貴船庄二（2018）『島に棲む――口永良部島、火の島・水の島』南方新社。

話をうかがう中で、「期限付きの教員が配置されやすい」ことに話が及んだ。この現状を「仕方なし」とする行政とその制度に対して、島の人の目は時に厳しい。

しかし関口さんは、「自分たちが育てる。先生を育てて大事にしていかないと、この島に良い先生は来なくなってしまう」と言った。「ちょっとした問題がずっと言われ続けるんです、「この先生はだめだ」と。そういう中で過ごした先生は、帰っても良いことを言わないですよ」と語り、「これは外から来た人の見方なんです」と断りを入れつつ、続けた。「島にいる人は、はっきりしている人が多いから、(判断の基準が)「好き嫌い」なんです。でもそれでは良くならない。PTAなり保護者が、現場で育てていかなければならない」。

確かに期間に多少の長短はあるが、教員はいつか必ず島を出る。出たその先でどう島を語るか、それはポイントであるように思う。教員が島を出たとき「島に育てられた」と感じることが、新しい流れを生むきっかけになるのかもしれない。

インタビューを行った2018年度、小学校の複式は2学級あったが、その両担任ともに初任であり、期限付き講師だった。そこには何かしらの理由があるのだろうが、その現実に向かい合ったとき「戦う」のではなく「敬い、育てる」ことが大事なのだと関口さんは話す。それは教員だけではなく、縁あって島に来た留学生にも同じことがいえる。「(もしもその児童が何らかの問題を抱えていたとしても)それを改善していくことがこの島のあり方なのかなって。自分たちもそうでしたから」。

受け入れ、育て、帰す。「子どもと本当に向き合っていくことは大変ですけど、方程式はないから(笑)。とにかくおいしい食事を出して、あとはもう島でできることを、ここで経験できることをみんなさせて。体で覚えたことは残るんで」。ここだからできることをする、その良さを活かす。関口さんの言葉がストンと腑に落ちた。

Voice

島の学校

関口 浩

忙しさから解放され、しばらくは家族でゆったり過ごす時間を優先させようと、名前も知らなかったこの小さな島を訪れたのは14年前のこと。息子は5歳。友達になる子はいるのか、学校がどうとか深く考えることもなく島暮らしは始まった。しかし、島の子どもたちはすぐに一人っ子の息子の兄弟となっていた。

人口110人余りの島の小さな「島の学校」には、私たち夫婦の想像を超える魅力があった。小中学生合わせて10人前後の子どもに先生方も10人ほど。子どもたち一人ひとりに目が行き届き、学習面においても生活面においてもきめ細やかな対応。また子どもたちの果たすべき役割も多く、責任感が芽生えていく。都会のマンモス校のように埋もれてしまうことはない。仲間と競い合うという経験はできないが、それを超えて余りあるほどの手厚い指導で導かれていく。また、島の行事においても「島の学校」は中心的存在。子どもたちの声があるだけで、島には元気が出て微笑みが生まれる。まさに学校の存在そのものが島の活力なのだ。

秋には文字通りの小中島民合同大運動会があり、プログラムや設営準備から本番、片づけに至るまで一緒に汗を流す。入学式や卒業式には島民こぞって参加し、子どもたちを祝福し、成長を見届ける。そしておめでたい島立ちに、また島を去る者がいることの淋しさをかみしめるのだ。

確かに人口は減っていき、2年後（2020年）以降は小学校入学者が0という現実もある。そこで重要な役割を果たしているのが留学制度だ。島外からの子どもたちをホームステイで受け入れ、これまで多くの子どもたちが笑顔で島から旅立って行った。近年、いじめや児童虐待、不登校など、複雑な問題を抱えて来る場合もある。里親にも先生方にも専門知識や経験が求められていくわけで、簡単なことではないが、心に傷を負った子どもたちがますます増えていくであろう社会の中で、受け皿としても「島の学校」は期待されるのではないだろうか。

私たち家族はこんな「島の学校」で良かったと今、感謝を持って振り返りつつ、この「島の学校」の存在には大きな価値と希望に満ちた未来が広がっていることを信じている。

❺えらぶの未来に向けて

火山の噴火と避難生活は、住民たち、中でも若い世代の住民たちに、「なぜえらぶに住まうのか」という問いと向き合わせることになったようだ。そうした島の若者たちに焦点を当ててみよう。

▼▼▼描いていた未来

前述した関口拓真君は現在、鹿児島の大学で農業の勉強をしている。いずれはえらぶの特産物を作りたいという目標があるそうだ。拓真君、前述した凛君、それから拓真君の同級生である蓮《れん》君、この3人は私が島に通い始めた頃、小学校中学年だった。彼らが高学年になった頃、たしか凛君が6年生、拓真君と蓮君が5年生のときだったように思う。給食のときだったかもしれない、「島の未来」について三人が話をしていた。それはかなり具体的で、それぞれの役割について「凛は海で漁師。たっくんは農業で」というような内容だった。それぞれの意見をまとめる役割をしていたのが蓮君だったように記憶している。蓮君は現在、鹿児島にある高等専門学校で土木の観点から地域活性化について学んでいる。「今はまだ。自分たちの時代になったら」、そう言っていた彼らの言葉は今につながっているようだ。

当時小学生だった彼らに直接会って話を聞きたくなり、山口かの子さんと貴船楓さんに連絡をとった。私がえらぶに通い始めた頃からすでに10年が経ち、この間には「噴火」という大きな出来事もあった。初めて島を訪れた2008年当時、小学校2年生だった二人は2019年の春、ともに屋久島高校を卒業し、大学生になっていた。彼女たちにあらためて、えらぶへの思いを尋ねた。

▼▼▼「人が増えてほしいとはあまり思っていなくて」

「避難するまでは、えらぶ以外のことをあまり知らなかったので、島での生活が当たり前だと思っていた。けれど、長い避難生活を送って、島でしてきた生活がすごく充実していて、楽しいものだと気づきました」。そんな答えを聞きうれしく思ったが、その後の言葉は意外なものだった。「私は、人が増えてほしいとはあまり思ってなくて」。最近は、帰島すると島の未来について話す機会が増え、そこでは島民をどう増やすかについて話が及ぶことが多いそうだ。彼女は「人が少ないこと」こそが島の良さであると感じていた。だから島民を増やすことよりもまず、医療の充実など島民の住環境を整えることに眼を向けるべきだと考えている。現在は医療施設が整っていないこともあり、島で人生の最期を迎えることは難しい。かの子さんは2019年4月に福岡の大学に進学し、寮生活を始めた。高校での職場体験学習がきっかけで養護教諭を目指していて、卒業後は島に帰ってきて暮らすことを強く希望している。

かの子さんから聞いた「島の未来を語る機会」のことが気になり、楓さんが詳しいということで話を聞きにいった。楓さんは2019年4月から、横浜にある母・恭子さんの実家に住み大学へ通っている。

▼▼▼島について考える――口永良部島未来会議

2018年5月、高校へ通う屋久島からえらぶへ一時帰省した楓さんは、同世代の幼なじみたちと島の将来について話をしていた。帰るたびに近所のおじいちゃんやおばあちゃんがいなくなり、島の人が減っている。話しているうちに不安が募り、その気持ちはしだいに怒りにも似た感情に変わっていく。楓さんは前述の蓮君と一緒に、勢いに任せてそれぞれの父親にその思いをぶつけた。そんなことをしたのは初めてのことだった。しかし、「しっかりがられ（叱られ）た」。実際は大人たちも忙しい合間をぬって、試行錯誤しながらいろいろと島のことを考えている。それを見ないままの発言であったからだ。楓さんは反省しつつも、そのとき親が二人ともうれしそうにしていたことに気づく。大人にぶつけていくことが大人たちのエネルギー源にもつながるとい

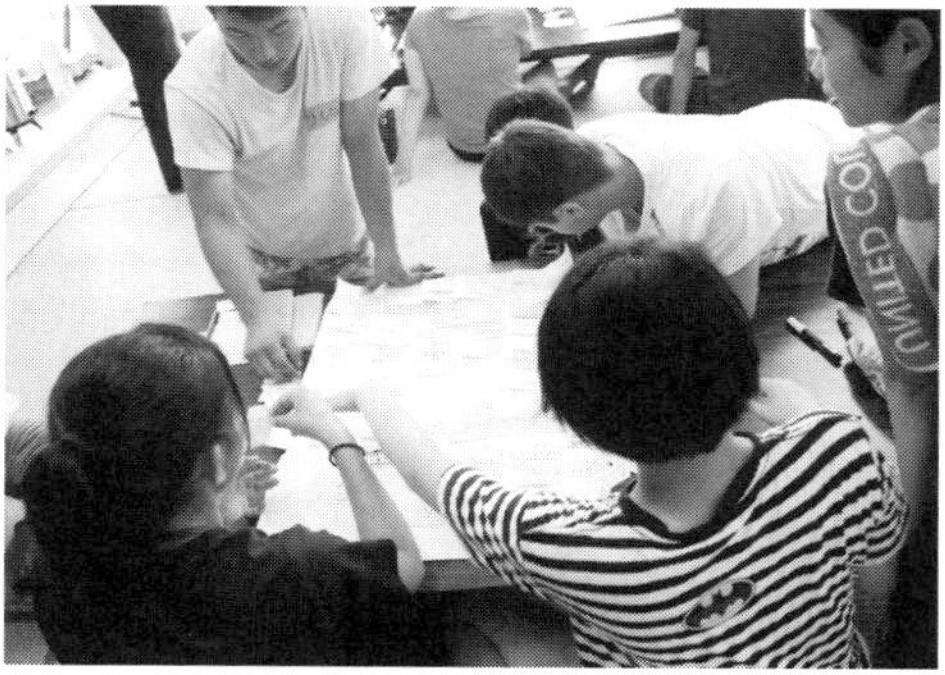
口永良部島未来会議の様子　［提供：貴船楓］

うことを知り、「もっと伝えてみよう」と思った。そのために、みんなで一緒に考えたい、それが「未来会議」開催のきっかけであった。

そこからの準備が大変だった。楓さんと蓮君が未来会議の主催者となったが、楓さんは受験も控えていて忙しかった。泣きながら企画書を書いたり、メールをしたり。メールの書き方も知らず、また叱られたり。たくさんの「初めて」を越え、いよいよ未来会議当日を迎える。

２０１８年8月9日、「口永良部島未来会議」が口永良部島公民館で行われた。午前中は、子どもたちが中心となって「島の未来をよくするために何が必要か、何ができるか」を考えるワークショップ。「福祉」「教育」「環境」などのテーマごとに、良いこと、困っていること、解決への道などをあげ、意見交換をした。参加者は、下は幼稚園年長から、上は大学生まで。島在住者、島出身者、屋久島高校の生徒、以前島を訪れたことのある東京都内の高校に通う生徒、それから調査でえらぶにかかわっている慶應義塾大学の学生[23]も加わり、総勢25人ほどにのぼった。

夜には大人も交えて、午前中のワークショップの成果発表を行った。前日に島の全戸を回って直

23　２０１１年より口永良部島でフィールドワークを行っている。

接声をかけたのが功を奏したのか、30人もの島の大人が集まり、中には普段、会合には参加しないような人も顔を出してくれた。若者組の一方的な報告で終わらないよう、司会が大人たちに話を振るなどしたため、さまざまな意見を聞くことができた。島の北端にあり会場から最も遠い湯向《ゆむぎ》からも参加があり、その元看護師の方は後日、「あのときは発言できなかったけど、医療に関してはこう思っている」という手紙を寄こしてくれたと言う。

発表の際、参加者から「じゃ、それは誰がやるんだ」という声が出て、一瞬会場の雰囲気が緊張する場面もあったが、「私たちがやります」と断言した楓さんに、その発言者は翌日、「昨日お前たちに「やります」って言わせちゃったけど、それ、俺らがやるわ」と言ったそうだ。「「一緒にやろう」って言ってくれた、それがうれしかった」と振り返る。こうして大成功に終わった未来会議は、これからも継続して開催していく予定だ。

▼▼▼「えらぶの良さ」

楓さんは、えらぶの魅力を「人」だと語る。来島者にはリピーターが多い。島の人にたくさんかかわった人がリピーターになる。表面的なつき合いではないため、調査で訪れる学生たちも時に叱られもするが、その経験が次の来島へとつながる。地元の子どもたちにしても、島にあるものを活かして何でもできる大人たちは憧れであった。大人たちが島について話し合う場には、内容がわからなくてもその場にいることが大事だと、子どものときから連れて行かれた。そういう大人たちをかっこいいと思っていた。

この「島民という島の魅力」を活かして、島の内と外の人をつなぐ仕組みづくりをしたいと楓さんは考えている。たとえば、学生が学んだことを実践できる場として、えらぶを活用することができないか。具体的には、台風で壊れた西の湯を[24]、建築を学んだ学生が島の素材を利用して再生させるプロジェクトなどがある。実際に企画が進めば、どこにどんな木や竹があり、どんな適性があるかなど、島の人の知恵が必要となってくる。そうした島の人との交流を通して、より多くの人にえらぶの良さを感じてもらいたいと言う。

「拓真君や蓮君、かの子、これから島の魅力になってくれる人がたくさんいるので、私はそれをつなげられるよう自分を磨きたい」。楓さんは島での自分の役割を考えている。

❻ おわりに

7ヵ月の間、無人になっていた金岳小・中学校の校舎は、その間の長雨や大きな台風によりかなり傷んでいた。特に小学校校舎には泥水が床上まで浸入し、その水がすぐには引かなかったため傷みはひどかった。復旧作業によりなんとか3学期からの学校再開には間に合ったものの、校舎の安全状態が見直される中で、建物が耐震基準に満たないことが問題となり、結局建て替えられることになった。

2017年1月、取り壊しが終了。新校舎は木造2階建てで、1階には主に小学校の教室、2階

24　口永良部島の中心、本村地区とは島の反対側にある温泉。2018年の台風24号によって破壊された。

金岳小・中学校の新校舎

には主に中学校の教室が入る。従来別々だった小学校・中学校の職員室は合同になり、1階に設置された。その新校舎での学校生活が、2019年6月から始まっている。私はまだその新校舎を見ていないが、あの場所で過ごす子どもたちの姿を思い浮かべようとすると、卒業してもう島にはいないはずの子どもたちの姿が浮かぶ。

2019年9月7日、東京で「口永良部島子ども会」主催のトークイベントが行われた。楓さんと蓮君らがえらぶを語るイベントだ。[25]そこで私は、長年の疑問を投げかけてみた。「なぜ、あなたたちの世代は島を客観的に見ることができて、その結果、島に帰りたいと思うのか」。その答えは、外からの人との交流や、避難生活から得た「外から島を見る視点」だった。その視点を得るきっかけとなったのが次のような経験であった。

2011年、慶應義塾大学の学生が定期的にえらぶでフィールドワークを始めたのは、楓さんたちが小学校高学年の頃である。学生が島のことを島民に問いかけることによって、今まで考える必要がなかったことも考え、話をするようになった。蓮君は、それまでは中学を卒業したら島を出てそのまま働くことが主流の選択肢だったが、学生たちが島のいいところを聞いたり話したりしているのを見ているうちに、あらためて島の良さに気づかされたと言う。学生や私たちのような外の人間が、島へ来て話を聞き、意見を交わすことが一役を担っていたということか。

イベントの最後を、楓さんは以下のように締めくくった。「火山の噴火を経て、島のことに関心を持つ人が島外にもたくさんいることがわかった。別々の場所でも一つのチームのように、それぞれの形でえらぶにかかわれる方法を一緒に見つけていきたい」。現状をきちんと認識し、自分たちができることを無理のない範囲で、それを楽しみながら行っている姿は頼もしかった。

ところで、かの子さんと楓さんはいとこ同士である。前述した通り、かの子さんの母・真木さんと楓さんの父・森さんはきょうだいで、二人は貴舩庄二・裕子さん夫妻の孫にあたる。このように近年の金岳小・中学校は、貴舩家の子や孫と留学生が支えている。「離島の離島」であるこの島では、「それだけで」学校が存続できる。1人でも児童生徒がいれば、現在のところ統廃合の心配はない。子連れの移住者が1家族いれば、一定期間の存続の条件は満たされる。それを補うのが留学制度だが、そのためには島の魅力発信が必要だ。その魅力が「小ささ」や「島民」にあるのならば、その伝え方は、公的な広報だけではなく、人から人への口伝えの方が似合っているように思える。その「人」というのが、島の「小ささ」の中で成長してきた楓さんたち、留学生たち、島にかかわりを持つ学生たち、島の「小さな学校」を経験した教師たちなのだろう。私たちの試みも、ささやかではあっても、役に立つかもしれない。いろんな人がそれぞれのやり方で、少しずつでも小さな

25　このトークイベントは、口永良部島出身の若者が中心となり、島をより広く知ってもらうことを目的として、2019年8月28日、9月1日に開催、この回が3回目である。この後、9月28日にも4回目が開かれた。

ことでも、続けていくことが大切なのだ。たくさんである必要はない、少しでも確実な継続性こそが必要なことである。

Voice

離島の離島えらぶ

貴舩恭子

口永良部島は屋久島から1日1便出ている町営船が唯一の交通手段という、離島の中の離島です。そんな不便さゆえに人口約110人という小さな島ですが、義務教育までの小学校・中学校の存続は子どもがいる限り保障されています。それでも児童数が減り、1996年度より「南海ひょうたん島留学」が始まりました。今までに56人の子どもたちがこの制度を利用して島外から訪れ、この島で学校生活を過ごしています。現在（2018年11月）金岳小学校児童数5人、金岳中学校生徒数6人、うち山海留学生は5人となっています。これからはますます島の子どもの数が減っていくことが予想され、全生徒数に占める山海留学生の割合がさらに高くなっていくでしょう。

そんな中、口永良部島らしさや学校の気質、伝統をいかに継承していくかという課題も見えてきました。本来、地元の子どもが多くいるところに島外からの子どもが加わるというのが理想であり、今後の変化を注意深く見守っていかないといけないと感じています。

口永良部島は噴火を繰り返してきた活火山の島です。2015年5月の大規模噴火の際には、約7ヵ月の避難生活後、島に戻りましたが、まだ火山は活発な状態が続いています。2016

年3月には島全体がエコパークに登録されました。エコパークとは、ユネスコが推進しているMAB（Man and the Biosphere：人間と生物圏）計画に基づいて指定される保護区の国内呼称で、正式名称は「生物圏保存地域（BR：Biosphere Reserves)」。豊かな生態系を有し、地域社会の持続可能な発展のモデルとなる地域として指定されます。

そこで口永良部島は、将来の方向性として教育に特化した島づくり、つまり「学びの島」「学生の島」として交流人口の増加・持続を目指し、若い人を対象とした教育拠点として島の振興を進める方針が示されました。もちろん、その中心には島の学校教育があり、これからはさまざまな方々と連携し魅力ある島づくりを目指していきます。

金岳小・中学校は、2019年度より木造の新校舎となります。校舎入口近くには歴史民俗資料を展示するスペースも設けられます。これからも島民に愛され、広く開かれた学校となることを期待しています。

第2章

統廃合によって学校がなくなった都市近郊地域のその後

京都府相楽郡南山城村高尾地区

――小泉友則・中西宏次

京都府内唯一の村である南山城村《みなみやましろ》に、高尾《たかお》という地区がある。一つの地区というにしては、広大な面積があり、村の中心部まで10㎞以上離れている。しかも、南山城村の中でも過疎傾向が強い地域でもあり、地区の小学校が統廃合によってなくなり、住民の再生産に困難を抱えている。

学校がなくなったことによって、高尾に暮らす住民たちは、地域の存続に関わるさまざまな状況に直面することになった。地区住民はどのような困難を経験し、その困難をどのように受けとめてきたのか、その軌跡を追ってみる。

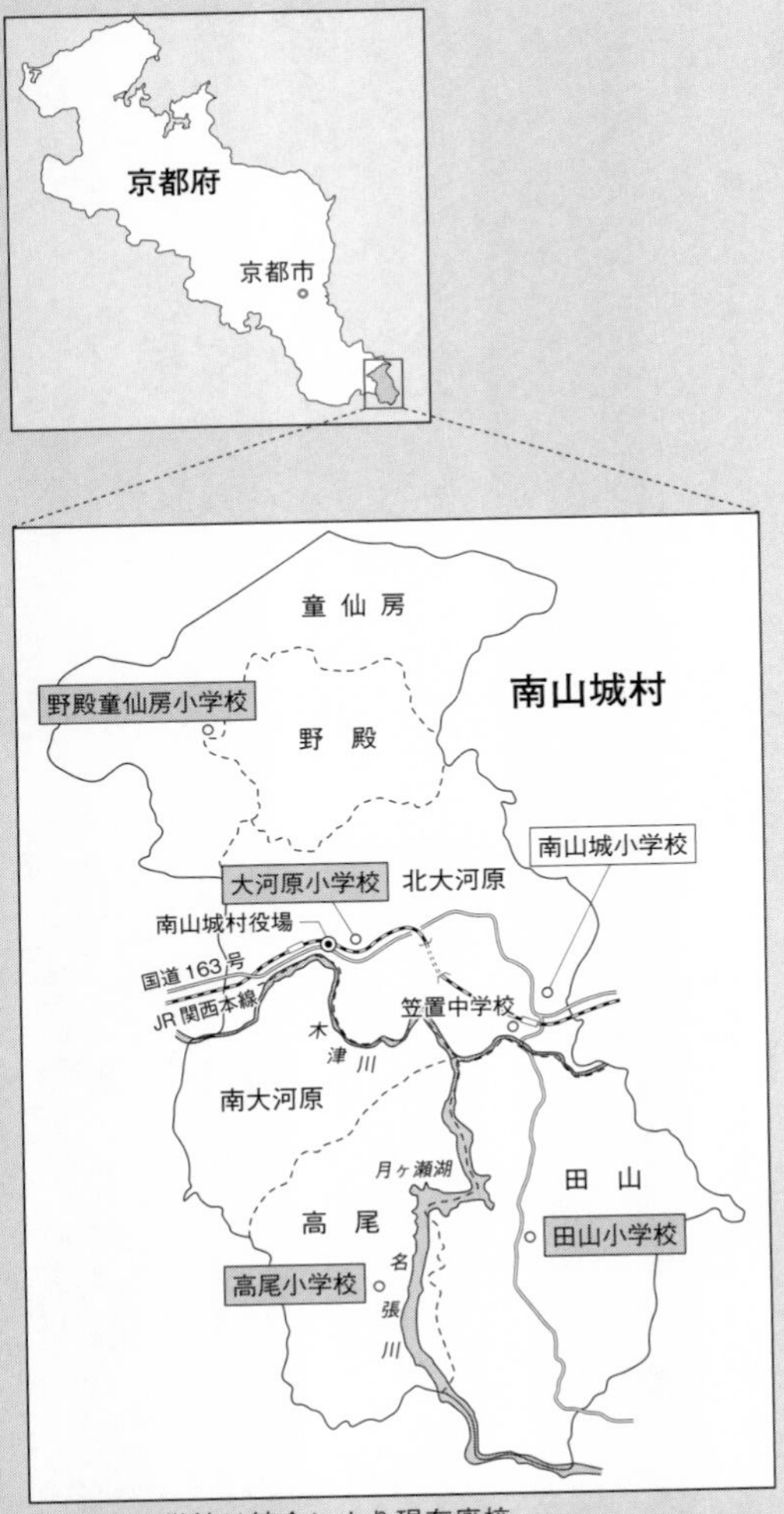

▭の小学校は統合により現在廃校。

[『南山城村誌　史料編』付図より作成]

はじめに

❶南山城村

京都府相楽郡南山城村は、府下に残る唯一の村である。村域の東部は滋賀県甲賀市と三重県伊賀市、南部は奈良県奈良市と境を接している。つまり、京都府の南東端に位置している。

南山城村は、１９５５（昭和30）年に大河原《おおかわら》村と高山村が合併して発足した。旧大河原村は、西流する木津川（琵琶湖淀川水系の一つ）の河谷に沿い、右岸側に北大河原《きたおおかわら》・野殿《のどの》・童仙房《どうせんぼう》、左岸側に南大河原《みなみおおかわら》という４つの大字から構成されていた。旧高山村は、名張《なばり》川（木津川最大の支流、三重県名張方面から北流）右岸側の田山と、左岸側にある高尾の両大字から成っていた（前頁の地図参照）。

❷旧村と学校

各地区（大字）はかつて独立村であり、１８７３（明治６）年頃からそれぞれ小学校が建営された。南・北大河原（南・北大河原地区を総称する際には、以下、大河原地区とする）が合同で大河原小学校、野殿と童仙房の境界近くに野殿童仙房小学校、田山には田山小学校、高尾には高尾小学校が設置された。これら４小学校は２０００年に入る頃までそれぞれの地区の学校として維持されてきた。現在は新たに設置された南山城小学校一校に統合されており、４つの旧小学校は廃校となった。

❸高尾地区

ここでは、南山城村での学校統廃合のため学校を失った地区、その中でも特に高尾地区にとって、学校の喪失はどのような意味を持っていたのか、そして高尾小学校が地区の人たちにとってどのような場であると考えられているのかについて見ていきたい。また廃校後、地区の再生のために高尾小学校を再利用しようとするさまざまな動きがあったが、それには多くの困難が伴った。高尾地区という高齢化が進んだ地域における廃校の再利用をめぐる動向と、その困難の理由について整理していく。

南山城村の中でも高尾地区に焦点を当てる理由は、おそらくこの地区が、南山城村の各地区の中でも比較的厳しい状況に置かれた地区の一つであるからだ。高尾地区は、同じ高齢化・過疎化の進んだ地域といっても、村の中心地である大河原地区から離れた場所にあり、大河原地区にある鉄道駅・道の駅・役場・南山城小学校などから車で20～30分は走らないと高尾地区の中心地に到着することはできない。また、高尾地区は、廃校となった高尾小学校の再利用をはじめ、地区の再生をめぐる事業に多くの困難が生じている地区でもある。

そうした困難な状況に置かれた地区に焦点を当てることで、過疎化・高齢化が進んだ地区における廃校とそれをめぐる現象が、どのようなものとして住民たちに経験され、住民たちに影響を与えたのかに着目する。

❹南山城村での調査

2002年、本書執筆メンバーの一人である尾﨑が勤務する大学の南山城村出身学生から、田山地区にある田山小学校が統合され廃校になることを聞いた。この学校は趣深い木造校舎だというので、閉校前に研究チーム[1]で見学に行くことになった。それをきっかけに、学校がなくなった後の地域社会の変容や、学校跡地の再利用等に関する調査を、南山城村の各地区を対象に進めていくこととなる。それは、各地区における住民への聞き取りを中心に、10年以上の年月をかけた調査となった。

高尾地区は、調査を進める中で、地区住民との人間関係の構築が最もうまくいった地区であったため、各地区の中でも調査回数自体が最も多いものとなった。そして、後に述べるように、廃校となった高尾小学校の図書室を再利用し、地区の再生に関連する取り組みも実施した。

以下は、そのような高尾地区での調査研究活動から得た知見をもとにまとめたものである。

1　南山城村の学校統廃合

❶南山城村の概況

まず、南山城村全体の状況について概観しよう。

村内にはＪＲ関西本線の大河原・月ヶ瀬口両駅があり、そこからは京都・大阪の中心部まで2時

1　この母体となったのは「教育解放研究会」で、２００３年に「教育の境界研究会」と名称変更し現在に至っている。

間前後で出ることができるが、本数が少ないうえ乗り継ぎも便利とはいえないため、大都市の通勤圏からはやや外れている感がある。[2] 村の主要産業は茶業で、荒茶の出荷量や出荷額は和束町《わづか》に続いて府下第2位を占めている。村の南北に拡がる山間地の緩傾斜部には茶園が造成されていて、穏やかな緑の景観が続いているが、近年茶価の低迷のため収益性が低下し、多くの茶農家は後継者に悩んでいる。

村をとりまくこのような状況から近年人口減が進み、南山城村は２０１７年に過疎地域に指定された。村の過疎、少子・高齢化状況はかなり深刻で、人口は２０１８年推計２５３３人であるが、１９９５年の４０２４人に比べると63％弱になっている。さらに、国立社会保障・人口問題研究所の推計によれば、２０１５年から30年後の２０４５年にかけて64・９％も減少し、村の人口は１０００人を割り込むというショッキングな予測がされている。また２００８〜２０１２年の合計特殊出生率（ベイズ推計値）は１・05と府下自治体のワースト１であり、村での出生数は２０１１年以後1桁台が続いている。

村ではこのような状況に手をこまねいているわけではない。２０１７年4月に国道１６３号線沿いにオープンした「道の駅　お茶の京都みなみやましろ村」は、村の主要産品であるお茶や関連製品を主力商品とし、「お茶づくりをする村」をアピールする拠点として上々の滑り出しを見せた。オープン後1年間のレジ通過者が40万人を超え、年間売上額の目標を1億円も上回ったという。また道の駅隣接地に有名ホテルチェーンであるマリオットが体験型滞在をコンセプトとするホテルを建設する計画（２０２０年秋頃開業予定）が発表された。村はこれらのプロジェクトを起爆剤として

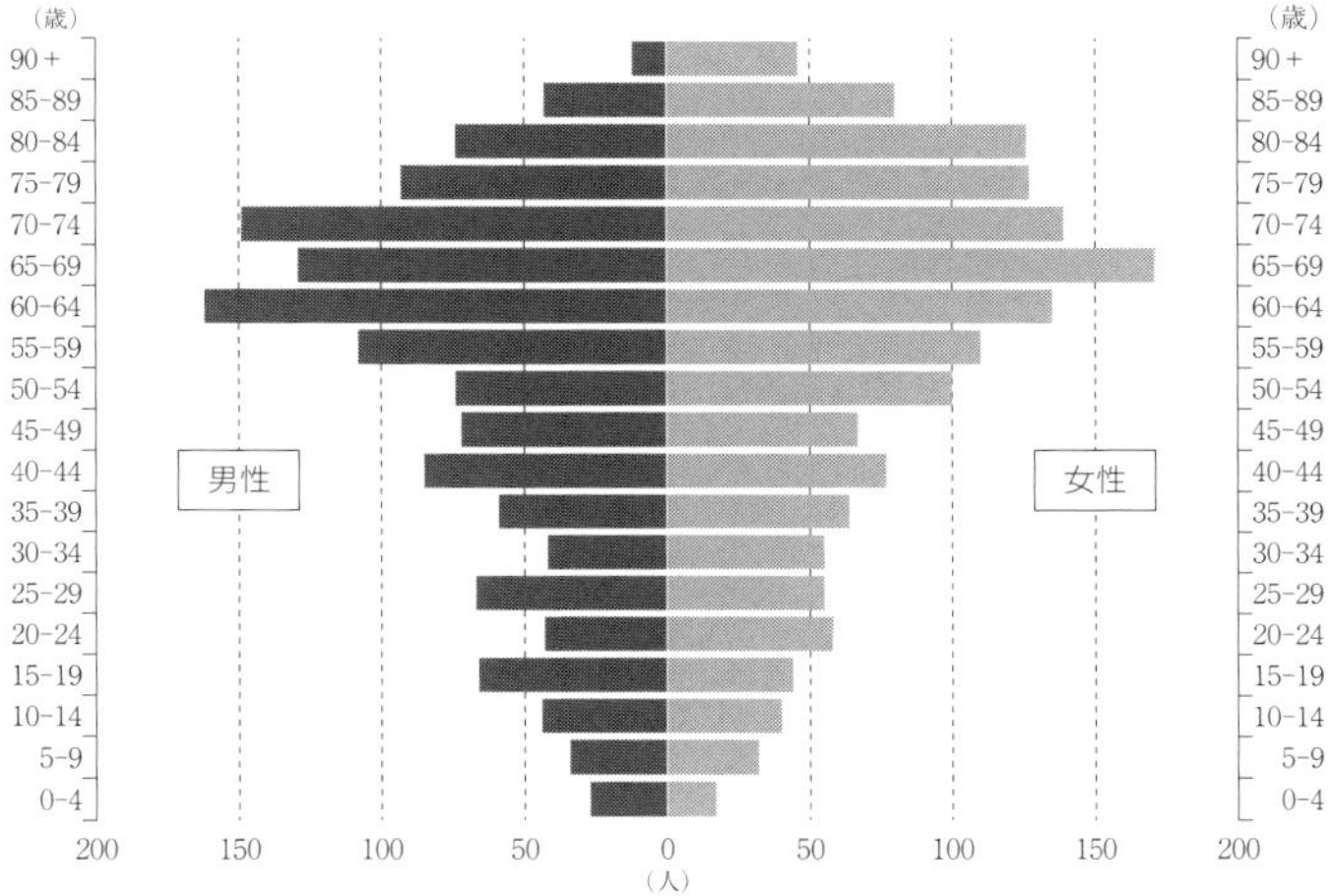

図 2.1　南山城村の人口ピラミッド（2015 年）

出所：国勢調査を独自集計。国立社会保障・人口問題研究所「日本の地域別将来推計人口（平成 30（2018）年 3 月推計）」

茶業や観光業などの活性化を図り、人口減に歯止めをかけたいところである。しかし、そのような好循環が村域全体に及ぶことは決して容易なことではない。

図２・１にみるように村では少子・高齢化が進んでおり（２０１５年高齢化率40・６％）、人口の再生産力が低下している。年齢別人口では男女とも60歳台が最多であり、年齢が下がるほど層が薄くなっていて、転出による社会減と少子・高齢化による自然減が同時進行しているのである。これにストップをかけるためには、当面外部からの移住者、しかも若年層を多く受け入れる必要があるが、それには仕事の創出、住環

２　ＪＲ月ヶ瀬口の近くに「月ヶ瀬ニュータウン」（１９７７年入居開始）があり、１９９４年には人口１０００人を超えたが、近年は減少気味（２０１６年９０７人）である。

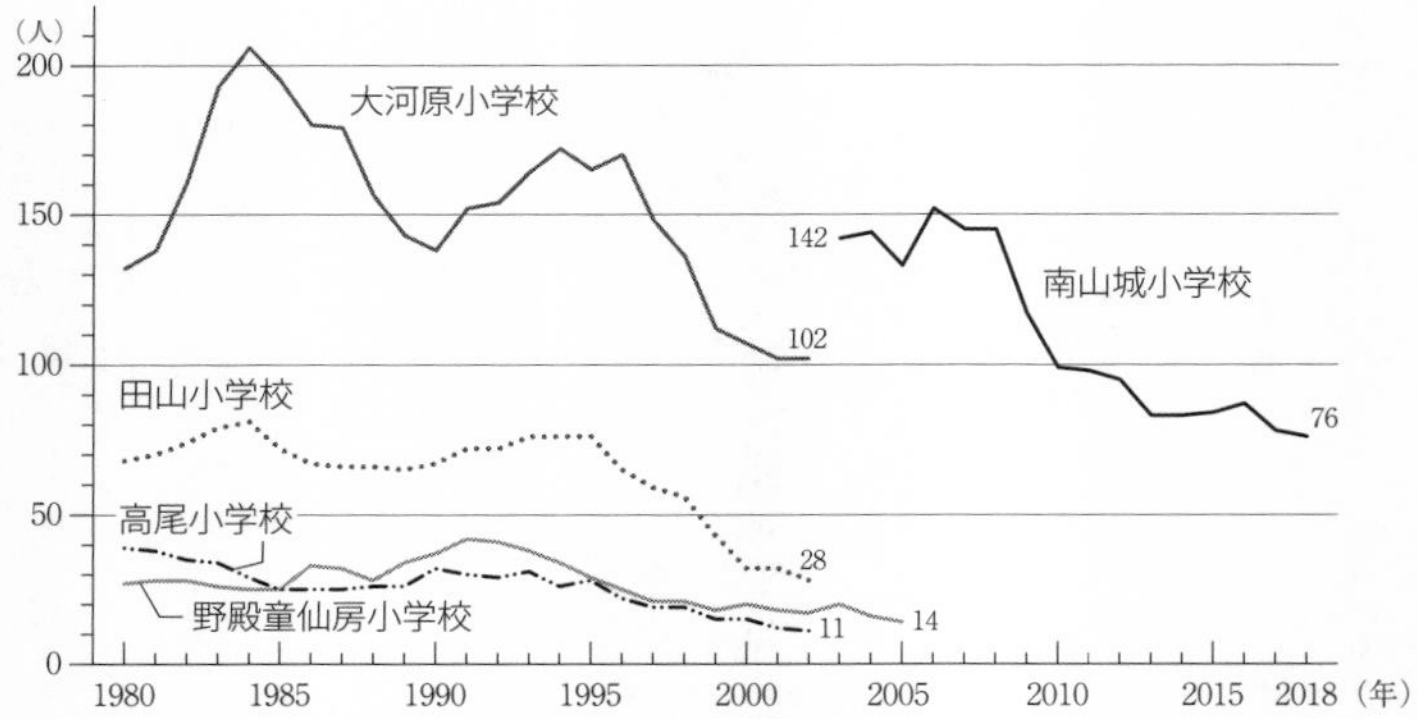

図 2.2　南山城村小学校の児童数推移

出所：2008 年まで『南山城村統計』、2009 年以降は『学校基本調査』

境やインフラ、子育て環境の整備などの課題が山積している。

❷ 統廃合の経過

▼▼▼きっかけ

図２・２が示すように、村にあった４小学校の児童数の減少も、人口減と少子・高齢化が顕著になり始めた１９９０年代半ばから進み始め、それに伴い学校統廃合に向けた動きが始まった。

そのきっかけになったのは、児童数が村では一番多かった大河原小学校の木造校舎が老朽化し、建て替えが検討されたことである。同校舎は、１９５３年の南山城水害で被災・半壊し、応急的に再建されたが、資材や施工の関係からか１９８０年代にはすでに「危険校舎」になっていた。建て替えにあたっては、災害の危険が少ない別の場所に移転しての新築が模索されたが、その適地がなかなか定まらなかった。

その間、児童数減が進んでいた田山小学校の校区住民らが、大河原小学校の移転・新築に際して統合・合流するという方針を決め、２校の統合・新築方針が村議会で承認された。しかし、その統合用地案は二転三転し、協議が長引いている間に、当時最も児童数減が進んでいた高尾小学校のＰＴＡを中心に統合校への合流運動が行われ、結局３校が統合されることになった。

▼▼▼南山城小学校への統合

さらに当時の村当局は、村の小学校を一つに統合して集中的に投資し、設備の整った新統合校を造るとの方針のもとに、残る野殿童仙房小学校も統合することとし、地元の説得にかかった。地元では当初、積極的な賛成意見はなく、戸惑いや反対の声の方が強かった。同小学校は１９８３年まで大河原小学校の分校であり、ようやく独立校になってからあまり間がないことが戸惑いを呼んだ。また、このような自然豊かな高原にある学校に子どもを通わせたいという思いでわざわざ都市部から転居してきた家族が、統合に猛反対したのである。また、野殿や童仙房と麓《ふもと》をつなぐ道路は屈曲した山道であり、子どもたちの通学がどうなるかという不安もあった。村当局は、通学はスクールバスを出すので問題なく、子どもたちも新しい立派な学校の大きな集団で切磋琢磨《せっさたくま》したほうが伸びるなどと地元を説得した。

結局、統合校は児童数が最も多い月ヶ瀬ニュータウンから徒歩通学が可能な北大河原の中谷地区に新設することとし、設計は世界的に著名な建築家であるリチャード・ロジャース[3]氏の事務所に委託された。

南山城小学校の校舎

このような経緯があったため、南山城小学校への統合は2段階となり、2003年度に大河原・田山・高尾小学校が統合して、新設・南山城小学校が開校した。そして、3年後の2006年度に野殿童仙房小学校が合流し、4小学校の統廃合が完成したのである。

廃校後の校舎利用に関しては、以下のようである。

大河原小学校は校舎が老朽化していたため取り壊しとなったが、独立棟としてあった図書室は取り壊しから免れ、そこを使った再利用の道が模索されている。田山小学校は、さまざまな事業が展開する場となっている。ガラス細工、ペーパークラフト、蕎麦打ちなど次々に賃貸者が増え、カフェ「ねこぱん」が出店された際には口コミなどで人気になり、遠くからも来客があった。今、旧田山小学校は「は・ど・る」と名づけられ、廃校再生利用の成功例として内外から紹介されるようになっている。

野殿童仙房小学校は、廃校後も地域にとって教育・学習の場であり続けるための再利用の試みが続けられている。2006年6月に、京都大学研究チームと野殿区、童仙房区が協定を結び「野殿童仙房生涯学習推進委員会」が発足した。以後、旧野殿童仙房小学校を拠点として、不定期にイベントなどが行われ現在に至っている。

廃校となった高尾小学校の再利用のありようについて、次節以降で詳しく紹介する。

2　高尾地区と学校統廃合

❶高尾地区と高尾小学校

▼▼▼旧村・高尾

高尾地区は、1889（明治22）年に田山村と統合して高山村が発足するまで、単独村政を敷いていた。その高山村が1955年に大河原村と合併して、現在の南山城村になったのである。集落としての高尾の起源は中世以前にさかのぼり、村社・春日神社の宮座など地縁共同体としてのさまざまな伝統がある。

高尾小学校は、1875年に地蔵寺を仮校舎として設立され、現在の校地には戦後の1948年に移転した。その際、村の老若男女が校地のはるか下を流れる名張川の河原から少しずつ小石を運び上げ、手洗い場のコンクリート骨材の足しにするなど、地域の人たちの学校への思い入れは強かった。

高尾小学校の校舎

3　イギリスの建築家で王立英国建築家協会ゴールドメダル受賞者。パリのポンピドゥー・センターなどの建築作品がある。日本では南山城小学校の他に、東京都港区の政策研究大学院大学などの設計にかかわっている。

▼▼▼山村留学

１９８０年頃から過疎化の進行とともに児童数減が始まったが、地域の人たちは手をこまねいていたわけではなく、80年代末に一時、山村留学の取り組みが行われた。これは、高尾の旧家の当主が当時南山城村の教育委員長をしていた関係で、同家ほか数戸が里親となって留学生を受け入れたもので、家族で転入したケースも一例あった。[4] 山村留学の取り組みは京都府での先進的な取り組みとしてマスコミでも大きく取り上げられたが、結局、地域全体の取り組みとしては定着しなかった。

こうして90年代後半には、高尾小学校の児童数は20人台から10人台に落ち込み、高尾小学校のＰＴＡメンバーを中心に、大河原小学校と田山小学校の統合に合流して３校統合とする運動が熱心に取り組まれるようになった。その結果、高尾小学校は前述のように２００３年に廃校となる。

▼▼▼高尾地区が置かれている状況

南山城村は、村全体で見ても高齢化・過疎化が進んでいる。そうした問題を解決したいとする観点に立ったとき、中でも高尾地区は、困難な状況に置かれた地区の一つだといえる。

まず、地区の地理的条件としては前述したように、高尾地区は村の中心的な施設や機能が揃っている大河原地区からは遠く離れ、より高地にあり、イノシシなどの野生動物も時折出現する。

また、地区を通る公共交通機関がほぼ存在せず、ＪＲ月ヶ瀬駅から高尾地区までのコミュニティバスが一日に数本出ているのみである。日用品・食品を購入できる場も皆無に近く、日常生活を送るには自家用車が必須となってくる。そのために、地区の高齢者たちは生活の上で苦境に立たされているといってよく、また、地区の再生をめぐる事業も起こしにくい。

❷ 学校統廃合がもたらした衝撃

以上のような条件を持つ高尾地区において、地区に存在した小学校が廃校となったことは、地域にいかなる影響をもたらしたのであろうか。

高尾小学校が廃校となった2年後の2005年に、学校統廃合が住民たちにいかなる経験をもたらしたのか、また、地区にあった学校がどのようなものとして認識されていた／いるのかについて、高尾地区住民たちに対して聞き取りを行った。その際、聞き取りに応じてくれたのは、60代を超える年配男性が多かった。彼らの語りは、以下の3点に整理できる。

▼▼▼子どもの声が聞こえなくなった、子どもが見えない

「子どもの声が聞こえなくなった」とは、多くの住民が口を揃えて語った言葉である。また、「子どもの姿が見えない」という声もある。たとえば、「土曜日・日曜日なんかに学校の近くを通ったとしても、子どもは遊んでませんわ」と言う。

もちろん、地区の中には、少ないながらも子どもたちは居住している。しかし、地区の子どもたちがバスで南山城小学校に登校するようになった結果、地域住民には子どもの通学する姿が見えない。また、主要な友達が地区外の子どもとなったため、子どもたちの遊ぶ姿が、高尾地区の中では

4　この家族は奈良から転居し現在も高尾に居住している。子ども2人が高尾小学校を卒業した。

見られなくなったという。住民たちによれば、子どもたちの遊ぶ場は、親に車で送ってもらって行く地区外の友達の家か、あるいは家の中が主になっており、家の中の遊びはテレビゲームに偏りがちだということである。

つまり、高尾小学校の廃校は、地区における多くの生活時間の中で、子どもが見えるタイミングを消失させたということだ。

▼▼▼子どものことがわからなくなった

子どもの声が聞こえなくなる、子どもの姿が見えなくなるという経験は、さらに「子どものことがわからなくなった」という事態をもたらしたようだ。

たとえばある人は、「わからへんわ。どこの子が何年生になってんのかとか。高尾にまだ学校があったらね、どこの子が入るのかなあって思いもあるけども、あそこまでいってしもたら、もう、他人事、他人のようなもんですね。今ここらで子ども見たかて、どこの子か知りませんわ」と言う。また、「今までここに小学校があれば、何らかの機会で見てるからな。あそこから、校門から降りてきて、帰るの見たりしてるけど。それがもう全然やさかいな。せやからもう本当に小学校の子っていうのが、もう私ら全然わからへん」というように、嘆息した声が聞こえてきた。

高尾小学校が廃校になったのは2003年である。先に述べたように、この聞き取りは廃校から約2年経過した時点のものだ。ここでは、この2年で、地区にいる小学生を見ても、どこの家庭の子どもかの判別がつかなくなったという経験が吐露されている。つまり、地区の中の子どもの存在がわからなくなるほどに、地区のつながりが弱まってきたと嘆かれているのである。

それと関連する特徴的な語りを紹介したい。

▼▼▼地区から火が消えた

さらに、学校統廃合は、その地区が拠《よ》って立つ象徴としての存在すら失わせたという。ここでは

小学校なくなってしもて、みんなで火が消えたと（言っている）。高尾に小学校があるっていうことは、やっぱり独立国だ。昔でいえばなあ、その、群雄割拠の戦国時代に独立しているようなもんだけど、結局、学校もなくなってしまえば、もう、なんていうかな、火の消えたような。

高尾小学校が健在であった頃は、高尾地区は独立した立派な地域だったのだという。その独立性を象徴していたのが、まさに高尾小学校だったというのである。しかし、地区の象徴である学校がなくなったことによって、高尾地区が南山城村の独立した地区であるという感覚すら、危うくなってきたと彼らは訴える。地区にあった学校の廃校は、住民を認知できているという地区住民同士のつながり感と、地区の象徴を失わせてしまった。それはまさに、彼らにとっては地区から「火が消えた」という感覚だったのである。

❸学校統廃合をめぐる経験

以上のように、高尾小学校の廃校は、さまざまな寂しさや哀しみを住民に感じさせた現象であったわけだが、そもそも学校統廃合を取り決める過程において、地区住民たちはいかなる経験をし、前項で見たような廃校後の嘆息を発するようになったのだろうか。ここまでの絶望の声を聞くことができるのであれば、学校統廃合を取り決める過程においても、地区住民たちはさまざまな行動を起こしたり、複雑な想いを持っていたのではないかとの想定が成り立つ。ここでは、学校統廃合過程において、地区住民たちがそれをめぐってどのような議論や意思決定をしていたのかを見ていきたい。

まず、住民たちには、学校統廃合の是非をめぐって住民の間で対立が生じたことが印象に残っていたようである。それは主に、年配である地区住民たちと、実際にそのときに高尾小学校に子どもを通わせていた保護者たちとの対立であった。2005年の調査では、主に年配の地区住民たちに話を聞いていたので、当然、年配の地区住民の立場としての思い出や主張が語られた。

▼▼▼高尾小学校はPTAによって「つぶされた」

たとえば、ある人は「PTAに入ってる役員クラスが、子どもらの教育への異常な熱心さをもって、高尾小学校をつぶしにかかった」、「4、5人の親たちが必死になって、高尾小学校をつぶしにかかったと思う」とまで述べる。同時に、「たとえ少ない生徒でも、小学校としてやっていきたいっていう、独立した小学校でいきたいという人が実際は多かった」とも語る。別の人は、高尾地区がなぜ最終的に学校統廃合の決断をしたのかという質問に対し、「ようわからん」と述べ、そのあとに「父兄がゴリ押ししてしもた」と要因を付け加える。また、別の人は、学校統廃合の是非をめぐる住民たちの協議の中で、統廃合に「あかん」と拒否を示したら、「高尾の父兄が怒ってもうた」という。「取っ組み合いはせえへんけどほんま喧嘩。保育園もつぶして小学校もまたつぶすのかぁって」というような、そのときの協議の中で起きた住民同士のいさかいのありようを説明する声は多い。

このように、地区としての結束性を重視する年配者たちは、それを破壊することになるであろう学校統廃合には当初から反対していたという。彼らからすれば、保護者の学校統廃合賛成の声は理解しがたいものであった。それは、保護者たちの教育への思いを「異常」と形容する、年配住民の声からうかがえる。

▼▼▼学校統廃合を渋々受け入れなければならなかった理由

だが、興味深いことに、学校統廃合に反対していた住民たちは、その結果に対して仕方のなさを同時に語ることもある。それは、主に地区の中の子どもの置かれた状況をめぐる思いからであった。子どもの在籍数が少なくなり、小規模状態となっていた高尾小学校に子どもの教育に良くない面があったと、渋々だが語る声も聞かれたのである。

「切磋琢磨」という言葉の使用とともに、そのことは語られた。子ども同士で「切磋琢磨」できない少人数状態であると、子どもたちが「のんびり」してしまい、成長が望めないこともあるというのだ。「クラス5、6人ではやっぱり、世間に出ていこう思ったら競争もしていかんと、山奥で5人や6人のとこで習うて、1番2番や言うても始まりませんやろ、今日日《きょうび》」という声は、それを表す特徴的な声である。また、人数の関係でソフトボールすらできないような状況は教育上、発育上問題がある、あるいはクラスの中で「もみ合い」ができないことは、子どもの成長を阻害するなどの語りが、「切磋琢磨」という言葉とともに語られる。

つまり、自身の立場としては学校統廃合に反対だが、住民たちは、小規模校が子どもの成長を阻害するであろうとは考えていたのである。もっとも、本当に小規模校が子どもの成長を阻害するのかどうかは、また別の問題である。しかし、学校統廃合反対派の住民たちは、このような理由で子どもたちの将来について憂えていたのだった。

▼▼▼保護者の立場

聞き取りでは、数は少ないものの、学校統廃合が実施された当時30代の保護者にも話を聞いた。この保護者は、学校統廃合に賛成した理由を次のように語る。まず第一に、地区内にある高尾小学校に子どもを通わせていると、「親の負担がかなりきつい」という。具体的には、地区における親の母数が少ないため、学校において何かの行事が始まるたびに、村の組織である婦人会・子ども会・青年団などの各団体は「出ずっぱり」になり、保護者としての負担が過重であったというのだ。その点で、高尾小学校の廃校以降、親の負担は軽減し、運動会にしても今は「子どもらを見に行くだけ」で、以前のような負担は感じなくなったという。

さらに、子どもの教育的側面において小規模校では問題を感じたため、学校統廃合に賛成したという。「集団に入る力が弱かった」り、子どもたちが「引っ込み思案」であったとの声が聞かれた。学校統廃合の協議が行われている年に「不登校」の子どもがいたが、それは小規模校であることが原因だったとする。そして、学校統廃合後の今では、そうした教育的問題の側面が解消して、親としては満足しているという。

このように、保護者は、保護者自身の負担と子どもの教育状況への不安から、小規模校に問題を感じ、学校統廃合に賛成していた。

▼▼▼「子どものため」の学校統廃合

以上で見てきたように、年配世代と保護者との間で、学校統廃合の実施をめぐって意見は対立していたが、どちらも小規模校が子どもにとって良くない面があるという認識では一致していた。それゆえに、年配世代たちは、保護者たちに有効な反論ができなかったようである。

こうして、地区住民は、「子どものため」という論理で進められた学校統廃合を通じて、地区の過疎状況という現実にあらためて向き合っていくことになる。

3　高尾地区における廃校舎活用

❶ 校舎の再利用と住民の動向

以上のような状況下でも、地区住民たちは、廃校舎を再利用する形で、活気が失われた状況を改善していきたいという想いを抱いていた。

▼▼▼「地区の中心」的拠点としての活用

高尾地区住民にとって高尾小学校はどういう存在だったのだろうか。彼らは、学校は地域の人々が集まる「地区の中心」だと頻繁に語っていた。それゆえ、廃校となったあとでも、学校に住民が集い活動をしている。たとえば、グラウンドは、住民たちが男女かかわりなくグラウンドゴルフに興じ、レクリエーションの場となっている。そのほかにも、地域の運動会やとんど焼きなどのイベントや、あるいは他のイベントの準備場所などに活用されている。地域の人々にとって運動会は、住民たちの結束を図るためにも重要なイベントであり、そうした場としてグラウンドは利用され続けている。

とはいえ、そうしたイベントには、近年は新たな問題も見られる。このような活動が、基本的に老人会が中心となっていて、イベント自体が縮小気味になっていることである。たとえば、地域の運動会は「1日もせんと、昼食べてからの半日ぐらい」のものとなって、参加者が少なくなり、高齢化も進んでいる。「区が無理やり人を集め」て開催しているのが、運動会の現状だという。

▼▼▼デイケアセンター構想

廃校となった高尾小学校の校舎は、現在も堅牢な建物である。1982年に建設された現校舎は、住民からすれば、まだ活用の余地はいくらでもあるという状態だった。そのため、住民の高齢化や地区の過疎化に対応するため、福祉施設やデイケアセンターとして校舎を再利用していきたいという要望が出ていた。

これは、住民を対象に実施された廃校の利活用をめぐるアンケートで、多数出てきた意見であった。高尾小学校は「地区の財産」なので、現住民のために利活用したいという声が多かった。住民らによれば、デイケアセンターについては、設計や施工を請け負う業者までも決まっていたという。そしてまた、そこを地元の若者の働く場所としても活用し、雇用も創出できると構想されていた。

しかし、聞き取りを行った時点で、この構想は限りなく「立ち消え」に近い状態であるといわれていた。その理由の最大のものとして、村の財政状況の厳しさがあげられていた。したがって、民間に貸し出すより他に廃校舎の有効な再利用の道はないという。たとえば、外部の加工業者などに有料で学校の教室を貸し出して再利用してもらう、というような方法である。

▼▼▼子どものための場所

廃校舎を含めた再利用の構想には、子どもの育成に関するものもある。地域にまだある「子ども会」での活動を活発化するための拠点として、廃校舎を積極的に使っていきたいというのだ。学校が廃校になったからこそ、現在ある子ども会が、子どもが地域で活動する際のきわめて重要な組織になっている。住民たちは子ども会を、子どもたちの「社会教育の場」として、積極的に位置づけている。

実際、子ども会ではすでに、廃校後の校舎・体育館・グラウンドでキャンプを行ってアウトドア経験をしたり、体育館で卓球などのレクリエーションをするなど、さまざまな活動を実施していた。中でも、住民たちが子ども会の特色のある活動としているのは、「高尾太鼓」を子どもに引き継がせることだった。高尾太鼓というのは、主に地区の祭りの際に奉納太鼓としてとり行われる、高尾独特の和太鼓の演奏のことである。祭り以外でも、やまなみホールで開催される「文化の集い」において、高尾太鼓は地区の代表的な演目として演奏されるという。高尾太鼓の活動は、子ども会に所属している子ども全員が週2回、高尾小学校の体育館を使って行っていた。

このように、子ども会には地域の伝統を受け継ぐ機能も期待されている。4小学校が統合してできた新設の南山城小学校では、地区ごとの古い習慣や歴史、文化を教えることは難しい。したがって、高尾太鼓を子ども会で継承していくことが、子どもが地域の一員となるために大切だと考えられている。住民たちは、子ども会という組織を通じて子どもたちをまとめ、レクリエーションの場を提供したり、地区の伝統を受け継がせようとしたりするなど、地域の文化やつながりをすたれさせないように努力をしているのだった。

廃校舎を使いながら子ども会を盛り上げていこうとするこうした動きは、廃校によって地区から子どもの声が聞こえなくなった、地区の象徴すら失ったという経験が起点となっている。高齢化によって青年団が弱体化し、婦人会がなくなり、老人会にばかり人が増えるように、従来あった各種団体が成り立たなくなっていく高尾地区の中で、子ども会の持続に期待が寄せられている。

ちなみに、地区には公民館があり、地区内での相談ごとの処理や取り決め、今後の地区の活動方針を議論する場所として利用されている。すなわち、地域の運営に関する自治的活動は公民館で、地域の文化活動や住民の一体感を向上させるような活動は廃校舎でというように、地域内の公的施設が使い分けられている。

❷ 高尾図書室の試みと高尾小フェス

私たち当時の研究チームは、地域の人々の声を聞き取りながら、住民が高尾小学校を「地区の中心」だとして、廃校後も大切に思っていることを感じ取っていた。それと同時に、村の財政的な問題から、廃校舎の大規模な再利用は簡単に実行できるものではないということも理解するようになった。

調査活動が進み、地区における「学校」という場の持つ価値が理解できていくにつれて、外部の人間であるからこそ、この高尾小学校を有効に再利用することによって、高尾地区住民や高尾地区に何か新しいものを生み出すことができるのではないかと考えるようになった。そこで、高尾小学校を住民たちがよりよく活用できる場とすることで、「学校」という場を維持し再利用するきっか

5　黒川紀章が設計し、1991年に完成した南山城村の文化会館。

けを作るためのプロジェクトを立ち上げた。それが、「高尾図書室」再生のプロジェクトである。

▼▼▼高尾図書室の立ち上げ

高尾図書室再生プロジェクトは、2010年12月から始まった。この時点でも、廃校舎は、依然としてゲートボールや各種行事、子ども会の活動場所として利用され続けていた。

しかし、2005年時点の状況と異なる点もあった。和菓子業者や子どものアウトドアイベントを企画する業者の拠点として、理科室と職員室が賃貸されており、民間による廃校の再利用が始まっていたのである。しかし、これらの業者の存在を知る住民は少なかったようである。高尾区長によれば、これら業者は旧校舎の空き部屋の賃貸契約を村と結んだだけであって、特に高尾の住民に対し接触を持つことはなかったという。[6]

開設当初の高尾図書室

そのような状況の中で、私たちは、高尾小学校2階奥にある元図書室を、地区の人々が集い、賑わい、活動できる場所として借りることにした。

まず、利用されなくなった図書室に、小説・絵本・新書・実用書を中心に、1000冊以上の図書を配架した。その上で、図書室に家具や電化製品を運びこみ、お茶やコーヒーなどの飲み物を揃え、カフェ機能を備えた。図書を読み、借りることもでき、また、ゆったりと椅子に座りながら住民たちが談笑できるような、「学校」という場を住民が永く利用していくきっかけとなるサロン的な場を意図したのである。そしてここを「高尾図書室」と名づけ、住民たちとのコミュニケーションを図るとともに、地域の「学校」の維持を目指した。

▼▼▼「憩いの場」としての高尾図書室

まず、この高尾図書室の存在を地域の人々だけではなく、南山城村の人々に知ってもらうために、張り紙や回覧板、口コミなどの手段で、図書室開設のお知らせと、「お披露目会」を開催することを宣伝した。このお披露目会は、これまでに知り合った高尾の人々にも手伝ってもらい、高尾の郷土料理である雷ご飯[7]とみそ汁などの料理をふるまい、図書室に人々を招き、その存在を知ってもらおうというものだった。当日は、おおよそ40～50人の来訪者があり、図書室いっぱいに人があふれかえったほどであった。

その後、週に1度、小泉を中心に、高尾図書室に日中常駐し、地域の人々の来訪を待つこととした。開設後は、定期的に訪れる常連と呼ぶべき住民もでてきた。常連の中心は年配の女性たちで

6　後に述べる私たちの高尾図書室・高尾いろいろ茶論の試みを進める中でも、こうした業者とはほぼ接触することはなかった。見た限りでは、頻繁に地区に来て活動していたというわけでもなさそうであった。

7　各戸で豆腐を作っていた高尾では、あまった豆腐を油で炒め、野菜などと一緒にご飯に炊き込んだ。豆腐を炒めるときの音が名の由来だという。

あった。もちろん、男性たちも、特に読書に関心がある人の来訪があった。平均年齢をとればおそらく70歳を超えるであろう。中には90歳を超える高齢の方も常連となったため、階段に手すりを設置するなどした。この常連の女性に、高尾図書室の看板を筆で書いてもらうということもあった。

来訪者の感想としては、「居心地が良い」、「人とゆったり話ができる」など、概ね満足をしてもらっていたように思う。単純にお茶を飲みながら雑談目的に来る人、図書を借りに来る人など、利用目的は人それぞれであった。そのような中で、私たちと住民たちとの交流も深まっていった。住民の人たちとの交流はたいへん楽しいひとときであった。

高尾小の門にかけられた高尾図書室の看板

❸ 手島美智子さんとの出会い

高尾図書室において、高尾地区に元から住む住民たちとの交流が進む中、高尾では珍しい移住者との交流も深まることになった。2009年に高尾に移住してきた手島美智子さんである。手島さんは、夫の定年退職後、都会から離れた生活をしたいという夫の意向から、ここに移り住んだ。手島さん自身は当初、村で生活を送ることに気乗りはせず、しぶしぶ夫について来るかたちで生活を始めたらしい。とはいえ、高尾地区で暮らす中で、手島さんは地域の再生や持続に関心を持つようになる。その手段が、手島さんのライフワークであるアート活動であった。

手島さんはもともと、若手のアーティストをプロデュースし、作品を展示紹介するという活動を行っていた。そこで、高尾地区においてもそれを行おうと企画したのである。それまでに手島さんは、高尾にある自宅の部屋を画廊に改築し、地域住民だけではなく外部の人にも公開していた。そうした活動を通じ、手島さんはこれとは違うかたちでも、アート活動を行いたいと思うようになった。

Voice

私と高尾 ……手島美智子

絵を描くことが好きで、子育ての合間に絵日記を綴っておりました。その絵日記に紙のフレームを貼って、活け花好きの友人と二人で「絵日記と花・二人展」をさる貸し画廊さんで開催、これが私の画廊人生の始まりとなりました。大阪市西区の京町堀にてギャラリーを営んでいたのですが、リタイアした夫の希望で、京都の山里・南山城村に移住することになり、画廊も移転して「Gallery Den mym」と名称を改めました。「mym」とは「minami yamashiro mura」の意です。画廊運営などには全く携わったことのない出発点から、15年ばかりの月日が経っておりました。

村内の高尾の住人となりました頃、京都精華大学などの先生方が旧高尾小学校校舎内で「高尾図書室」（のちに「高尾いろいろ茶論」）を開室され、スタッフとして参加させていただきました。地域の方々とはなかなか交流の機会などありませんでしたので、図書開室の日は貴重な交流の機会となりました。

　高尾に来て2年ほどが経ちました頃に、自宅にあるギャラリーの「本館」から徒歩10分ほどの所に古民家をお借りしました。「別館A－R（Artist in Residence）・青い家」の開設です。この別館はレジデンスですから、世界各国から滞在希望のオファーが届きます。展覧会会場に使わない期間には滞在者を受け入れてきました。年間5企画を開催する合間に海外在住者を受け入れることは、私一人の対応ではかなりハードで、最近はもっぱら展覧会設定者のみの受け入れとなってきていますが、別館では自炊しながら滞在し、一軒を丸ごと使って、都会ではできない自然に囲まれた山里でのインスタレーション系の展示ができるユニークなスペースとなっています。

「Gallery Den mym」の展覧会情報を村内外の方々に送付しているのですが、現代アートファンの方々は、この辺鄙《へんぴ》な山里にも喜んで足を運んでくれます。ただ、村内の方々には現代アートの面白さがなかなかわかりづらいらしく、とりわけ高尾在住の方々はお出でくださいません。

　そこで思いついたのが「お絵描き教室」です。絵の表現というのは誰でもが持っていて、それぞれの方がそれぞれの表現で描くのです。絵に上手、下手などはありません。十人の人は十色の表現を持っているということで、「といろの会」と名づけたサークルを発足させてみました。これには思いのほかたくさんの男女が集まってくれまして、お子さんも連れ立って参加くださるようになりました。年に1度、みんなの絵の発表会を画廊空間でやるのですが、これを京都新聞さんが記事に取り上げてくださり、記者さんも面白がって見に来てくださいます。一枚の素人さんの絵を囲んで、皆でワイワイ喋りあうのは何とも楽しいものです！

　この「お絵描き教室」は高尾小の一部屋を借りて、月に1度、第一木曜日に開催しています。最近では村外の方々も参加くださるようになりました。参加料は茶菓代も含めて1回200円、会場が高尾小ならではの安さといえます。高尾住民に敬遠されがちの現代アートの展覧会にも、少しずつですが足を運んでくださるようになってきました。まぁ、気長に続けてまいります。

　高齢化の波は、ここ高尾にも押し寄せています。若い世代は、職場を求めてどんどん脱農業の生活へとシフトしていきます。年老いた世代は、声をかけ合って餅つきをしたり、釜飯を炊いて食べたりと、共に年老いていく道を探っています。村外から来たＩターンである私たちは、村内の歴史的なコマゴマとしたかかわり合いに縛られてはいませんので、皆さんに向かって声をかけやすいと申せましょう。夫の周りにも、いろんな集まりが常に立ち上がっております。「休閑地を借りて米を作ろう！」、「餅米を持ち寄って餅つきをやろう！」、「満月の夜は酒肴を持ち寄って飲もう！」。生活の場を離れて、忌憚《きたん》のない生き生きとした交流が生まれているようです。「高尾いろいろ茶論《サロン》」や「お絵描き教室」も同じように、よそよそしい都会での生活にはない人間交流の場であるように思います。

▼▼▼高尾小フェス開催──小学校＋アート空間

高尾図書室を通じて私たち研究チームとの交流が生まれたことで、手島さんは廃校舎の再利用とアート活動の接点を見出した。それは、若手のアーティストの作品公開の場として廃校舎を使うと

高尾小フェスの高尾図書室

いう企画で、手島さんと若手アーティストたちによる実行委員会の企画立案のもとで実現することとなる。

そのアートイベントは、「高尾小フェス」という名で、2012年8月に第一回目が開催された。高尾小フェスでは、廃校舎全体とグラウンドを用い、さまざまな若手の作家によるアート作品が展示された。作品は、展示物だけではなく、体験型アートなどもあった。また、グラウンドでは、郷土料理・カレー・和菓子などの出店が立ち並び、最寄り駅から高尾地区に行くためのバスまでが出る、一大イベントとなったのである。高尾図書室も、作家たちの作品の販売や似顔絵教室などの小規模なアートイベントの場所として活用された。そこには、地区内外の人たちが高尾小学校に集い、祭りを楽しむ姿があった。以降も高尾小フェスは、数年に1度というペースで実施されている。

❹高尾図書室から高尾いろいろ茶論へ

▼▼▼地区住民による運営計画

その後、高尾図書室は、映像機材を備え来訪者がビデオ鑑賞などを楽しめるようにし、「上映会」と称した映像の鑑賞会も定期的に行った。そうした試みにより、高尾図書室は地区の人々がふらりと立ち寄れる場所として、一定の認知度を得、持続していった。

しかしながら、私たちとしては、地区の人々に高尾図書室により主体的にかかわってもらいたいと考えていた。外部の人間がいつまでも運営し続けることは不可能でもあり、地区のためにもならないのではないかと思ったのである。そこで、高尾小フェスと同じ時期である２０１２年８月から、高尾図書室の運営を地区の人に託すための準備活動を始めた。高尾図書室の常連の来訪者や区長らと一緒に、高尾図書室を地区の人々の運営にしていくにはどうすればいいか、話し合いの場を何度か設けていった。幾度かの話し合いの結果、同年11月には、高尾図書室の常連を中心とした有志ら約10名に、当番制で高尾図書室の運営を任せることが決定した。毎週決められた日時に、当番の人が図書室を開き、管理をすることとなった。

図書室運営についての話し合い

▼▼▼高尾いろいろ茶論へ

高尾図書室の運営が変わるのを機に、新規リニューアルということで、高尾図書室の名称は「高尾いろいろ茶論《サロン》」に変更された。本を読むだけでなく、人との語らいや、その他レクリエーションができる場所、つまり「いろいろ」なことができるサロンとしての名称が、住民から提案された。高尾いろいろ茶論は、基本的に毎週日曜日に開室されて、総勢14名が交代で当番を続けている。２０１９年の現在でも、高尾いろいろ茶論のあり方自体に大きな変化はない。継続して地域に開かれた場所を設置し、人々が集まれる場を維持したいという想いによって、運営が続けられている。

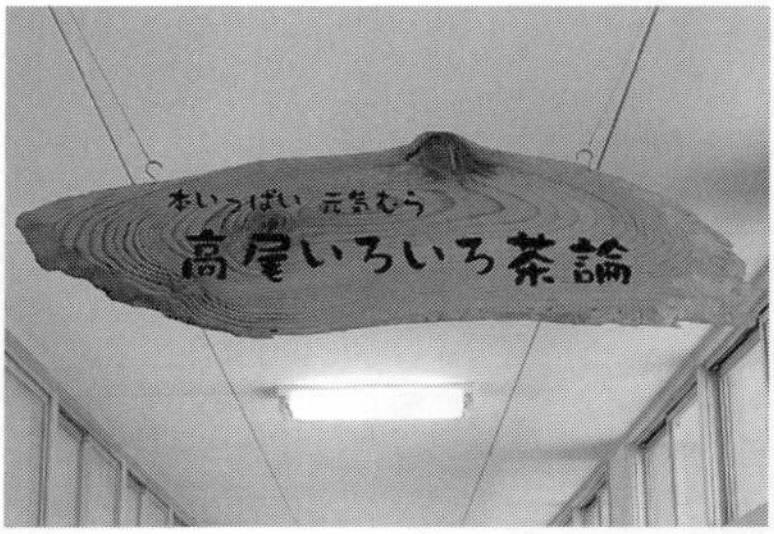

高尾いろいろ茶論の入口にかけられた看板

▼▼▼高尾小学校活用の効果

以上が、高尾小学校が廃校になった後の廃校舎の活用をめぐる住民の思いや実際の活動のあらましである。従来からいわれていた「地区の中心」という言葉通り、高尾小学校は再利用によって、その門戸を開けば自然と住民が集まってくる場となったのである。もっとも、今でも住民たちは、その門戸の開き方について考えあぐねており、学校という施設を持て余している面がある。このことを考えれば、私たちや手島さんの旧高尾小学校活用の試みは、地域住民の集う場としての機能を再生する実験としては成功したといえるかもしれない。また、高尾いろいろ茶論の試みは、今後の廃校舎利用への道を拡げたともいえる。

一方、手島さんの試みは、高尾地区という場を、アート空間を通じて外部の人たちに知ってもらう機会をつくったといえよう。さらに、地域の子どもも通っているお絵描き教室「といろの会」は、ただ地区住民へのレクリエーションの場を提供するという効果だけでなく、地域から「子どもの声が聞こえなくなった」という住民たちの実感を、いくばくか軽減させる効果もあると考えられる。

4　中年世代が描く高尾地区の将来

❶中年世代へのインタビュー

高尾図書室や高尾いろいろ茶論の試みによって、私たちと地区の人々との交流は深まっていた。さらに、それまで以上に多様な地区住民とも知り合うことになった。こうしたこともあり、これまでは話を聞けなかった人にも話を聞こうと、２０１５年9月にあらためて聞き取り調査を行うことにした。

このときの聞き取り対象者は、地区の中で比較的若い存在である、小学生から高校生の子どもを持つ中年世代とした。また、２００５年に聞き取りをした人の中で、統廃合以前に高尾小学校へ自身の子どもを通わせていた人々にも再度お話を聞くことにした。この人たちも、高齢化の進む地区の中では、比較的に若い世代に位置づけられる。以下、こうした30代〜50代の聞き取り対象者を、60代以上の年配世代との対比のために中年世代と表記する。

聞き取りの対象者を中年世代にしたのは、これまでの調査の中では、対象になることが比較的少なかったからである。以前の聞き取り調査では60代以上の年配の地区住民が中心であったし、高尾図書室や高尾いろいろ茶論の試みの中でも、利用者や運営の主体となった住民は年配者が多数であった。そのため、この地域に住む中年世代が、どのような想いでこの地区に暮らしているのか、そして、学校をどのように捉えていたのかなどを知る機会がなかったのである。中年世代は、年配世代以上に、これからの高尾地区の将来について考え、そして現実と向き合って生活をしていかざるをえない世代であると考えられる。地域の継続と学校との関連を考えていく中で、地域の中年世代にしっかりと話を聞くことは必須であった。

以下では、そうした中年世代が抱いている地域の困難な状況や学校への想いを紹介する。

❷ 中年世代の懸念

▼▼▼「限界集落」化への懸念

地区の将来についての中年世代の語りは、悲観的なものが多かった。

まず、10年後、20年後の地域の将来像を尋ねたことに対する印象的な発言を一つ紹介する。

そら、限界集落になるっていうことでしょうね。老人ばっかりになるやないですか。でも本当は、老人ばっかりっていうよりは、たぶん、老人もいなくなると思うんですよ。だって、病院に行けない、サービス受けれない、行政だってまともに機能しなくなるだろうから、そうなれば、みんな街へ出ていきますわね、なんとかしてね。で、勤めてる人が多いので、当然、年金とかを受けれて、そしたら、なにもここにいる理由がなくなるので、まあたぶん、ものすごい速いペースで、過疎を通り過ぎて、なんちゅうんですか、廃墟になるんじゃないかなと。

ここでは、高尾地区は近い将来「限界集落になる」、「廃墟になる」とされ、中年世代が高尾地区の将来に対する絶望といえる感覚を抱いていることがわかる。極端な発言であるようにも思われるかもしれないが、実はこのような発言は他の人からも多く聞かれたのである。ある人は、高尾地区が「限界集落」になることを見越し、今後の生活の準備すら進めているのだという。その準備とは、現在伸び悩んでいる茶業からの撤退と、それに伴う転職のことであった。現在の茶業において、次世代の育成の可能性については「全く想像できんね。あと何年後も、だって、想像するのも怖い」と語る。南山城村での代表的な産業である茶業すら、現在は先行きが不安だというのだ。それゆえに、自身が転職をする道も用意しているというし、自身の配偶者には「国家試験を受けてもらう」などして、茶業が行き詰まった際の代替案を考えているという。

▼▼▼跡継ぎは……？

話をうかがった人々は、それぞれ農業などのなんらかの家業を営んでいるが、自分の子どもにそれを継がせようと積極的には考えていないことも特徴である。たとえば、最初に紹介した地区の限界集落化・廃墟化の可能性を指摘した人は、自身の行っている農業を子に継がせることについては考えていないと言い、「もう、自分の好きなことやればいいんじゃないかと思ってますけどね」と言う。限界集落となる可能性のあるリスクの高い地区に、自分の子どもを住まわせておくことは忍びないというのである。

また、このように述べる理由には、彼らから言えば、地区における学校の有無も関連しているということ。つまり、地区に学校がない今、次代へ家業を継がせ、その地区でまた孫も育っていくというようなビジョンが想定できない。だから自分の子どもには将来的に「外」へ出て行ってもらうという考えを、彼らは持っているのだ。彼らにとっては、高尾地区から遠い場所にある南山城小学校は、生活圏外のようなものであり、地区の持続や再生の拠点としては認識されていないようである。

また、こうして中年世代と話をしていると、「子どもの声がどんどん聞こえなくなっている」という声は変わらず聞こえてくる。それは、2005年の聞き取りとほぼ同様のもので、高尾地区に住まう子どもたちは地区の中に「友達がいない」ので、普段は家の中で遊ぶほかない状況が続いているという。そうした地区の自然などに触れていない子どもの状況を、ある人は「田舎の子どもらしくなくなっている」と表現していた。つまり、このような子どもの状況もあるからこそ、いっそ子どもは将来的には地区を出て行った方がよいと考えている、という面もあるのだろう。

▼▼▼「絶望」とも呼べる感覚

このように、中年世代たちは、高尾地区の将来像について良いイメージを持っているとはいえない。これらの発言のみであれば、「絶望」と呼んでもいいものである。そしてこれは、2005年に語られた年配世代の嘆きと地続きのものである。先に述べたように、年配世代は、高尾小学校が廃校になったことによって、地区の象徴が失われ、これからの地区が衰退していくであろうことを予見していた。2015年の中年世代たちの語りでは、地区の衰退という結果をそれぞれに受けとめ、「地区を去る」という選択肢など、地区の持続や再生という点では前向きとはいえない選択肢を用意し始めたのである。

❸ 中年世代が描く将来

しかしながら、高尾地区の中年世代たちは、それでも地域の持続や再生をあきらめていたわけではなかった。ある人は、現在高尾地区が置かれている状況は絶望的なものであるが、完全に希望がなくなったわけではないという。その人は、現在の高尾地区は、「長い目でものを見るところを過ぎてしまっている」状態であり、もはや地区住民たちだけで状況の改善ができる段階ではないと述べる。そこで、「他から呼んでくる、外の人が入ってきてもらえるような場所にしないと、まあ確実に終わりますね」と、「外部」の力を借りることが今の地区の状況を変える一手であるというのである。「外部」に希望を託す思いは、中年世代に共通して見られた。

▼▼▼外からもたらされるものへの期待

地区の将来に希望をもたらすものとして、手島さんのような移住者だけではなく、地区に来訪する大学関係者もあげられている。

大学関係者とは、私たち研究チームの他に、この時期に大学の村おこしプロジェクトで高尾地区を定期的に来訪していた大阪国際大学の大学生のことである。学生は実際に現地に入り込んで農業をしたり、地区の祭りに参加したり、あるいは地区のPR活動をするなどの活動をしている。子ども会の親だけでは地蔵盆や盆踊りなど地区のイベントごとの運営が回らなくなっており、大学生の参加や協力は欠かせないものとなっているようだ。

また、大学生たちのような「若い人」に農業の後継者を担ってもらおうとする声すら出てきている。農業を営むある人は、「誰でもいいので機械も設備も一式、無料でお貸しするので（農業を）やってみませんか、と募ったりしてもいいのかなあと」考えているという。大学生以外にアルバイトで農家の手伝いに来ている若い人が実際にいるようで、そうした人々を地区に定住させることができればというのだ。

▼▼▼廃校舎を宿泊施設に

外から若い人を呼び込むためには、拠点となる居住場所や宿泊施設が必要になる。そこで、地区の「空き家」を提供できるようにして、老朽化した風呂やトイレを改装してもらえるよう、村に要望を出しているとのことである。さらに、旧高尾小学校を宿泊施設としたいとする要望も出ている。

中年世代の人たちは、参加する機会を持てなくても、私たちや手島さんらが高尾小学校を地区の人々に向けて再利用し開放していたことは知っていたようで、高尾小学校再利用の道を彼らなりに考えていた。聞き取りの最中には、聞き取り対象者のお子さんが手島さんのといろの会へ出かけるという一幕もあり、廃校となった後も高尾小学校は中年世代たちの身近な存在であることが垣間見られた。

このように、高尾地区の中年世代たちは、地区の現在の状況にほとんど絶望しつつも、地区の持続や再生の道を完全にはあきらめていない状態だった。つまり、中年世代のこれからの地区との向き合い方は、自身や身内が地区を去るという選択肢を用意しながら、地区のためにやれることはやりたいという二面性のあるものとなっていたのである。

おわりに

以上でみてきたように、南山城村の高尾地区住民からは、小学校の廃校をめぐるさまざまな経験が語られた。そこには、地区から学校がなくなっていったことへの「絶望」的な思いも吐露されたが、再度、地区を盛り上げていこうとする動きもあったのである。

廃校舎の再利用に希望を求める地区住民たちの動きの中で、地区の年配世代たちの想いと中年世代の想いには異なる点があった。年配世代たちは、廃校舎をデイケアセンターとして使えるようにしたり、グラウンドゴルフや地域全体の行事、子ども会や高尾太鼓の練習での使用など、基本的には住民たちが集い憩える場として機能させたいと考えていた。実際、グラウンドゴルフや高尾太鼓の練習の場として、小学校は早くから再利用されていた。高尾いろいろ茶論の利用者の多くが年配世代であることから見ても、まずは住民のためということがうかがえる。

しかし、中年世代は、旧高尾小学校を外部の人も集える場所、たとえば宿泊施設として機能させたいと考えていた。これは、外部の人のための場所という点では、移住者の手島さんが行っているような、アートを媒介にして外部から地区に人を呼び込む活動と軌を一にするものともいえるが、中年世代にとって学校は、地域再生のための人が集まる格好の施設として認識されている。

2つの世代の間にはこのような異なる点もあったが、いずれも廃校舎を高尾地区の重要な拠点として活用しようという考えは共通していた。高尾小学校は廃校になった今でも、地域の代表的な拠点の一つだと住民から捉えられている。

しかし、このように実際的な機能を持つ拠点にとどまらず、廃校となった学校の拠点性は、象徴的な意味を強めているように思える。高尾小学校の廃校の意味は、年配住民が語る「地区から火が消えた」という言葉に象徴的に言い表されている。地域にある学校というのは、その地域が拠って立つ支えのようなものであり、それがなくなったことによって地域の基盤が脆弱になったと、年配世代は考えていた。さらに、廃校は、地域の未来を担う子どもの存在を実感できなくなったことを意味しており、このことは、年配世代の地域の未来に対する想像力を減退させたようであった。このように、学校がなくなったことによって、それまで学校と地域を結びつけている意識が再確認されたと考えれば、学校の持つ象徴的意味はさらに強まったといえる。

だからこそ、年配世代は、住民が寄り集まる場所としての再利用を提案したのではないだろうか。地区には、住民が集う場所として公民館がある。公民館は、主として地区内での問題の処理や今後の地区の活動方針を議論する場所として利用され、地域の自治的活動を担う場所である。それに対して、廃校となった小学校は、社会教育的活動を通して住民が集い交流する場所であることによって、地域住民がつながりを感じ、地区の全体性を体感できる場所となったのだ。

中年世代はより現実的に、廃校舎を「外部」を呼び込むための場所とする活用を考えているが、学校がなくなったことでもたらされた地域の衰退を、校舎活用によって地域の発展に反転させようとする試みと考えれば、その場がたまたま学校であったという以上の意味を読み取ることもできる。

このように、廃校となった学校は、住民の集う場所や「外部」を呼び込むための場所として実際に地域の拠点であるだけでなく、そのような活動を通して地域の「中心」という象徴的拠点性をも帯びるようになった。

しかし、若年層や子どもが人口構成に占める比率は急速に低下しており、高尾という地域社会の持続自体が危機に瀕している。この危機を少しでも緩和するためには、当面外部からの転入に期待するしかないが、これから子育てする世代を受け入れる上では、「地域に学校がない」という問題に行き着く。この点では、高尾地区は統廃合によって学校をなくした中山間地にある多くの集落が直面している問題を共有している。

こうした問題を抱えながらも、高尾小学校廃校後の移住者である手島夫妻が満足感をもって定着している事例をみると、その満足感は、都会にはない高尾の豊かな自然と、その中で住民同士が支え合う日々の暮らしの営みに由来しているのではないかと思われる。そして彼らの暮らしの中に、高尾小学校は依然としてなくてはならない場として生き続けているのである。この点が、廃校後の学校が廃墟と化し、あるいは住民の暮らしとはあまりかかわりがない施設に転用され、そこが学校であったことが忘れ去られた地域と、学校跡地が地域の象徴的拠点性を維持している地域との差異であり、高尾地区は後者に属することによって、地域の持続可能性の火を灯し続けているのではないだろうか。

このように考えると、「高尾図書室」や「高尾いろいろ茶論」に少しはかかわってきた私たちとしては、旧高尾小学校をどのように再生利用していくのかという議論が今後も継続され、その上で、そこが高尾地区再生の拠点としてよみがえることを期待せずにはいられない。

第3章

移住者受け入れ先発地における地域と学校

和歌山県東牟婁郡那智勝浦町色川地区

――中島智子

Iターン受け入れ先発地、定住促進先進地として全国的に有名な和歌山県の色川《いろかわ》。今では人口に占める新規定住者の割合が5割を超えた。地区内には保育所、小学校、中学校があり、待望の小・中学校の校舎が新設された。このように描けば、地域も学校も存続の危機を脱したと思われるだろうか。しかし、実際のところはどうか。地域と学校がそれぞれがんばっていても、両者が相互に浸透し相乗効果を生む関係になっているのか？　色川における地域と学校のありようを見ていく。

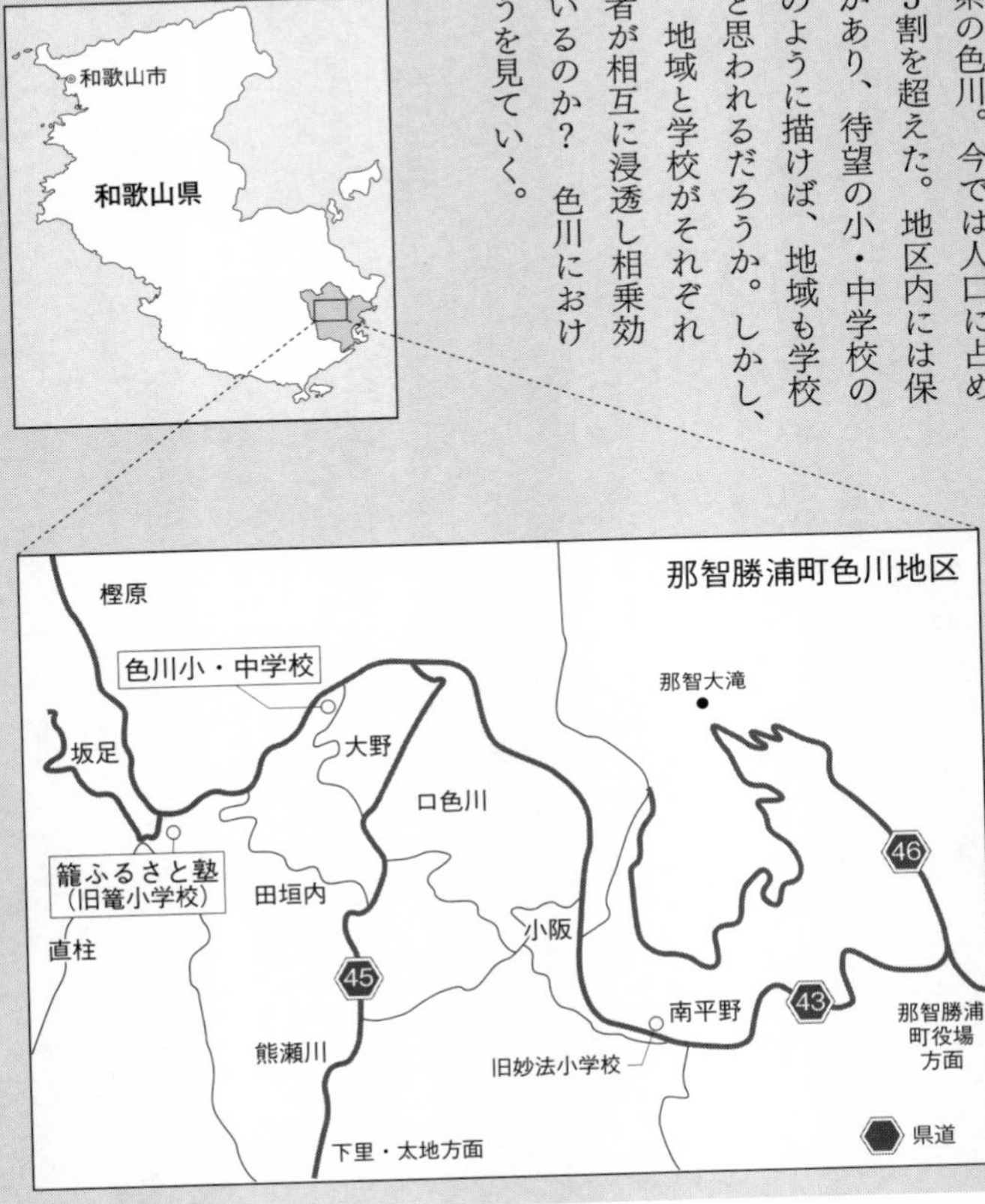

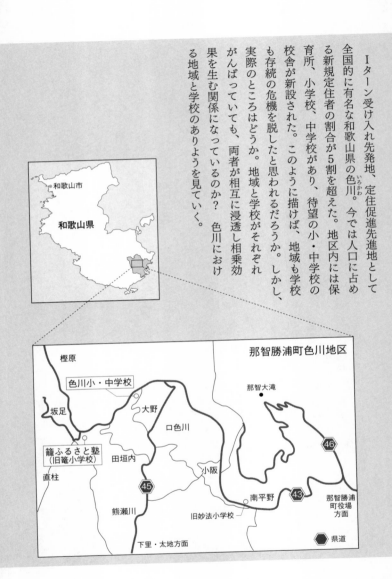

はじめに

❶ 色川の概要

紀伊半島の南端、台風中継で有名な潮岬《しおのみさき》灯台から海岸に沿って東に行くと、那智勝浦町がある。和歌山県東牟婁郡那智勝浦町は、生鮮マグロの水揚げが盛んな勝浦漁港があり、また山の方には熊野那智大社や那智の大滝があり、観光地としても温泉地としても名高い。紀伊勝浦駅にはＪＲの特急が停まるが、大阪からでも名古屋からでも３時間半ほどかかる遠隔地である（14頁および前頁の地図参照）。

その紀伊勝浦駅からさらに車で30～40分、1日3往復の町営バスだと約1時間かけて山間部に入っていくと、そこが色川地区である。地元の人たちは「いろがわ」という。地区内には、町役場の色川出張所と郵便局、週に半日のみの診療を行う診療所がある。食料品や日用品を扱う店は１軒、飲料自販機は５ヵ所にあるのみだ。

平家の落人伝説のある色川の歴史は古い。１９５０年代半ばには約３０００人の人口があり、林業や鉱山、茶業で栄えたが、国の拡大造林政策によって植林したものの木材の輸入自由化に押され、鉱山の廃鉱も伴って、１９６０年代半ばから人口が大きく減少した。林野率99％で雨が多く、地形的にも農業には厳しい土地である。当然、農地は狭く、小さな棚田が多い。

色川は、１８８９年に色川村として発足したが、１９５５年のいわゆる昭和の大合併時に、那智

表3.1　色川地区の人口（2019年10月31日）

	男	女	計	世帯数
南平野	21	22	43	26
小阪	17	20	37	25
口色川《くちいろかわ》	46	39	85	49
大野	37	47	84	45
熊瀬川	6	7	13	6
田垣内《たがいと》	28	25	53	28
坂足《さかあし》	1	3	4	3
樫原《かしわら》	2	3	5	3
直柱《ひたはしら》	1	0	1	1
合計	159	166	325	186

うち新規定住者は174人、79世帯。
出所：色川地域振興推進委員会

町・勝浦町・宇久井村と合併して那智勝浦町となった。色川の面積は74・16㎢と広く、町全体の40%を占める。奥から大きく西部、中部、東部に分かれ、9集落がある。[1] 2019年10月の色川地区の人口は325人（世帯数186）で、人口1万4931人の町の中で最小の地区である。

❷ 色川の特徴

町人口の2%にすぎない色川だが、知名度では全国区である。というのも、1970年代から移住者を受け入れた定住促進の先進地として知られ、そのさまざまな取り組みがたびたび表彰され、他地域からの視察やメディアの取材、研究者や大学生の調査なども後を絶たないからである。そしてついに、2018年には地区人口に占める移住者の割合が5割を超えた。

学校は、小学校と中学校が地区の中心部にある。2016年に校舎が新築されてからは、同一校舎に入る小中併設校となった。児童生徒数は、2018年度で小学校が17人、中学校が6人、小学校は複式3クラスという小さな学校である。2016年の近畿へき地教育研究大会（以下、近畿へき研）では分科会会場校に選定されて、少人数・複式授業の研究を進めてきた。学校敷地の一角に町立保育所もある。過疎地の小集落に保育所、小学校、中学校が揃って健在するのは驚くべきことといえる。

色川で移住者の受け入れを始めたのは、保育所や学校の存続を願ってのことだった。その後も移住者の受け入れ方法を確立して、保育所や学校をなくさない努力が続けられている。それが成果を生み出す一方で、移住者の多様化が進み、新たな課題も出てきているようだ。このような色川における地域と学校の関係を見ていこう。

❸調査の概要

色川の調査は2012年から2018年までに及び、大きく3期に分けられる。

第1期は、2012年10月から2014年5月までに実施された計4回の調査で、移住者受け入れの経緯や旧篭《かご》小学校の統廃合経緯について、地元住民や移住者、元教員の聞き取りを行った。

第2期は、2015年3月から2017年3月までの間に5回実施し、色川小・中学校の教育活動の観察や教職員・保護者・元保護者の聞き取りを中心に行い、学校運動会や地域の運動会などの見学をした。

第3期は、2017年6月から2018年10月までの間の3回で、それまでの調査で及ばなかったことや確認を兼ねた補充調査として、学校での観察と教職員の聞き取り、卒業生の聞き取り、地域の文化祭の見学、地域住民との意見交換、那智勝浦町教育委員会の訪問調査などを行った。

1　表3・1に示す集落以外に高野があったが、現在、居住者はいなくなり集落としては消滅している。

私は、第1期の4回目にあたる2014年5月以降のすべての調査に参加している。学校調査では、朝から夕方まで学校に滞在して、授業の見学、教職員の聞き取りをするほか、校長室を居場所とさせてもらったため、校長先生から毎日さまざまな話を聞くことができた。また、宿泊した2軒の農家民宿はいずれも移住者が経営しているので、移住の経緯や色川での暮らし、地域の人々などについて話を聞くことができた。調査期間の途中に地域唯一の商店の隣に居酒屋が開店し、そこで出会う人たちと歓談することもあった。地域の行事に参加したときや、道ばたや町営バスの中で出会った際に地域住民と話すこともあった。

ここでの記述は、以上のすべての機会で得られたデータや情報をもとにしているが、煩雑になるので聞き取りの日時や出典を逐一記すことはしない。

❹何に着目するか

私が色川調査にかかわったのは、たまたま誘われたからだが、最初の訪問で森林や棚田、茶畑という豊かな自然[2]と、そこで出会った人たちの魅力に惹きつけられた。私が参加するまでの調査では、移住者受け入れの経緯や学校統廃合が地域に与えた影響など、地域の側に焦点が当てられていたのに対して、私は学校に興味を持った。学校の側からは地域がどのように見えているのか、小さな学校の内部はどんなものか、複式学級運営や複式授業とは実際にどのように行われているのかを知りたいというのが、私の問題意識だった。また、学校や地域の存続のために移住者を受け入れているが、学校教育が地域の存続とどのようにかかわるのか、という点も考えたかった。

郵便はがき

料金受取人払郵便

神田局
承認

7451

差出有効期間
2021年7月
31日まで

切手を貼らずに
お出し下さい。

101-8796

537

【受　取　人】

東京都千代田区外神田6-9-5

株式会社 **明石書店** 読者通信係 行

お買い上げ、ありがとうございました。
今後の出版物の参考といたしたく、ご記入、ご投函いただければ幸いに存じます。

ふりがな お名前	年齢	性別

ご住所 〒　　-

TEL　(　　)　　FAX　(　　)

メールアドレス	ご職業（または学校名）

＊図書目録のご希望	＊ジャンル別などのご案内（不定期）のご希望
□ある □ない	□ある：ジャンル（　　） □ない

書籍のタイトル

◆本書を何でお知りになりましたか？

□新聞・雑誌の広告…掲載紙誌名［　］
□書評・紹介記事……掲載紙誌名［　］
□店頭で　□知人のすすめ　□弊社からの案内　□弊社ホームページ
□ネット書店［　］　□その他［　］

◆本書についてのご意見・ご感想

■定　価　□安い（満足）　□ほどほど　□高い（不満）
■カバーデザイン　□良い　□ふつう　□悪い・ふさわしくない
■内　容　□良い　□ふつう　□期待はずれ
■その他お気づきの点、ご質問、ご感想など、ご自由にお書き下さい。

◆本書をお買い上げの書店

［　市・区・町・村　書店　店］

◆今後どのような書籍をお望みですか？

今関心をお持ちのテーマ・人・ジャンル、また翻訳希望の本など、何でもお書き下さい。

◆ご購読紙　(1)朝日　(2)読売　(3)毎日　(4)日経　(5)その他［　新聞］

◆定期ご購読の雑誌［　］

ご協力ありがとうございました。

ご意見などを弊社ホームページなどでご紹介させていただくことがあります。　□諾　□否

◆ご 注 文 書◆　このハガキで弊社刊行物をご注文いただけます。

□ご指定の書店でお受取り……下欄に書店名と所在地域、わかれば電話番号をご記入下さい。
□代金引換郵便にてお受取り…送料＋手数料として300円かかります（表記ご住所宛のみ）。

書名	冊
書名	冊

ご指定の書店・支店名	書店の所在地域　都・道 府・県　市・区 町・村
	書店の電話番号　（　　）

毎日学校に通い、気さくな校長先生だったので気兼ねなく学校に入り込むことができた。子どもたちや教職員にはいつも温かく受け入れられて実施した授業観察やインタビューからは、職人芸といえそうな授業や紹介したいエピソード、学校の姿が蓄積していった。その間に、色川小・中学校が近畿へき研の分科会会場となったことを契機に本格的に授業研究が進み、先生たちが研鑽を積んで、若い先生も毎年どんどん成長していく姿を見てきた。

しかし、もう一つの問題意識だった、学校から地域がどのように見えるのかという点に関してはずっとクエスチョンマークがついていた。学校にいると地域が見えないのだ。近年、地域と学校の連携が強く求められ、一体となって活動している事例などが紹介されているが、それに比べて特筆するようなものはない。ないことはないが、〈普通〉なのである。一方、何度も通ううちに知り合った地域の人たちは、面白すぎるくらいの経歴や経験を持っていた。この豊かな地域の人々や文化がなぜ学校に入り込まないのだろうか。学校はなぜもっと地域に出て行かないのだろうか。

以下では、移住者の受け入れと学校や保育所の存続がどのようにつながってきたのかを整理し、学校と地域の間の〈距離〉をいくつかの側面から推しはかり、地域と学校の関係について考察する。さらに、地域に育ち巣立つ子どものその後について、2家族の事例を通して考えてみたい。

2　地元の人たちに言わせるとこれは「自然」ではない。特に森林は植林したもので、かつての色川はもっと「明るかった」と言われる。森林や棚田、茶畑を「豊かな自然」と受け取る「都会人」と、地域の歴史や知恵、営みと捉える地元の人たちとでは、認識が大きく食い違っていることを教えられた。

1　保育所・学校の存続と移住者受け入れ

色川では、地域人口が減少し、若者が地域に定着しないことから、保育所や学校の存続危機に直面していた。保育所・学校の存続と移住者受け入れの関係と、その影響について見ていく。

❶移住者はなぜ受け入れられたか

▼▼▼色川に移住希望者が現れる

色川は早くからIターン者を受け入れたことで、Iターン受け入れ先進地と呼ばれるようになった。1970年代に、色川とは何のかかわりもない若者たちの移住を受け入れたからである。

日本全国の地方と同様、高度経済成長期以降は第一次産業が衰退し、色川でも進学や就職のために若者がいったん地元を離れると戻ってくることは少なくなっていた。そんな色川に突然、移住したいという若いグループが現れた。1975年のことである。「耕人舎」を名乗るこの数家族と仲間からなるグループの移住の経緯は、今日の色川を語る際にも必ず言及される地域共有の物語となっている。そこで、移住者を受け入れた地元の状況を中心に、この経緯を振り返ってみよう。[3]

耕人舎の中心人物といわれる村山勝茂さんは、大学卒業後新聞記者をしていたが、退社して海外を7年間放浪する中で、発展途上国からの搾取の上に成り立っている先進国という構造の矛盾に気づき、このような構造に組み込まれない生き方を探るようになった。弟の彰男さんも、農機メーカーの技術者であったが、化石燃料に頼る農業に疑問を感じていたという。二人は、自然との共存を目指し「農」を中心とした生活の場を再生したいという思いを共有する仲間とともに、伊豆で週末農業を始め、やがて本格的な自給自足の生活をしたいと、全国各地で候補地を探す中で、勝茂さんの妻の縁故が那智勝浦町にあった関係から色川にたどり着いた。

▼▼▼地元の受けとめ

当時、町職員として色川出張所に勤務していた田古良《たこら》元昭さんは、仲介者とともに来た村山さんたちと向き合ったとき、都会から田舎に来て生活するという彼らに戸惑い、何か事情があるのではないか、都会から来て本当に農業ができるのか、失敗したら帰るのではないか、などの不安を抱きながら彼らと話し合ったという。有機無農薬農業で自給自足の生活をする共同体を作りたいというのだから、地元の人たちが警戒するのも当然のことであろう。しかし、地元の人たちの協力がなければ、農地や家屋の譲渡もままならない。

そんな中で、田古良さんだけでなく、移住希望者と地元との間に立った人たちがいた。地元の町議会議員の榎本靜夫《えのもとしずお》さんや農業委員の大代亨《おおしろとおる》さんなど、当時40代から50代の地元住民たちだった。

3　以下の記述は、これまでの調査データおよび春原麻子（2007）「縁辺地域集落へのライフスタイル移動——「田舎暮らし」の成立過程とライフコース」（東京大学修士論文）、春原麻子（2016）「移住者受け入れ40年の歴史」（小田切徳美・筒井一伸編著『田園回帰の過去・現在・未来——移住者と創る新しい農山村』農文協）と後述の『色川だより』に拠っている。

▼▼▼保育所の危機

というのもその頃、色川では保育所存続問題が起きていた。前年の1974年頃に、大野保育所の園児の数が10人を切ったら国の補助金がストップするという事態に直面していたのだ。大野保育所は1965年に町から大野区への委託保育所として開園した。独自の園舎はなく、色川小学校の向かいにある大野保郷会館に間借りして、保護者が管理運営し、園長は小学校校長が兼任していた。保育所がなくなると小学校・中学校もなくなり、地域も消滅しかねないという危機意識が関係者の間で共有され、こうした状況を打開しなければならないと模索していた。またその頃、色川に3つあった小学校のうち、西部地区にある篭小学校の統合問題が持ち上がっていた。篭小学校はその後、1977年4月に色川小学校に統合されるが、そういう状況で、移住希望者の家族の中に子どもが4人もいることは、地元にとって大きな魅力だったという。

▼▼▼地元と移住者の信頼関係

しかし、耕人舎の人たちも受け入れに尽力した人たちも、事を急がなかった。村山さんたちは何度も色川に通って地元の協力者たちと情報交換をした。地元の人たちも、2年間で30回も色川を訪ねてくる熱心な彼らの話を聞き、一緒に有機農業先進地の見学に行ったり、東京の村山さん宅を訪れたりして、交流を深めて信頼関係を築いていった。このような粘り強い骨折りの結果、1977年4月に4世帯13人の移住が実現した。なお、この受け入れに行政はタッチしていない。この年に、色川住民有志による色川過疎研究同志会が結成され（会長は榎本さん）、その後の移住受け入れに大きく貢献したという。

移住後の耕人舎の活動や定住もまた、スムーズにいったわけではなく、地元の協力者や近隣住民に助けられた。一方、耕人舎との出会いは、地元にも影響を与えている。たとえば、榎本さんは耕人舎が入ってきた頃にちょうど茶の栽培を無農薬でやろうと考えており、彼らのもたらす情報に助けられたという。色川のお茶はそれまでも有名だったが、これ以降、無農薬茶ということでブランド力を高めている。大代さんは、耕人舎が農作物の販売ルートを持っていたことにも注目していたという。それまでの色川は山仕事が中心で、農業は自分のところで食べる作物をつくる程度だった。耕人舎以降、農業で生計を立てようとする移住者が現れ、色川の農作物は現在さまざまなルートで販売されている。また、耕人舎は現在も梅やゆずの加工を行っている。

地元と移住者との協力や信頼関係の構築は、今日まで継続されている。これは色川の大きな特徴といえる。

❷移住者が〈学校問題〉に出会う

▼▼▼初期の移住者

耕人舎の移住やその生活の様子は、当時のメディアで取り上げられることも多く、都会から有機農業や共同体生活に関心を持つ人が訪ねてくるようになった。その中から、有機農業を実践したいという人を耕人舎が実習生として受け入れるようになり、１９８０年代には実習生が独立して色川に定住するという流れが出てきた。一方で、初期の耕人舎のメンバーの多くはその後、さまざまな事情で色川を去っている。

実習生は20代単身の若者が多かったが、1983年から1990年までの間の移住者には、30代の夫婦もしくは子連れ世帯が多くなった。その多くが東京や大阪など大都市圏出身で、農業経験はなかったが、有機農業や食の安全、田舎暮らしに対する関心が高かったという。このような移住者は、慣れない農業と日々の暮らしを回していくことで精一杯だった。1980年代初めに移住したある夫婦は、保育所に子どもを預けていたが、親が送っていく余裕がなく幼児が山道を一人で通っていたという。

▼▼▼〈学校問題〉に気づく

しかし、やがて移住者が〈学校問題〉に向き合うようになっていく。ここでは、保育所・小学校・中学校の存続をまとめて〈学校問題〉という。

原和男さんは、1981年に耕人舎の実習生となり、そのまま色川に定住した。5年後に結婚して子どもができ、保育所に通うようになって、子どもに同級生がほとんどいないことに気がついたという。ただし、子どもが少ないことを自身の子どもの教育環境の問題として受けとめたのではなく、地域の問題としてどうなのかと考えた。それまでは、自分たちが農業で食べていくことで頭の中はいっぱいで、地域がどうだということにさほど興味はなかったという。ところが、子どもがきっかけで〈学校問題〉を考えるようになり、さらに〈学校問題〉を考えることは地域の問題を考えることであり、自分の生き方にまで直結する問題だと捉えるようになった。原さんはその後、この問題は地域の死活問題だという緊迫感の中で定住を促進する活動に邁進していく。

▼▼▼青年会と色川だより

とはいえ、移住者が地域にかかわるのは簡単なことではない。まだまだ「長老」が健在な時代である。原さんたちはまず、若い世代が地域の問題について議論する場として色川青年会を復活させた。今何とかせねば20年後の色川はないのではないかという強い危機感のもと、「田畑を守ろう」「人を増やそう」が中心課題だったという。青年会には、地元か移住者かは関係なく30代、40代の人々が30人くらい集まった。

『色川だより』

1992年には、青年会によって『色川だより』が創刊された。『色川だより』は1998年までは年2回、その後現在まで年1回発行されている。発行主体は色川青年会から、那智勝浦町公民館籠分館・色川分館・妙法分館、色川地域振興推進委員会と変遷しているが、特に創刊号からしばらくの間連載された原さんによる「色川の現状」は、危機意識が強く伝わるものである。

創刊号にはこうある。「保育所の存続問題が毎年取り沙汰されます。もし保育所がなくなれば、そのうち学校もなくなるということで、そうなれば色川地域の後継者もなくなり、自然と色川もなくなってしまうという事になります。まさに今、真剣に若者が定着できる受け皿を考えようとしなければ、色川のこれからを語ることなど出来ません」。耕人舎の受け入れで保育所問題は一件落着したのではなく、程度の差はあれ毎年この問題は継続していたのだ。

1995年の8号でもまた原さんは、「若者の定住がとだえれば地域は滅びる。そのためにも保育所をなくさないよう」と書いている。1999年の15号では、「保育所園児数が来年度2名に。平成5年から町営になってほっとしていたが。定住希望者は、保育所があるか、同級生がいるか、小学校は何人かと聞いてくる。空き家や農地が紹介できないことで深刻な事態に」という内容を伝えている。

▼▼▼移住者受け入れ体制を整える

ちょうどその頃、1991年に第4期山村振興計画を策定するにあたり、那智勝浦町は特に人口減少・高齢化が顕著な地域の区長連合会に対して、必要な施策を提案するよう求めた。色川では、区長連合会でこれに対応することは難しいと考え、色川地域振興推進委員会を発足させた。各集落から区長らの代表者が委員となったが、30人の委員の中には移住者も8人いた。原さんも加わった。初代会長には、榎本さんが就いた。

委員会では、公園や道路整備などを議論したが、移住者から定住受け入れを委員会の活動とすることが提案された。それまでは、移住者が移住者を受け入れてきたため、移住者が地域の中で異質な存在にとどまっていることに対する危機感があったからだという。こうして1992年に、委

籠ふるさと塾
［提供（以下、本章の写真すべて）：色川地域振興推進委員会］

員会の中に「体験班・実習班・定住促進班」が設置され、問い合わせ窓口は役場が担当し、体験プログラムの中で地元住民と触れ合える機会を設け、定住に際しては委員による集団面接を実施するというプロセスが確立した。

この体験・実習を受けるための滞在施設として、1977年に閉校になっていた旧篭小学校の校舎が国費・県費によって改修され、1995年に町立の新規就業者技術習得施設「籠[4]ふるさと塾」となって生まれ変わった。1970年に新築されていた校舎は、閉校後も西部地域の公民館として住民によって大切に管理され活用されていたからこそ、色川全体の地域課題解決のための重要な拠点となったのである。

▼▼▼色川版移住者受け入れ

しかしながら、移住者を切望しながらも、誰でもいいと簡単に受け入れるわけではないところが、色川の移住者受け入れの特徴である。体験や実習を重ねて移住希望者はその実現可能性を探り、地域住民も移住前から希望者に出会うという、いわば「お見合い」「マッチング」を丁寧に行う。色

4　校名は篭小学校で、籠は学校が立地した田垣内の字名である。

川の中でも奥地に位置する籠ふるさと塾に宿泊した人は、定住する率が高いそうだ。ふるさと塾にやって来て、ここまでの「田舎」だと思わなかったという人はそこでリタイアするという。

現在、実習はなくなったそうだが、一般的に移住希望者が5日間かけて地元住民や移住者の計15軒を訪問するという方法は踏襲されている。15軒というのは、たくさんの人に会ってほしいということである。移住希望者にとっては色川の暮らしを実際に見て、住民と直接話をすることができる。住民にとってもどんな人が来るかがわかり、事前に移住希望者とじかに接して、思いを伝えられる機会になる。訪問する15軒は、定住促進班が希望者の家族構成や移住後に希望する生活などに基づいて選ぶ。5日間で15軒というのはハードルが高いように思えるかもしれないが、昨今では移住者を呼び寄せるために行政が主導してサービスを提供することを売りにするところが多い中、しっかりと地域の現実を見て自らの移住の意志を確認する機会として、色川ではこの方式が編み出されている。また、こうすることで、どのような移住者が来るのか住民側にも事前知識が入るので、移住後すぐに困りごとがあっても助けることができるし、移住者も誰に相談したらいいかがわかるという利便があり、結果的に定住促進につながるという。

私たちの聞き取りでも、子どもを伴ったある家族は3月末に移住してきたのだが、春休みの間、毎日地域の子どもたちが遊びに誘ってくれ、4月の新学期にスムーズに学校に転入できたという話を聞いた。どのような家族が転入してくるかの情報が地域住民や子どもたちに共有されており、温かい受け入れ準備につながっているエピソードである。

なお、従来は移住受け入れの決定を地域振興推進委員会で行っていたが、現在は各集落に任せて

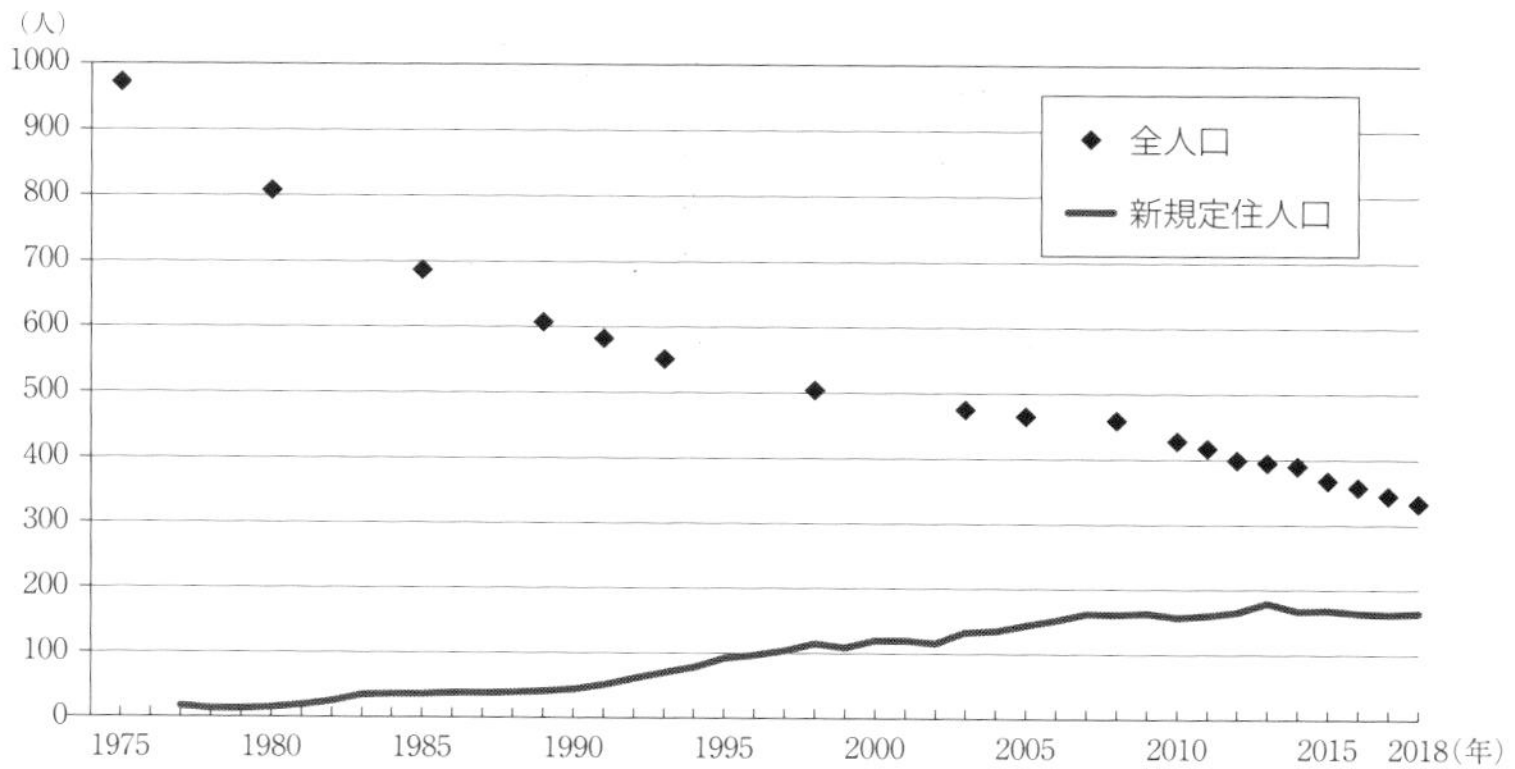

図 3.1　色川の人口および新規定住人口の推移
出所：色川地域振興推進委員会（図 3.2、図 3.3 も同じ）

いる。その結果、移住者への各地区住民の主体的・直接的なかかわりがいっそう進展している。

❸ 移住者の多様化と活発な地域活動

▼▼▼移住者の増加と傾向

地域でのさまざまな取り組みが功を奏して、色川への移住者はどんどん増えた。図３・１に見るように、地区内人口が減少する中で、新規定住人口は増えている。

その結果、年齢構成も大きく変化した。図３・２の年齢別人口ピラミッドを見ると、地元民の高齢化に対して、新規定住者が40代以下のほとんどを占めていることがわかる。30~40代と14歳以下が多いことは、子どもを持つ世帯が一定数定着している証である。４歳以下の数字は、将来の保育所や学校の在籍予定数としてカウントできる。私が色川を訪れていた期間は、「ベビーラッシュ」ともいえる状況が見られた。小さな地域なので、小さなベビーラッ

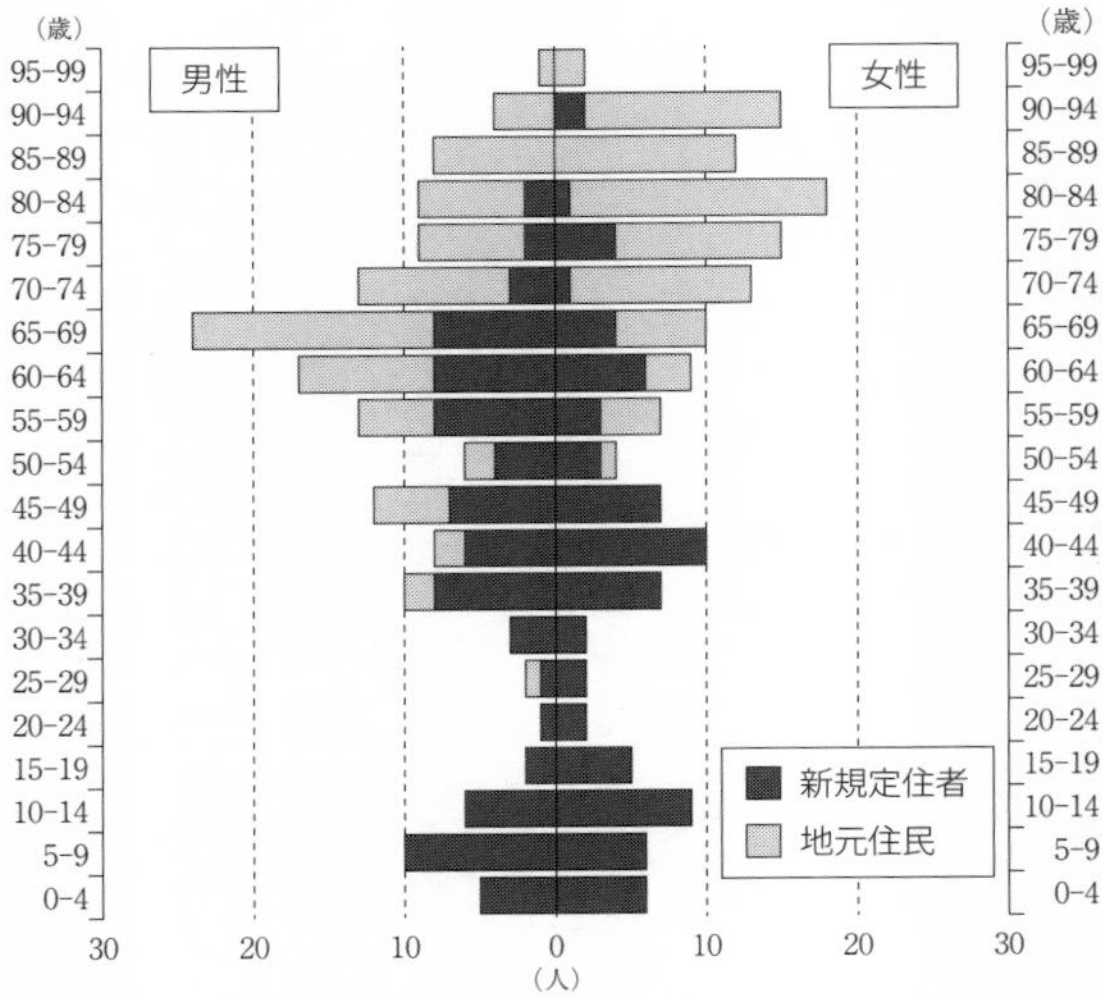

図 3.2　色川の年齢別人口ピラミッド（2018 年）

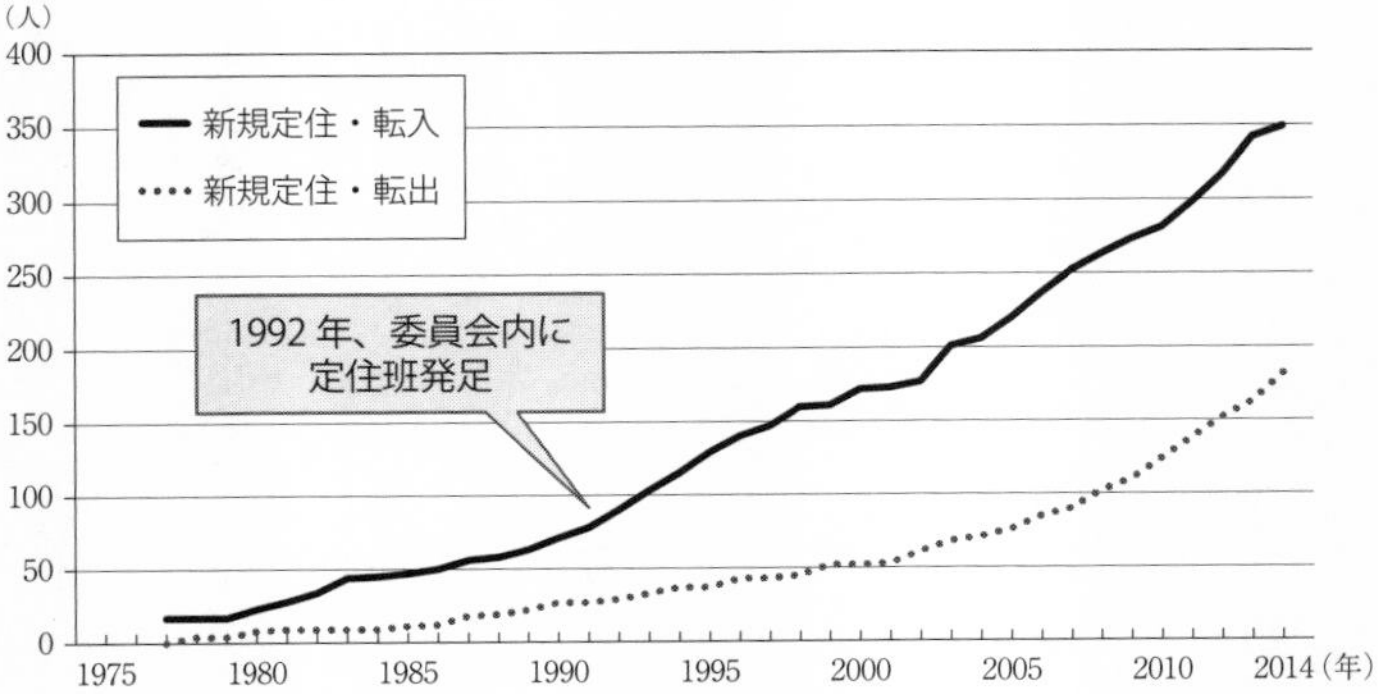

図 3.3　色川の新規定住者転入・転出数の推移（累積）

シュでも大きな話題だった。

しかし一方で、新規定住者でも20代が少ない。すなわち、地元か移住者かを問わず、子世代の転出現象は継続しているのだ。また、図3・3によれば、移住者が必ずしも定住せずに転出していることも確認できる。特に最近になって多いのは、親などの介護のために転出するケースである。

なお、Uターン者もいるが、色川ではUターン者は地元住民に分類されている。一般にIターンが増えるとUターンも増えるといわれるが、色川ではUターンがそれほど増えていないようである。

▼▼▼移住者の多様化

移住者の受け入れ方法が定着し、数が増えたことで、移住者の多様化が進展した。

先述したように、1983年から1990年頃までの移住者は、30代の夫婦もしくは子連れ世帯が多かった。彼らは有機農業や食の安全、田舎暮らしに対する関心が高く、自給自足を目指した。最低限必要な現金を得るために、地区内でできる仕事（学校給食調理員やスクールバス運転手など町の臨時職員、草刈りや大工の手伝いなど）や近隣の町でのアルバイトをしたが、あくまでも農を中心とする生活スタイルを維持していた。したがって、この頃の移住者の価値観は、ある程度均質化していたといわれる。

しかし、地区としての公的な受け入れを始めた1990年代半ば以降は、だんだんと移住者の属性や移住経路が多様化していった。子連れ世帯の移住はさらに活発になり、40代以上の世帯が増えたり、リタイア後の移住も見られるようになった。大都市圏出身者が多いが、色川に転入するまでに他地域で移住経験を持つ場合もある。色川を知った経緯も多様化し、メディアを通じてだけでなく、友人や親類など個人的なつてによるものが増えた。移住者の就業形態も変化して、夫婦のどちらかが地区外に通勤するという形が登場した。看護師や保育士などの資格を活かした職や、観光関連施設や商業施設の仕事などである。

さらに、2000年代になると、農業に携わらないケースが増えてくる。2002年から和歌山県で始まった「緑の雇用事業」の結果、林業に携わる場合が出現したのである。

緑の雇用事業は、森林の環境保全事業を展開することによって新たな雇用を創出し、この雇用をステップに都市から人口流動を進め中山間地域の活性化を図る施策として、2001年9月に当時の木村和歌山県知事が全国に向けて提唱したもので、2006年から国の施策となった。木村知事がこの事業を発想したのは、色川地区の移住者との対話がきっかけだったといわれる。

那智勝浦町森林組合が緑の雇用研修生を採用し、町内の森林は色川地区に集中しているため、研修生は色川に居住した。ところが、研修生は森林作業に従事するため、日常的に地域と関係を持つ機会は少ない。2年間の研修期間が過ぎて森林組合に正式採用されることも少なく、多くの者は去って行くが、中には町内や近隣出身の女性と結婚して色川に定住するケースもあった。

2000年代後半になると、集落支援員（2008年度）や地域おこし協力隊（2009年度）などの制度ができ、色川でも活用されている。色川では、地域おこし協力隊員4人のうち3人がその後も定住している。

このように、さまざまな制度によって多様な入り口ができたことで、流入が増えたものの流出もあり、流動性が高まった。また、初期の移住者は単身男性や家族連れでも男性主導のケースが多く、どうしたら女性に来てもらえるか悩んだというが、最近では移住窓口への女性の問い合わせが増えている。

以上のように、当初は自給自足の有機農業を目指すという明確な目的をもった移住者が多かったのが、移住動機や移住後の職業、生活スタイルなどが相当に多様化してきた。

なお、色川の移住者の背景を聞いて驚くのは、海外につながる人が多いことである。海外の大学や大学院に留学経験があったり、過去に青年海外協力隊の隊員であったり、外国に居住していた人もいれば外国人もいる。なお、かつては色川からもブラジルに移住者を送り出していた。

▼▼▼地域でのさまざまな活動

色川では現在、住民たちによるさまざまな行事や活動が行われている。表3・2に示すように、毎月何らかの行事やイベントがあり、住民の親睦を深めるためだけでなく、地域の文化や伝統を継承しようとするものも多い。移住者が活動の中心になっているものも少なくない。移住者は新しい活動を作り出すだけでなく、地域の文化や伝統を積極的に継承しようとするところが、色川の特徴である。また、催しや企画を色川の外部にも広く発信して、色川出身者だけでなく、新たに色川に関心を持つ人々にも届けようとしている。

地域活動としては、山里文化クラブ、色川うたごえの会、色川新聞舗、色川を明るくする会、色川花木園芸組合、色川鳥獣害対策協議会、色川青年会、色川堆肥組合、大野明るい里山森づくり

表 3.2　色川地域の行事・イベント（2018 年度）

月	行事・イベント（開催場所）	主催
1 月	お弓祭り、万歳楽（色川中学校グラウンド） 色川寄席（口色川会館） きのこ植菌体験（円満地公園） 狩猟体験ツアー	大野区お弓保存会 山里文化クラブ 円満地公園オートキャンプ場 NPO 地域再生ネットワーク
2 月	色川大文化祭（籠ふるさと塾） 狩猟体験ツアー	山里文化クラブ NPO 地域再生ネットワーク
3〜4 月	円満地公園の桜まつり（円満地公園）	円満地公園オートキャンプ場
4 月	花祭り（禅定林寺）	禅定林寺
5 月	棚田の田植え体験（小阪の棚田）	棚田を守ろう会
7 月	円満地公園のプール開き（円満地公園） 棚田の草取り体験（小阪の棚田） ブルーベリー摘み体験（各施設にて）	円満地公園オートキャンプ場 棚田を守ろう会 みなみ野フィールズ不動坂 平岡ブルーベリーファーム
8 月	色川盆踊り（円満地公園） 狩猟体験ツアー	色川盆踊り保存会 NPO 地域再生ネットワーク
9 月	円満地公園のプールじまい（円満地公園） 棚田の稲刈り体験（小阪の棚田） 狩猟体験ツアー	円満地公園オートキャンプ場 棚田を守ろう会 NPO 地域再生ネットワーク
10 月	西部地区運動会（籠ふるさと塾運動場） 大雲取地蔵尊 地蔵講（地蔵茶屋）	色川西部地区区民運動会実行委員会 宝泰寺（口色川区）
11 月	狩場刑部左衛門 例祭（狩場刑部左衛門神社） 棚田のしめ縄づくり体験（小阪の棚田）	狩場刑部左衛門遺徳顕彰会（樫原区） 棚田を守ろう会
12 月	円満地公園のクリスマス会（円満地公園） 狩猟体験ツアー	円満地公園オートキャンプ場 NPO 地域再生ネットワーク
通年	うたごえ喫茶 遊炭塾（炭焼き教室・燻製作り・インド料理）	色川うたごえの会 遊炭塾

の会などがある。[5] このうち、色川新聞舗は、２０１１年の水害以降熊野新聞以外の直接配達がなくなったため、町営バスで朝6時半に籠ふるさと塾に届いた新聞を住民が購読者に届けるもの。色川を明るくする会は、かつての杉やヒノキの植林によって景色が遮られ、日当たりが悪くなったり獣害に遭いやすくなったりしたため、不要な木を伐採して文字通り地域を明るくする活動を行っている。大野明るい里山森づくりの会も広葉樹を植えて明るい森づくりをしている。[6] 地域活動の中には、地域課題の解決を図るものが多い。

この他に各集落ごとの活動や行事もある。各集落にはそれぞれ神社と寺があり、集落ごとにカラーがあるという。神社の行事は集落の住民なら全員が出る。寺は檀家制であるため地元民が主になるが、移住者が参加する集落もある。公民館活動は、東部、中部、西部の３分館活動として各集会所などで行われている。

以上の活動のうち、西部地区運動会（籠の運動会といわれる）と色川大文化祭を紹介しよう。

▼▼▼籠の運動会

籠の運動会は、旧篭小学校が色川小学校に統合したあとに始まり、毎年行われている。

統合したとき、篭小学校の教頭だった山本昌之先生は、色川小学校に教頭として異動したが、そのまま籠の教員住宅に住んでいた。何かあったときに連絡しやすいからいてほしいという、籠の保

5　『ええわだ!!　色川』（色川ブランド研究会、２０１８年11月発行）による。
6　コロコロランドと名のつく森の一帯は、子どもたちのために整備され活用されている。

籠の運動会での「色川の縄ない競争」の様子

護者たちの要望があったからだという。統合後、籠の地域が寂しくなったという住民の声に、山本先生は運動会の復活を提案した。もともと篭小学校の運動会は、地区住民も参加する形で行われていた。それを地域の運動会として再開し、色川小・中学校の子どもたちも参加するということになった。現在は学校行事として代休が振り当てられている。

旧篭小学校の運動場は広く、高台にあるので見晴らしがいい。そこに、子どもからお年寄りまで数百人が集う。参加者が多いのは福引も人気を集めているからで、色川以外からの参加もある。幼児、小・中学生、一般、高齢者、有志、全員に分類された出場者がさまざまな競技を競う。その中に「三角綱引き」という種目がある。三角形にした綱の頂点の後ろに旗を立て、綱を引っ張り合って自分の後ろの旗を取ったチームが勝ちというもので、人数が少なくても楽しめる競技として山本先生が考案した。「色川の縄ない競争」(写真)、お年寄りから子どもまで全員が走る「全員リレー」などもあり、学校の運動会の種目と重なるものも多い。終了後には食事を伴う交流会があり、校長先生や教員も参加する。

ある年、籠の運動会の2日後、町営バスの中でたまたま乗り合わせたお年寄りの方々が運動会を話題にしていた。「楽しかったねえ」、「でも、西部の人は大変。自分らは何もしないで遊ばせてもらっている」。そして、もらった賞品について楽しそうに語り合っていた。

▼▼▼色川大文化祭

色川大文化祭は山里文化クラブ主催で、毎年2月末頃に籠ふるさと塾で開催される。2019年で11回目を数えた。私が見学した第10回の演目は16種目で、一日かけて行われ、保育所の園児たちによる歌の発表に始まり、踊り、合唱、空手演武、劇、バンド演奏などが続いた。劇はオリジナルで脚本も住民の手による。2月は農閑期とはいうものの、多忙な住民たちが夜に時間を合わせて練習を行うのは大変なことだと思われるが、練習風景を一度見学したところ、熱心に練習していた。

色川大文化祭の様子

当日は、会場がいっぱいの人で埋まり、手作りの食べ物が所狭しと並んで売り出される。また会場の廊下などには、保育園児や小学生の絵や自由研究なども展示され、絵や木工、刺繍、生け花など公民館活動の成果が出品されている。学校の教員が見学に来ている姿も見られた。

❹ まとめ――移住者の増加と住民の多様化がもたらした〈逆説〉

以上で見てきたように、色川では保育所と小中学校の存続を願って、移住者が受け入れられてきた。色川流といえる受け入れ制度を整えて、地域の歴史や文化を大切にするような移住者の受け入れを推進してきた。その結果、移住者は増加したが、移住の動機や目的、経路などが多様化し、色川での生活スタイルや人々の価値観も多様になった。一方、地元の人たちは高齢化している。移住者の年齢層も幅広い。地形的には広い地域に集落ごとの特徴がある。人口たった三百数十人とはいえ、色川の中にはたくさんの〈色〉があるといわれる所以《ゆえん》である。

多様化は強みであると同時に、時には弱点ともなる。どのような地域をつくりたいのか、どのような地域であってほしいのかという議論がしにくくなったといわれている。また、移住者受け入れの〈成功例〉として外から色川が語られることは、内部で地域課題を見えなくさせているという側面がないだろうか。地域の持続可能性を求め、よりよい地域づくりを目指して行ってきたことが、ある意味では〈逆説〉的に機能しているといえるのかもしれない。

2　学校と地域の〈距離〉

ここでは学校と地域の関係に焦点を当て、〈距離〉をキーワードに見ていく。

❶ 学校統廃合がもたらしたもの

地域の学校をこれ以上なくさない。それが、移住者受け入れの大きな動機だった。それには、過去の学校統廃合の苦い経験もベースにあった。色川地区での学校統廃合の歴史とそれがもたらした影響をみていこう。

▼▼▼3 小学校の沿革

色川にはかつて、色川小学校（中部）、妙法小学校（東部）、篭小学校（西部）の3校があった。[7]

1875（明治8）年1月に、大野村・口色川村・田垣内《たがいと》村の連立によって、それまで寺子屋だった大野村の楞厳院《りょうごんいん》を仮用して小学校が創設された。しかし、1882年に3村が分離したため、それぞれ大野、秀名（口色川）、田垣内の各尋常小学校を新たに開設、その3年後には3校が再び大野尋常小学校に合併した。これが色川小学校の前身である。1889年に町村制の施行によって、大野・口色川・小阪・南平野・熊瀬川・田垣内・坂足《さかあし》・樫原《かしわら》・直柱《ひたはしら》・高野の各村の区域をもって色川村が発足した。

一方、妙法小学校の前身は、1876年に創設された厳守小学校とされ、その後、南平野簡易小学校に改称された。校区は南平野・小阪・熊瀬川だった。

篭小学校の前身は、1891年に大野尋常小学校から分離して創設された田垣内尋常小学校である。校区は、田垣内・坂足・樫原・直柱・高野である。大野尋常小学校に通えない樫原と坂足の児

7　校名は正式には篭小学校で、学校沿革史にも1955年4月1日に「篭小学校に改称」とされ、校歌も「篭小学校」とある。本稿でも正式名称を用いるが、統廃合後の1979年11月に発行された『ふるさとのあゆみ――色川西部（田垣内・坂足・樫原・直柱・奥中ノ川・高野）』など、今日でも「籠小学校」が使用されることが多い。

童は樫原簡易小学校に、高野と直柱の児童は高野の寺院を仮用した学校に通っていた。

以上の3校はその後、色川尋常高等小学校、色川第一尋常小学校、色川第二尋常小学校と改称、国民学校令や戦後の学校教育法に基づく改称をさらに重ねたが、中部を中心に、東部の学校を第一、西部を第二とするのは変わらなかった。色川村の中の3つの小学校という名づけである。それが1955年の那智勝浦町発足に伴って、色川第一小学校が妙法小学校、色川第二小学校が篭小学校となった。なお、戦後の新学制施行によって色川国民学校高等科が色川中学校となった。

このように色川では、校名は変われど小学校が3校というのは長い歴史を有していた。ところが、篭小学校と妙法小学校の2校がそれぞれ統廃合によって廃校になった。篭小学校の場合は地域に大きな試練を強いたが、妙法小学校ではあっけなく決まったという。廃校舎活用も両者では違った。

▼▼▼篭小学校の統廃合

広い山間部を校区とする篭小学校校区は戦後、鉱山の廃止や林業・炭焼きなどの不振などによって、高度経済成長期に離村する者が増えた。篭小の児童数は、明治末頃から百数十人を保っており、戦後も1961年度までは100人を超えていたが、1968年度には50人を切り、1970年代になると30人、20人と急激に減少した。[8]
そういう中で児童の保護者から統合の要望が出されるようになったが、それが住民課題となったのは1974年度からである。この年の児童数は18人だった。しかし、話し合いは平行線をたどるばかりだったと記録されている。育友会での保護者の意見は、少人数の教育の持つ課題を懸念して、統廃合を望むことで一致していたが、地区住民は学校がなくなることへの抵抗感を抱いていた。学校がなくなれば地域が寂れる、地域が寂れれば過疎がさらに進展することを危惧したのである。

篭小学校では、かつては児童の発表会を学校ではなく各地域を回って行っていた。その様子が、閉校時に地域で編まれた『ふるさとのあゆみ』に掲載されている。１９４８年頃に赴任した教員の回想である。

> 田植も終り暑い短縮期間の午後の山道を、楽器や小道具をそれぞれ持った教師集団（男２人、女５人）が、今日は坂足の寺、明日は樫原の寺、次は高野の民家、中の川、田垣内のクラブへと５日間練習会と名のつく一学期発表会兼父母懇談会に勇んで足を運んだものです。ベビーオルガンの背負い縄が肩に喰い込み、手に持った児童の成績、作品の重みを我慢しながら会場に着いたが、その時の汗がとても心よい感じを覚えました。テレビのない時代でしたので一種田植終了後のオヒマチの慰安行事の一役にもなったと思います。父母は勿論のこと、老人、幼児も児童の発表ごとに心から拍手をおくってくれました。
>
> 会終了後、父母によるご馳走が、これ又格別の味で、地区毎に献立と味が異なり楽しみの一つでした。

8　統廃合等の記述は、『篭小学校沿革史』や『ふるさとのあゆみ』、冨井恭二（2016）「色川小学校と篭小学校、妙法小学校の統合について」（ＪＳＰＳ科研費（JP25381150）成果報告書）のほか、関係者への聞き取りに拠っている。

1934年に作られた児童文集『かりば』は閉校時まで継続され、地域にも配布されていたという。公民館がないため学校の講堂が地域の集会所として兼用されており、学校の運動会が地域の運動会でもあった。

学校統廃合では、一般に統合を願う保護者と反対する地域住民との間に葛藤が生じるといわれるが、篭小学校の統廃合をめぐっても同様だった。少人数であることを子どもの教育環境として問題だと考える保護者たちは若い世代であるのに対して、地域と学校の歴史的な結びつきを重視して反対する住民たちはそれより年長で地域の有力者もいる。育友会と地域住民の対立は深まった。

もっとも、そう単純には言いきれない事情もあった。住民たちの反対の背景には、戦前の一時期、独立校になったにもかかわらず、田垣内の児童が大野の色川尋常高等小学校に徒歩通学させられたという歴史があったともいわれる。一方、保護者たちは、児童数減で同じく危機に立つ色川小学校と統合することで色川に学校を残し、そうすればまた地域が活性化して籠に学校が復活するかもしれないというように、地域の将来を考えていたという。また、少人数であることを弊害だと考えるといっても程度の問題で、1976年度の全校児童数9人というのは保護者たちにとってはさすがに少なく、希望する規模は20～30人だった。

膠着《こうちゃく》状態を打開すべく、町教育委員会が直接乗りだしたのは1976年11月、年が明けて学校問題協議委員会を設置して話し合いを続けるが結論に至らず、ついに1977年3月に町教委が色川小学校への統合を表明、3月30日に篭小学校の一時閉鎖決定が通知された。

地元側が統合受け入れに関して町教委に出した要求は、①廃校ではなく休校にすること、②スクールバスの運行、③地区による校舎の管理と町からの補助、の3点だった。②③が了承されたことで、①に関しては翌年度末をもって廃校となった。こうして、1977年4月から同地区の児童は色川小学校に通学するようになった。スクールバスは、現在もスクールカーとして運行している。

なお、当時の育友会長は、統廃合をめぐって地域内で深刻な対立が生じたが、「反対があってこそ議論ができたし、校舎活用や運動会、スクールカーなどの条件が出せた」と振り返っている。[9] 廃校後も校舎や運動場の活用が進み、毎年運動会が実施されたり、籠ふるさと塾として再生したことはすでに述べた。籠ふるさと塾の周辺に町営住宅があり、移住者が住むことで常に地域に子どもがいる。

▼▼▼妙法小学校の統廃合

籠小学校に比べて、妙法小学校の統廃合にはほとんど反対もなかったようだ。[10] 同校校区には妙法鉱山[11]があり、1959年には児童数182人を数えたが、1962年に鉱山整理によって家族が集団移住していったため、児童数も1962年の129人が翌年には63人に落ち込んだ。その後も減

9 運動会の件は前述したように、当初に出された条件ではなく、統合後に発案された。
10 妙法小学校の統廃合の話は他人事ではないと考えた榎本さんたちが、渦中の妙法小学校を訪れたところ、当時の校長に、校区住民が誰もこのことで学校に来たことはなく榎本さんたちが初めてだと驚かれたという。
11 妙法鉱山とは円満地鉱山などを総称した名称で、銅を産出していた。歴史は古いが、本格的に操業が始まったのは石原産業に経営権が移った1938年である。戦後の1954年に石原産業から三菱金属に経営権が移ったが、まもなく銅価格が暴落し1972年に閉山となった。

少を続け、篭小学校と同程度の児童数で推移した。
妙法小学校の統廃合問題がいつから出てきたのかは明らかではないが、学校沿革史では1991年度に「かねてよりうわさをされていた学校統廃合問題」との記述が出てくる。1992年度に児童数減少に伴い子どもを他校へ転校させたいという保護者の要望があり、町教育長と課長が来校して校区区長を呼んで休校に対する意向を聞き、保護者の意向に従うしかないということで休校が決定した。統合相手校は色川小学校ではなく、町の中心寄りにある市野々小学校だった。妙法小学校卒業生の進学先は、統合以前から色川中学校と那智中学校の選択が可能で、実際には多くが後者に進学していた。[12]
廃校後の校舎や敷地の活用はない。敷地に町営住宅が建てられ、一時住む者もあったが今は空き家である。校舎は朽ち果てたまま残っている。[13]

▼▼▼色川小学校・中学校の概要

1993年以降、色川地区内の小学校は色川小学校1校だけとなった。隣接して色川中学校がある。色川小学校の児童数は、大正時代には200人を優に超えていたが、昭和になって100人台に減少し、戦後しばらくはまた200人前後を数えるようになったものの、高度経済成長期から減少が続くようになった。1964年に100人を、1970年に50人を切った。1975年以降の児童生徒数（入学式時点）を示した表3・3に見るように、耕人舎が最初に色川を訪れた1975年は24人だった。1985年に30人を数えたことはあったが、その後は20人台、10人台と推移する。

表 3.3　色川小学校・中学校の児童生徒数（人）

年度	小学校	中学校	年度	小学校	中学校
1975	24	36	2005	17	11
1980	20	17	2006	15	10
1985	30	13	2007	14	12
1990	16	18	2008	18	11
1995	19	14	2009	17	10
1996	20	10	2010	17	6
1997	25	10	2011	13	12
1998	23	11	2012	13	11
1999	20	11	2013	14	8
2000	20	13	2014	12	8
2001	19	11	2015	16	6
2002	19	10	2016	17	9
2003	15	12	2017	19	4
2004	17	12	2018	17	6

出所：色川地域振興推進委員会

一方、色川中学校の生徒数は１９７５年以前は未確認だが、１９７５年度36人が１９８０年には20人を切り、その後は10人台で推移するも、２０１０年以降は1桁になることも多い。

竃と妙法の２つの学校統廃合によって、色川小学校の児童数が大きな影響を受けるということはなかった。それでも、小学校・中学校ともに少人数ながら在籍数をなんとか維持している。保護者世帯に占める移住者家庭の割合が増加して、現在では１家庭を除いて移住者である。これは、必死に移住者の受け入れを進めてきた結果だ。移住者が来ていなかったら、学校の存続は危うかった。

実は、那智勝浦町では、２０１１年と２０１３年

12　１９８２年に色川中に赴任した教員によると、妙法学区から色川中に進学する子もいたが那智中に行く子もいたので、色川中の「顔を売らないと」と思って、妙法小学校の運動会に色川中学生も連れていったという。

13　妙法小学校に残されたピアノが復活した話がある。２０１４年に作曲家兼ピアニストの中村天平さんが色川中学校でのコンサートに向かう途中、妙法小学校を訪れて壊れかけたピアノを発見した。それを聞いた色川の人たちが調律師に診てもらい、町にかけ合った結果、移設が認められ、２０１６年に熊野市の旧神川中学校で復活公演が行われた。

表 3.4　那智勝浦町立小中学校在籍者数（2018 年度）（人）

小学校	在籍者数	中学校	在籍者数
宇久井小学校	136	宇久井中学校	81
市野々小学校	35	那智中学校	166
勝浦小学校	271	色川中学校	6
色川小学校	17	下里中学校	69
太田小学校	38		
下里小学校	96		
計	593	計	322

出所：那智勝浦町教育委員会

表 3.5　色川小学校の学年別児童生徒数
（2014 ～ 2018 年度、入学式時点）（人）

年度	小学校						中学校		
	1 年	2 年	3 年	4 年	5 年	6 年	1 年	2 年	3 年
2014	3	2	4	0	2	1	5	0	3
2015	5	3	2	4	0	2	1	5	0
2016	2	5	3	2	5	0	2	2	5
2017	2	2	5	3	2	5	0	2	2
2018	3	2	2	5	3	2	4	0	2

出所：筆者作成

に2つの小学校がそれぞれ統廃合して以降、町内の小学校は6校、中学校は4校を保っている。在籍者数は表3・4のようである。規模の小さな学校が多い。しかし、町では2018年度の時点で、これ以上の統廃合の計画はないということだった。学校規模ではなく校区の広さを考えてのことである。

色川地区内での統廃合の結果、色川小学校の校区はかなり広くなった。[14] 小・中学校への各集落からの距離は概ね、南平野10㎞、小阪8㎞、口色川3㎞、熊瀬川5㎞、田垣内4㎞、坂足6㎞、樫原7㎞、直柱6㎞である。このうち、2018年度現在で実際に通う子どもがいるのは、学校がある大野・口色川・田垣内・熊瀬川であり、先述したように田垣内からはスクールカーが出ている。移住者も、大野や口色川に住む場合が多い。

2014年度から2018年度までの学年別児童生徒数は、表3・5のようである。小学校で

旧色川中学校の校舎

旧色川小学校の校舎

は２０１４～２０１６年度は複式２学級と単式１学級、２０１７年度以降は複式３学級編制である。中学校では複式学級編成は行わず、２０１６年度以外は欠学年がある。

❷校舎新築がもたらしたもの

校舎の建て替えは色川地域住民の悲願だった。それは叶ったが、その過程とできあがった新校舎によって皮肉にも地域と学校の間の〈距離〉が遠くなったのではないかという側面がみられる。それはどういうことか。

▼▼▼建て替えの経緯

色川小学校の旧校舎は１９６３年、中学校の旧校舎は１９５３年に建てられた。道路を挟んで両敷地は隣り合っているとはいえ、中学校の敷地は道路よりかなり低いところにある。

両校舎が半世紀以上を経て老朽化が進展していることは、地域の人々にとって焦眉の課題だった。しかし、小中合わせても児童生徒数が30人程度という極小規模の学校校舎が新築されるというのは、

14　色川小・中学校はへき地校３級の認定を受けている。

なかなか叶うことではない。それが実現したのである。

きっかけは、２００９年頃に校舎の耐震性が問題となったことだった。２０１０年１月の選挙で当選した町長の公約に、色川小学校・中学校の校舎建て替えが入っていたことは僥倖《ぎょうこう》だった。同年に町が過疎地域自立促進特別措置法に定める過疎地域指定を受け、過疎債の活用が可能となったことも後押しした。しかし、翌年９月の台風23号の接近で、那智勝浦町にかなりの被害が生じた[15]。そのための復旧工事[16]や、また町立病院の建て替え計画などが並行して進んでいたこともあり、校舎建て替えはスムーズに進行しなかった。２０１０年11月に町長からの要望で、色川地区区長連合会の中に学校建設準備委員会を設置し、地元で協議を開始していたが、２０１２年２月にいったん中断、計画も凍結された。


準備委員会が再開されたのは１年後である。過疎債による予算執行限度が２０１５年度ということで、計画を加速させねばならなくなった。２０１４年３月に町と教育委員会、色川地区の代表による色川小学校・中学校建設検討委員会が発足し、計７回の検討委員会の開催後、２０１５年５月に町議会において建設予算が可決承認された。10月に着工、翌２０１６年８月に竣工した。

▼▼▼新校舎

新校舎は小学校の敷地に建てられ、色川小学校・中学校は校舎と校庭を共有する小中併設校になった。２階建て校舎の１階が小学校、２階が中学校となっている。

１階南向きに玄関があり、東西に伸びる中廊下を挟んで、玄関の正面に校長室、その隣に小学校

色川小・中学校の新校舎

職員室、調理室があり、廊下の南側に教室が3つ並ぶ。今後も複式学級編制は変わらないという想定のもとで、教室はそれまでの5分の3程度の広さにとどまった。児童数が増えて3学級以上になったときには、1つの教室を2つに分けて使うしかないという。

複式学級のため、黒板の位置は教室の前後にするか、L字型にするかが検討された。前後にすれば児童の気が散りにくいが、教員にとってはL字型の方が効率的に動ける。その代わり、廊下側に窓は設置できない。結果、L字型が採用された。

体育館は建てられなかった。玄関を入って左手の講堂を各種行事や体育の授業で使用するが、舞台はなく天井も高くないので、できる競技は限定される。

2階には、廊下の北側に中学校職員室、その隣が相談室、書庫、調理室から給食が上がってくる昇降室と並び、その隣は美術室と技術室がアコーディオンカーテンで仕切られるようになっている。廊下の南側には、資料室、ランチルームとして使用される多目的室、中学校の教室が3つ並ぶ。中学生の教室もかなり小さい。1階の講堂の上階には図書室、それに並んで理科室、家庭科室、コン

15 色川地区でも大きな土石流が発生して、死者1名、全壊家屋9棟、大規模半壊4棟、半壊3棟、農地被害3・86ヘクタールの被害があった。

16 町立市野々小学校は校舎被害によって、その後1年半にわたって勝浦小学校校舎を借用した。

ピューター ルームがある。音楽室はなく、音楽の授業は講堂で行われている。

校舎の南に校庭があり、その一角に保育所があるのは変わらない。旧中学校の校舎は解体され、校庭だけが現在も使用されている。教職員の駐車スペースは、新校舎の北側にある。

▼▼▼地元の要望との相違

地域では準備委員会の段階から、他校の見学に行ったりして話し合いを重ね、以下のような要望を町教委に出していた。

①色川小学校・中学校は併設校とする。
②現小学校の敷地に小・中学校の合同校舎を建てる。
③現中学校の敷地に体育館、保育所を建設する。
④小・中学校の運動場は現状通り、それぞれが使用する。
⑤コミュニティルームを一部屋設置する。
⑥その他詳細に関しては、学校建設検討委員会設立時に小・中学校育友会、保育所保護者会、色川地域の代表者等と検討し決定する。

しかし最終的には、体育館と保育所、コミュニティルームに関する要望は叶わなかった。

当初の地域の要望では、中学校跡地に体育館をということだったが、学校の観点からは、雨天時に道路を隔てて体育館に降りていくのはありえないものだった。新校舎の北側に体育館を建てるという構想もあったようだが、予算的な問題から当面建てないという方向に修正され、最終的に建設は取りやめとなった。

もともと小学校にも中学校にも体育館がなく、講堂を使用していた。したがって、体育館建設が地域にとっては念願だったのである。『色川だより』創刊号（1992年）に、「（色川の人は何事にも消極的だという文面に続いて）体育館の要求にしても然りです。雨の多い色川で体育館も建ててもらえない色川の子供達、可哀想だとおもいませんか？」という住民の声が掲載されている。それから20年、住民たちは大きく声をあげたが、それでも通らなかった。

また、大野保育所は、先述したように地域の会館を使用してスタートしたが、老朽化が激しいため、1993年に町営となると同時に小学校の校庭の一端にプレハブを建てて移った。実は、校舎の1階の教室の1つを改修して分離し、保育所にするという計画もあったようだが、騒音や安全性の問題が出てきて校庭への設置になったという。保育所独自の園庭はなく、園舎も手狭で、最近になって近くの旧農協会館の1階を利用できるようになったものの、十分な保育環境とはいえない。よって、保育所の新築もまた、地域にとっては切実な要望だった。しかし、中学校校舎跡に保育所を移転新築するという要望も、実現されなかった。学校と保育所では管轄が異なるということも、一体として進まなかった要因であるといわれている。保育所の新設の際には、中学校校舎の不要になった資材を利用できないかという声もあったという。

さらに、色川の各集落には、会館など集落の住民が集える場所があるものの、色川地区全体を集約する公民館や自治会館というようなものはないため、地区住民が集える場所としてコミュニティルームの要望が入っていた。しかし、予算削減によって校舎の設計が大きく縮減する中で、これも実現しなかった。

他にも、新校舎は色川材を使用した完全木造校舎とする要望が強かったが、コスト面から実現せず、耐震性を考慮して鉄骨造に木材使用となった。当時の町長も当初は色川材を使った校舎にして全国から見学者が来るようなモデル校にしたいという思いがあったらしい。旧小学校の赤い瓦屋根は、児童だけでなく地域の人々にとっても愛着のあるものだったため、新校舎でも赤い瓦屋根が採用された。

▼▼▼新校舎によって生じた〈距離〉

新校舎は明るくきれいで、水洗トイレもできて、子どもたちや教職員だけでなく、保護者や地域の人たちももちろん喜んでいる。しかし、校舎建設をきっかけに地域と学校の距離をもっと近づけることもできたのに、むしろ遠ざけてしまったのではないかと思われる点がある。

一つは、コミュニティルームの設置が叶わなかったことである。校舎を学校教育のためだけではなく、広く地域に開放して学校と地域の連携を深めようとする取り組みは、文部科学省も推奨して全国の多くの事例が紹介されている。コミュニティルームは住民たちの交流や活動の場であるだけでなく、学校に日常的に地域住民がいるようになれば、地域の情報が学校にも入ってきやすく、教育活動への協力依頼や活動の相談もしやすい。色川小学校には学童保育がないが、それに代わる取り組みも発案できたかもしれない。

次に、体育館が断念されたことは、教育活動上の制約だけでなく、学校の災害避難場所としての機能が不十分という課題を残した。２０１１年の水害では、色川一帯にも深刻な被害が出て、まだその爪痕は残っている。近年、自然災害により想定外の事態が多発する中で、避難場所の確保はさらに重要性を増している。色川は高齢化率が高く、高齢者の中には早めに避難したいという者も多い。新校舎でももちろん役場職員である地域住民が学校の鍵を開けるが、保管場所がないために畳がなく、実際にはここに避難する人はいない。毛布や水などの備品は2階資料室に保管されている。

最後に、心理的な〈距離〉についても触れたい。これは色川に限らず、校舎が建て替わると、それまでの卒業生にとっては心理的な〈距離〉ができるのは一般に見られることであろう。しかし、色川のように過疎化傾向にある地域では、とりわけ心象風景としての校舎の存在は大事である。新校舎はそういう意味で、地元に住む住民だけでなく、地区外や県外に出て行った卒業生が帰ってきたときに立ち寄り集える場所としてはどうしてもよそよそしくなる。また、中学校校舎を残して活用したいという声もあったようだが、叶わなかった。校舎の新築と旧校舎の解体は、学校と地域の関係に影響を与えてしまうのだ。

▼▼▼声をあげることへの躊躇

当初の予定通りに建て替え計画が進まず、地域の要望も十分に反映されなかった背景には、自然災害や町行政にかかわるさまざまな問題が重なったことがあり、住民たちはそれらの経緯を熟知しているがゆえに、建て替え計画そのものが頓挫することがないようにと期待レベルを下げざるをえなかった。途中で何度も新校舎はできないのではないかと思ったという。こうした経緯の中で、地域と学校、教育行政がともに話し合い、一緒になって計画を進めるということも難しくなった。

しかも、ようやく新校舎の着工というときに、町議会で異論が出て入札が延期されるという事態になった。色川の人たちは、議会への陳情や議員への説得など精力的に動いた。町教育委員会としても、教育長をはじめ計画を粘り強く進めたようだが、一時は白紙撤回になるのではないかという深刻な状況になった。そのとき、これだけ小規模の学校がなぜ統合しないのか、なぜ校舎を新築するのかという「町の人」たちの声が聞こえてきたことは、色川住民にとってはショックだったという。急きょ色川を知ってもらうためのイベントを企画し、実施した。このことは、全国への発信はよく行ってきたが、近くの町の人たちへの発信が十分ではなかったのではないかという反省をもたらした。

このような経験は人々に、学校のことで声高に何か言うものではない、何があるかわからないという思いを植えつけた面もあったと思われる。中学校校舎に関して保存を望む声もあったが、それに反対する声の方が強かったという。校舎の活用方法や維持するための条件など難しい側面があったからのようだが、そういう中で、耐震性が問題で校舎を新築するのに旧校舎を使うというのはどうなのか、また何か問題となって新築工事の方に影響しないかという疑心暗鬼さえ一部には生じたといわれる。

こうして、学校は地域の人たちにとって以前よりもいっそう遠い存在になったように思われる。

❸ 教員と地域の〈距離〉

学校と地域の関係を見るとき、教員も重要な存在である。かつては教員は地域内の教員住宅に住んでいた。今では教員は車で通勤する。そんな物理的な距離だけではなく、色川小・中学校の教員と地域の〈距離〉とはどんなものだろうか。

▼▼▼色川小・中学校の教員

色川小・中学校の２０１４〜２０１８年度の在籍教員は、表３・６のようである。小学校12名、中学校13名を数えた。校長は２０１５年度から小中兼務となったため、小学校に含めた。中学校教員１名が２０１７年度から小学校教員になっている（＊の表記）。なお、これ以外に美術と音楽担当の非常勤講師が配置されている。

これを見ると、大きな特徴として、小学校の場合２０１４〜２０１５年度と２０１６年度以降では、管理職を除く教員の世代交代が進んでいる。２０１５年度まではすべて40代と50代だったが、２０１６年度と２０１７年度にそれぞれ20代半ばの教員が配置された。養護教諭も同様である。中学校の場合、２０１４年度には30代、40代、50代、さらには60歳の定年退職後の再任用教員と、年齢の幅のある教員構成だった。２０１５年度はこれに20代の教員が加わり、２０１６年度にはさらに20代や30代前半の教員が入って、平均年齢が下がっている。教員の世代交代が進んで若い教員が増えるのは、全国で見受けられる傾向だが、和歌山県でも新規採用数が増えたことによる。また、中学校の場合、若手講師が増えている。

年度ごとの教員配置を見ると、小学校では各年度とも校長・教頭・養護教諭以外に担任が３人だが、中学校では表３・５に示したように欠学年がある関係などで配置数が変動し、教頭以下全員が複数教科を担当しなければならない。それでも不足するため、講師の配置が求められる。小規模校の中学校の教員配置の課題は、各教科の免許を持つ教員が配置されないことである。

異動頻度をみると、小学校教員は概ね2~3年で異動、中学校ではそれより長い。一方で、小学校で5年目を迎えた教員や、中学校では8年目という教員もいる。校長は5年間と在籍期間が長いが、校舎の建て替えや小中併設による校長兼務への移行、近畿へき研の開催などが重なったためと

表 3.6　色川小・中学校教員在籍一覧（2014 ～ 2018 年度）

職	年齢	性別	在籍期間（年度）
小学校			
校長	50 代	男	2014 ～ 2018
教頭	50 代	女	2013 ～ 2015
教頭	50 代	女	2016 ～ 2017
教諭	50 代	女	2012 ～ 2014
教諭	50 代	女	2014 ～ 2015
教諭	40 代	男	2014 ～ 2018
教諭	40 代	女	2015 ～ 2016
教諭	20 代	男	2017 ～
教諭＊	20 代	女	2017 ～
講師	20 代	男	2016 ～ 2016
養護教諭	50 代	女	2014 ～ 2016
養護教諭	20 代	女	2017 ～
中学校			
校長	60 歳	男	2012 ～ 2014
教頭	50 代	男	2015 ～ 2017
教諭	40 代	男	2012 ～ 2015
教諭	50 代	男	2011 ～
教諭	30 代	女	2008 ～ 2014（途中育休）
教諭（再）	60 歳	男	2014 ～ 2014
教諭	30 代	女	2016 ～
教諭	50 代	女	2017 ～
講師	30 代	女	2014 ～ 2014
講師	30 代	男	2014 ～ 2014
講師＊	20 代	女	2015 ～ 2016
講師	20 代	男	2016 ～ 2016
学習指導員	20 代	男	2015 ～ 2016（講師）

注：年齢は聞き取り時点のもの。
出所：聞き取りより作成

考えられる。事務職員や給食調理員は教員よりも長く勤務している。

このように、小学校での異動が多く、中学校でも若手講師の場合に特に異動が頻繁になるので、私たちの目には色川小・中学校の教員の異動ははげしいように映った。しかも、ほとんどの教員が車で30分から1時間かけて通っていることや[17]、土日などは当然地域にいないことなどから、教員と地域の関係は希薄なように見えた。

▼▼▼教員はどこから来ているか

しかし、ここには示していないが、聞き取りデータからはほとんどの教員が、色川が属する那智勝浦町や町が属する東牟婁郡、またその隣接地域である新宮市の出身であり、現在もこれらの地域に居住していた[18]。都市圏の場合、教員の出身はより広い地域にわたることも多いが、ここでは色川出身教員はいないものの、同じ県内というだけでなく、近隣地域の出身であることがわかる。さらに、多くの教員が、自身の出身校が小規模校であったり、中には複式学級で学んだ者もいる。教員としてのそれまでの勤務校が小規模校、特に全学年単級だったという経験がたいていの者にあり、複式学級を担当した場合もある[19]。また、出身校やかつての勤務校が統廃合でなく

17　公立学校教員の通勤時間については、全国の教員の7割が30分以内である（文部科学省による「教員勤務実態調査（平成28年度）」）。
18　新宮市、那智勝浦町、太地町、串本町、古座川町、北山村が東牟婁教育支援事務所の管轄である。
19　初めて複式学級を担当する教員は、赴任後に先輩教員等のアドバイスを受けたり、研修や他校見学を通してその指導法を学ぶのが一般的である。

なったという経験を持つ者も多い。和歌山県という地方の、さらに周辺地域では、これらのことは通常のようである。

このように教員は色川の外からやってくるが、学校用務員や給食調理員は色川の住民である。現在の学校用務員は保護者でもある。調査時、調理員は1人しかいないので、休むことができず体調管理にはたいへん気を遣っているということだった。しかも、この調理員はスクールカーの運転手でもある。なお、2017年度から調理員がもう1人補充された。

▼▼▼教員たちは色川とどのように出会うか

色川小・中学校の教員たちは、赴任時までに色川地区についてどの程度の情報を持っていたのだろうか。聞き取りによると、名前は聞いていたが詳しいことは知らなかったという場合が多い。お茶の産地だということは知っていて過疎地という印象は持っていたが、赴任先としてその名前を聞いて子どもがいることに驚いたという教員もいた。山奥の極小規模校というイメージを抱いていた者もいる。

初めて来たときに道に迷った、不安になったという教員も多い。学校の近くで曲がる角がわかりにくく、その道が細いのでこれでいいのかと疑い、学校が見えてほっとしたものの、中学校の旧校舎ではグラウンドに車を駐めるためには急な坂道を降りなければならない。この坂が衝撃だったという先生もいた。

その一方で、高校時代に色川出身の同級生がいたため、色川という名前は知っていたという若手教員が何人かいた。また、祖父が色川在住なので小さい頃などによく来ていたという者もいたが、それでも初赴任時に道に迷ったという。

色川の教員となってからは、毎日車通勤が続き、山や棚田の美しさを堪能すると同時に、夜遅くなるとイノシシやシカに出会ったり、霧のときには見通しが利かないなど大変な思いを経験することになる。

なお、聞き取りをした教員の中には、色川赴任が2回目、3回目という者もいた。ある中学校教員は、1998年頃に6年間と2008年頃に3年間、色川中学校に勤務し、定年後の再任用で3度目の着任をした。この教員は、地域自体がアットホームな感じがするという。上級生と下級生のつながりもしっかりしているが、一方で生徒の家庭背景が以前より複雑になってきているという印象が語られた。

1980年代前半に色川中学校に赴任した教員は、ちょうど最初のIターン移住者の子どもが中学校に入ってきた頃で、当時の生徒はよく家の手伝いをしていて生活感があったという。

▼▼▼教員にとっての色川

このように、教員たちの多くが周辺地域出身者で周辺に居住するといっても、色川は地理的に遠く、教員にとっては当然のことながら数年ごとに異動する一つの職場にすぎない。

教員が地域住民と出会うのは、運動会や学芸会などの学校行事のほか、学校と地域の懇談会や地域行事への参加を通してである。保護者とのかかわりは、授業参観や個人懇談、家庭訪問が主である。

教員に色川の子どもについて尋ねると、まじめ、純粋、素直、フレンドリー、内気、授業でも手がかからずやりやすい、吸収力が高い、運動能力が高い、めげない、人間関係のトラブルが少ない、などの声が返ってくる。大きな問題行動はなく、いわゆる生徒指導面での苦労はないようで、その理由として、単親家庭が少なく、保護者が地域で働いている場合も多いため、子どもに何かあったときすぐに迎えに来ることができるという家庭背景に言及する教員もいた。[20] 家庭によっては親の判断でテレビがなかったり、子どもが携帯電話を持っていなかったりすることにカルチャーショックを受けたと語る教員もいたが、それが子どもたちの人間関係が良い要因だともみていた。

子どもたちが標準語を話すというのは、現在でも教員間に伝わる「伝説」の一つである。移住家庭の子どもたちは、学校で出身地域の言葉ではなく標準語を話すという。すなわち、教員にとって色川は、地理的に遠いだけでなく、地域や保護者に独特な特性のある地域として認知されているようだ。

❹まとめ——地域と学校の物理的な〈距離〉、心理的な〈距離〉

色川地区では、かつては西部・中部・東部にそれぞれ小学校があることが当たり前だった。それが現在では一校に統合され、小学校・中学校ともに中部にある。広い地域ゆえに各集落と学校との距離は広がった。

また、校舎の建て替えは実現したが、その過程には紆余曲折があり、校舎新築ができないのではないか、学校の存続そのものが脅かされるのではないかという心配や疑念が生じることにもなった。不運ともいえる経緯の中で、地域と学校が色川の教育について共に話し合いながら校舎設計を考えるという機会が十分に保障されなかった。新校舎には、念願だった体育館もできず、校舎内にコミュニティルームも置かれなかった。学校の中に地域住民が集う場所はなく、避難所としても機能していない。

こうして学校は、地域住民にとって距離的に遠いだけでなく、心理的にも遠い存在となったように思われる。一方、学校の側から見ても、色川の地理的条件もあって、教員たちが地域と接点を持つ機会が限られていた。

3 学校の思い、地域・保護者の思い

それでは、学校での教育活動や地域と結びついた活動を見ることから、色川における学校と地域の関係について考えていこう。

20 色川小学校に学童保育はない。スクールカーを出すため、全児童が毎日6時限目終了後に下校している。保育所も16時までである。家庭背景が落ち着いているともいえるが、そのような家庭でないと住めないということでもある。移住者家庭では祖父母の同居がなく、近くにもいないことが多い。

❶色川小・中学校の教育

▼▼▼小中併設

私たちの調査期間はちょうど校舎建て替え時期にあたり、学校体制にも大きな変化が見られた。2014年度の3学期から小学校が中学校校舎に移り、2015年度からは小学校校長が中学校の校長も兼務することになった。

中学校校舎での小中同居では、同じフロアにそれぞれの職員室も教室もあり、教室を2分割して使用したために手狭で何かと不自由なこともあった一方で、小中の児童生徒間だけでなく、教員間も、また校種を交差した教員と子どもたちの関係も生じて、日常的に交流が生まれ距離が縮まった。2016年度2学期からの新校舎では、小学校と中学校は階を違えた同居となり、以前ほど密着でない「ほどよい」関係になっているという。昼食時には、新しくできたランチルームに小中教員と子ども全員が集っている。

校舎を共有するだけでなく、校長が兼務となったことで、学校運営や教育活動の協働も進展した。2016年11月に開催された近畿へき研の分科会会場となったことも大きく影響した。そのための授業研究が校長のリードのもと、校種を越えて一体となって行われたようである。大会での研究授業を見学して、授業の質や児童生徒の学習姿勢などが大きく変化したことを実感した。

調査期間と重なる5年間を通して校長を務めた山下真司校長は、授業研究に熱心で、よく教室を訪れてアドバイスを欠かさないだけでなく、自ら授業をすることもあった。若手の教員を育てることにも熱心だった。小規模校では教員数や担当教科に限界があるが、常に新たな発想で柔軟に対応していた。ある中学校教員は小学校の授業を担当することによって、カリキュラムのつながりや学習過程が見え、授業中の発問や言葉遣いへの意識も高まったという。小学校教員の側も、小中併設は中学生までにやっておくべきことや、きょうだい関係もわかっていいという。

▼▼▼少人数であること

先述したように教員たちは、色川の子どもをまじめ、素直、純粋などとその良さを認めているが、その一方でいわゆるへき地・小規模校という環境がもたらす弊害にも言及していた。それは、学校の外に出たときに端的に表れる、大きな集団やコミュニケーションへの経験不足という課題として教員に認識されていた。学校内では一人ひとりが役割を持って発言したり行動したりする機会が多いが、他校との交流学習や校外の行事、高校のオープンスクールに行ったときなどには、講師にうまく質問できなかったり「固まって」しまったりするという。

また、少人数であることは、一人ひとりを丁寧に見られるというメリットがある反面、目が行き届きすぎる、先回りしてしまうというデメリットを教員たちは自覚していた。教員だけでなく子ども同士でも、説明を尽くさないでもわかってしまうという側面がある。しかし、言語活動が重視される昨今の教育課程改革の中では、自分の意見を生活言語ではなく正確に伝えることが求められる。そのために、授業中にできるだけ多様な意見を引き出すことにも工夫がなされていた。

それでは、少人数であることを保護者はどのように受けとめているのだろうか。保護者の中で自身がこれほど小さい規模の学校を経験した者はほとんどなく、これで学校がやっていけるのか、授業が成立するのかと当初は驚いたという保護者もいるが、気にならなかった、織り込み済みだという保護者もいる。学校に慣れてくると、少人数ゆえに一人ひとりをよく見てくれることや丁寧な指導、異年齢交流が日常的に行われていることに満足している。より広い社会や人間関係との出会いという課題に対しては、家庭ごとの考えに基づいて、地区外での習い事やスポーツ少年団、キャンプなどへの参加という対応を行っている。

少人数では切磋琢磨できない、競争心が育たないと小規模校の弊害が語られることについて意見を求めたところ、自身が大規模校を経験した保護者は、「逆じゃないかと思う」と否定した。人数が多いと仲のいい友達としか接しないし、教員とはしゃべることもない。小規模校で育つ子どもの方が、教員とも地域の大人ともよくかかわっていて、コミュニケーションを取る機会が多いというのだ。また、少人数でも子どもたちの間には良い意味での「競争意識」があり、各自が自身の得意なところを伸ばしながらも、苦手なことを少しでも克服しようとしていて、それこそが切磋琢磨だという。少人数だからこそ互いにその存在を認め合い、取り繕《つくろ》うことのない関係性があるからこそ、切磋琢磨は行われるというこの観点は注目に値する。

▼▼▼複式指導

色川小学校は複式学級編制、中学校は単式学級編制である。

小学校の複式学級の学習指導については、近畿へき研に向けた授業研究の成果を引き継いでさらに研究が続けられている。複式学級指導の色川方式をつくろうという話もあったようだが、固定概念になってはいけない、教員に任せようということでつくられていない。複式学級の学習指導は「単式2つ」という考えに行き着いたからだという。

複式学級の学習指導の類型には、学年別指導と同単元指導があり、学年別指導とは複数学年の児童に学年ごとの教科書や指導事項に沿った教材を指導する方式で、同単元指導は同一時間と同一場面で複数学年児童を同じ単元を用いて指導する方式である。色川小学校では、国語、社会、算数、理科の教科では学年別指導、その他の教科では同単元指導になることが多い。

学年別指導の場合、教員が一つの学年の指導（直接指導）をしている間は、他の学年の児童は自主的に学習を進める（間接指導）必要がある。これを1人の教員が担当するので、教員は複数学年の指導過程をずらしたり授業時間中に何度も学年間を行き来したりして指導する。間接指導の間は児童は教員に指示された学習をするが、児童の中から学習係を決めて自主的・主体的に授業を進行することも行われている。要は、複式指導は「半分」の授業ではなく、児童に学習を十全に保障する工夫が求められるのである。

「単式2つ」というのは、山下校長によれば、「複式ということを強く意識しないという概念的なもの」だという。単式でも複式でも子ども主体の授業をつくらなければならない。課題に対して自分の意見を持ち、友達の意見に耳を傾け、語り合うことを通して新たな知を獲得する授業でありたいということは単式でも複式でも同じで、複式ではそういう授業が1つの教室の中に2つあるということのようだ。

複式指導に対する保護者の意識については、ほとんどの保護者が自身が複式学級を経験したことがなく当初は不安だったが、授業参観を通して解消されたと語っている。むしろ複式授業の方が子どもの自立姿勢が育ち、学級内での異年齢交流が促進されると評価する保護者もいる。

過小規模校では、複式学級内だけでなく、合同授業や学校の日常の中で異年齢の協働や交流が多い。保護者たちは異年齢交流を高く評価する。一方、教員たちには、異年齢の協働や交流は言わなくても行われる、行わないでは済まない環境だという前提があり、その良さを当然のこととしながらも、さまざまな場面で学年を意識した声かけが行われてもいた。

▼▼▼子どもの将来像

教員や保護者へのインタビューでは、子どもの将来をどのように考えているかという質問を行った。

教員への聞き取りからは、概ね教員たちは、子どもたちが将来ここより広い社会（世界）に出て行くことを想定して、そのための力をつけることが必要だと考えていることがうかがえた。それは「選択する力をつけたい」、「自らで解決できる力をつけたい」という言葉で示された。前述したように、色川の子どもたちは慣れ親しんだ小集団の中で育つため、コミュニケーション力に課題があると教員たちが感じているが、それは子どもたちが将来この地域からより広いところへと出て行くことを前提にしているからこそである。それに加えて、先行きの不透明な時代においてどんなことにも対応できる「選択する力」と、そこで出会う課題に対して「自分で解決する力」が必要だと考えられている。これは、色川だけ、「へき地」ゆえ、ということではなく、現代の日本の子どもたちに求められている力である。だが、そのような抽象性を超えて、ここでは色川から出て行くだろうことを想定してよりリアルに考えられている。実際にこれまでの卒業生の動向がそうであるからだが、中にはここに残ってほしいと語る教員もいた。

保護者たちの子どもの将来についての語りでは、「自分で決められるようになってほしい」、「本人の希望で、本人がやりたいことをやらせてあげるように。進学をこうしろとか一切言わない」というように、「本人の希望」「自分で決める」というフレーズがよく聞かれた。また、「ここで育つという経験が自分にはないので、ここでは地域でも学校でもみんな仲良く守られているので、芯の強い、自分の信念を持った子に育ってほしい。高校に出たときに流されないように。どんな環境でも対応できるように」というように、親の経験が子どもの参考にならないことを自覚して、どのような環境に行っても自立して生きていくことを望む声もある。このように、子どもが将来どこに住むのかは子どもに任せるというスタンスが多い。

しかし、色川に残れとは言わないが、その選択肢も考慮した語りもあった。「ここに残れという育て方はしていない。他の世界を見てここに戻ってきたいと思えばそれでいい」、「子どもの将来は、どこに出て行ってもいいが、色川が選択肢の一つになるような地域にするのが自分たちの役目」、「どんな進路を選ぼうと自分で決めていい。ここは親が子育てするために選んだ場所で、出て行ってもいいけど自分たちはここにいるからと子どもに話した」という語りの意味は深い。子と親を切り分け、移住者としての親の覚悟と姿勢を明確に表現している。逆に、親自身にとって「ここは終《つい》の棲家《すみか》ではなく、子どもにもここにいてとは思わないが、今子どもがここがいいと言っている」と語る親もいた。

一方で、子どもが高校卒業後に色川に残ると言っているとうれしそうに話す親もいた。その子はその後、実際に色川で林業関係に従事している。この家庭の父親は地元住民である。また、別の地元住民は孫のうちの1人でも帰ってきてほしいと語っていた。

なお、子ども自身の将来の夢は、医者、歯医者、保育士、看護師、マンガ家、ピアノの先生、消防士、警察官、水泳選手などさまざまだ。これらは教室の掲示でたまたま見ただけであり翌年度はまた変わっていることも多いが、なかには農家、木こり、というのもあった。

以上、筆者が観察した期間の色川小学校・中学校の教育は、へき地、小規模校、複式学級（複式指導）という条件的制約を特徴として活かす方向というよりも、その制約をできるだけ解消する方向に向けられていたといえる。全国のどこにおいても通用するような「普遍的」な教育が目指されているという印象が強かった。それでは、色川という地域と学校の関係はどのようなものだろうか。

❷ 地域と学校の関係

▼▼▼地域と学校を結ぶ教育活動

色川の地域とかかわる教育活動には、茶摘み・製茶体験（小・中）、田植え体験（小）、円満地公園プール清掃（小・中）、ブルーベリー摘みとジャム作り（小）、敬老の日の活動（中）、餅つき（小）などがある。

茶摘み・製茶体験は、地域の茶業組合で行っている。田植えなどを体験している田んぼは、2013年度までは学校が借り上げて田植えから稲刈りまでやっていたが、持ち主に返したため、20

１４年度からは地域コーディネーター（移住者）の協力により、体験程度に実施している。餅つきにもこのコーディネーターの協力がある。プール清掃の場所の円満地公園とは、色川地区にあるオートキャンプ場で、管理人は移住者であり保護者でもある。ブルーベリー体験の場所は、同校卒業生（Ｕターン）が経営している。敬老の日の活動とは、地域のお年寄りの家に行って地域のことなどの話を聞く活動である。このほか、学校の梅の木の実を使った梅シロップ作りも毎年行っている。

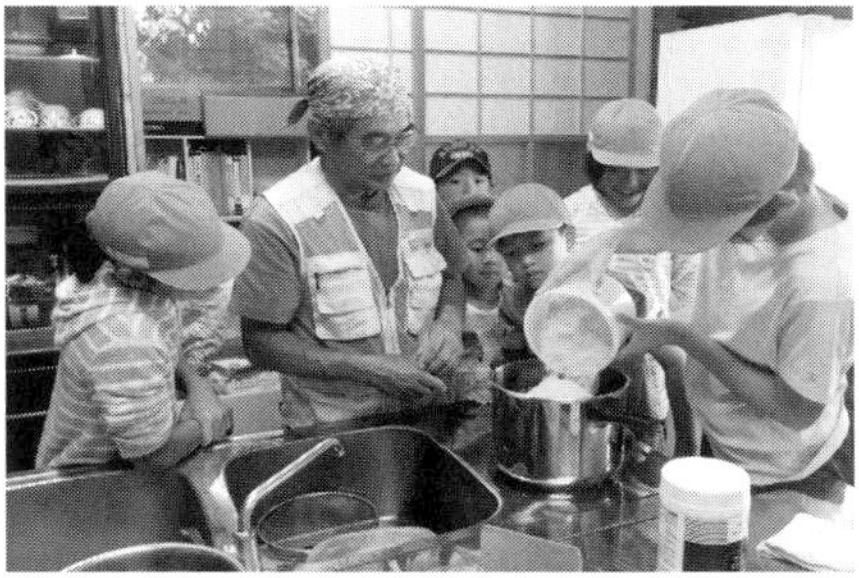
ブルーベリージャム作り体験の様子

中学生の職業体験の場所は生徒の希望で選ばれ、地域内の大野保育所や円満地公園、熊野黒潮本舗（移住者が経営する製塩会社で、工場長は保護者である）などもあれば、那智勝浦町や新宮市、太地町の新聞社や放送局、博物館、飲食店などを希望することもある。中学校では総合的な学習の時間を活用し、生徒一人ひとりがテーマを設定して地域について調べていた。

地域住民が学校に来る機会は、入学式や卒業式、学習発表会、運動会、授業参観と共育ミニ集会などである。児童生徒数に比して多くの住民が参加するようだ。とりわけ、運動会や学習発表会の参加者は多く、学習発表会の参加者アンケートには積極的な書き込みがあるという。

なお、児童生徒の多くが大野保育所の出身だが、保育所には園庭がないので地域では毎日園児が散歩している姿が見られる。急な斜面もいとわず、かなりの距離を年少から年長の子どもが連れ立っていく散歩は保護者たちにも好評で、移住者の親より子どもの方が地域をよく知っていると驚く声も聞いた。

▼▼▼共育ミニ集会での地域と学校の対話

２０１５年11月に学校で開催された共育ミニ集会を見学したことがある。共育ミニ集会とは、和歌山県が「きのくに共育コミュニティ」構想のもと、開催を呼びかけているものである。学校などを拠点に、児童生徒、教職員、保護者、地域のさまざまな立場の人々が、それぞれの課題や願いを共有し合い（共同学習）、具体的な取り組み（共同実践）へと発展させる仕組みを構築し、人々の出会いとつながりを大切にしながら、学校の活力と地域の活力を共に高めていけるような、「実践的な学びの拠点」を県全体に根づかせていこうと、毎年11月に実施されている。

色川小・中学校の２０１５年の共育ミニ集会は授業参観のあとに行われ、全世帯の保護者が参加した。地域からは学校評議員や区長、公民館長、保育所所長、色川地域振興推進委員会の教育部会担当関係者などの参加があった。教職員も入って5つのグループに分かれ、「地域が学校にできること」「学校が地域にできること」をテーマに話し合った。筆者が参加したグループの中に初期の耕人舎のメンバーだった方がいて、「都会に行ってしまう学力ではなく、基本的には田舎で暮らすための力をつけること。田舎で暮らすための教育は難しく、知恵や工夫が必要だ」という趣旨の話をされた。

学校だより『たなだ』に掲載された報告を見ると、学校と地域に関連する内容として、「地域と学校の関係を話せたのがよかった、今回限りでなく話し合いを続けて良い関係になっていければ」、「学校と地域の連携、大切だと改めて思いました」、「学校側も地域側も交流を望んでいることを知り、うれしく思いました」など、学校と地域の関係の強化や連携を望む声が多い。

また、「地域の人々をゲストティーチャーに」、「色川人材バンクの創設が必要」、「円満地公園や地域のイベント活動に、小学校高学年や中学生らが企画から参加することも、体験学習として子どもたちの自立につながっていくと思われる」というように、両者のかかわりを深めるための具体的な提案が保護者や地域の参加者から出されている。

「地域学習を通して地域の魅力をしっかりわかる子どもに」、「誇れる学校、誇れる地域、その意識を子どもも、大人も」と、地域に根ざした教育の必要性を訴える意見も出されており、「デメリットも現実としてそこでしっかり過ごす」というように色川で暮らす住民の心意気も語られたようだ。お年寄りからは「近所で子どもの声が聞こえる。私ら老人にはとても有り難い。子どもらはとても礼儀正しい」との声がある。

教員からは、「稲作指導やブルーベリー体験、切干大根体験等々、学校は地域の人たちにたくさん助けていただいている」という感謝の言葉も見られた。

ただ、翌年以降の共育ミニ集会では、引き続きこのテーマで話し合われてはいないようである。

▼▼▼学校運営協議会

色川小・中学校には、学校評議員が地域から2名選任されていたが、2017年度から学校運営協議会が発足して、評議員制度は廃止された。学校運営協議会の委員は、校長、小・中の各育友会長、区長連合会会長、公民館館長、民生委員、地域振興推進委員会委員、元評議員2名からなる。しかし、スタートしたばかりとはいえ、その活動は低調だという。

というのも、そもそもそれまで和歌山県では学校運営協議会設置に消極的だった。2017年4月に地方教育行政の組織及び運営に関する法律の改正が行われ、設置の努力義務が課されたため、那智勝浦町ではまず色川小・中学校に白羽の矢が立てられた。ところが、2018年度現在でも町でまだ協議会の設置規程は作られていない。町教育委員会へのヒアリングでは、2019年度までに全県的に実施されるので、じっくりやっていきたいということだった。ただ、県内の先行事例から、学校運営協議会は外から学校に文句を言うところという誤った認識を助長する場合があったようで、及び腰になっているように思われた。

▼▼▼学校から見た地域との関係

このように、校外学習先として地域が活用されたり、各種行事などに地域住民が学校を訪れる機会は何度かあった。しかし、地域と学校の連携の強化が求められる今日では、これらのことは多くの学校で行われていることであり、色川が特に活発で熱心というわけでもない。1週間、学校で観察をしていて、保護者や地域住民の姿を見ることは行事以外ではなかった。普段の学校生活では、学校から地域はほとんど見えない。学校にいると地域が感じられなかった。授業の中で地域の歴史や文化、生活背景が取り上げられる機会も限られていた。わずかな授業観察の中での印象だが、地域や家庭での子どもの暮らしや体験が授業の中に流れ込む瞬間は偶発的に発生するが、意識的に行われているようではなかった。すなわち、学校の中に色川というローカリティが存在していないようだった。

学校と地域の関係について考える手がかりの一つとして、校長のある発言に注目したい。山下校長は2016年の近畿へき研での参加者への挨拶の中で、「地域連携はしません」と明言していた。「地域では社会教育として行われている。話し合ったり一緒に飲む機会を持つなど、地域とつながることは大事だが」として、「ある地域住民が言ったように、無理しないことが一番」と言われた。地域とつながることは大事だが地域連携はしない、とはどういうことか。学校は学校教育を行う場所であり、地域は地域で活動を、ということだろうか。校長は、前任校が親子三代が通うという地域で、学校に熱心に協力するところだったと語っている。したがって、地域と学校の協力関係を否定しているわけでない。

この点を山下校長に確認すると、学校と地域の連携が声高に叫ばれる昨今、学校が主導して「連携のための連携」になっている場合をよく聞くので、「子どものため」というベースをしっかり共有した上で具体的に何ができるかを考えていくべきだという趣旨のようだった。学校での教育活動を通して子どもたちを成長させていくことが学校の使命だと考えられているといえる。それに対して地域の側には、もっと学校に地域に出てきてほしい、地域の行事にも参加してほしいという願いもあるようだ。

教員たちはここの地域を温かく協力的だと感じている。若い教員たちが地域の行事に顔を出す機会も見られる。教員たちにもう少し地域に出て行く余裕があれば、あるいは学校にコミュニティルームがあって日常的に住民と交流するチャンスがあれば、その関係はもっと深まったかもしれない。

ところで、初期の移住者の子どもたちは勉強がよくできた、学力が高かったという語りが教員に伝承されていた。初期の移住者にはここで暮らす覚悟があったという語りも聞いた。このような語りは、地域や家庭と特に連携しなくても問題がないことが一番いいという含意を聞き取ってしまう。ただし、このような伝承は年配の教員から聞かれたので、若い教員たちにはそういう先入観はないかもしれない。しかし、色川をよく知らない教員たちが、定住受け入れ先進地としての〈伝説〉を通して地域を見てしまいがちになることもあるかもしれない。

▼▼▼地域から見た学校との関係

地域の側に目を向けると、フォーマル／インフォーマルの聞き取りを通して、保護者や地域の人たちの学校に対する考えが一つにまとまりにくいことがわかってきた。

もともと地元民と移住者では学校への意識も異なるだろうが、ことはそれほど単純ではない。地元民の中でも多様であろうし、移住者といっても移住動機も経路も多様化している。また、現役保護者とそれ以外の人とでも異なるだろう。学校のことは校長や教員に任せておけばいいという考えが一方にあるとすれば、他方には学校と地域の連携を強めたいという考えもある。前者の方がサイレントマジョリティかもしれない。

初期の頃の移住者であるかつての保護者には、既成概念から離れて新たな生き方を求めた人たちもおり[21]、そのような人たちは学校教育に高い期待もしなければ学校とかかわる余裕もなかった。そういうところは現在でも引き継がれているのか、そもそも自前で自身の生活を営むことの覚悟を持たざるをえない移住者には、不満や要求があってもそれを直接表現するのではなく自ら引き受けていくという特性があるゆえか、ある意味で色川の保護者たちはいわゆるモンスターペアレントとは対極にあるようにも見える。移住者として地域に住まわせてもらい、学校に通わせてもらっている、学校があるだけでもありがたいという考えもあるだろう。

移住者にとって色川という地域がどういうところなのか、たまたま住んだところなのか、終の棲家なのか、地域をできるだけ良くしていこうと積極的に活動するのかどうか、さまざまな考えやスタンスがあると思われる。保護者も同様である。そのことが、学校と地域の関係をどのように考えるのかにも影響するだろう。移住者とはそもそも多様な人たちだ。多様な立場や考えがあって当然だが、それが話し合われる場が必要だという声を聞いた。

▼▼▼学校と地域の協力が求められる事例

学校と地域の協力が求められる事例の中に、山村留学がある。学校の存続を願って、色川では2

21　初期の耕人舎の中には、自前の学校を作るという構想もあったようだ。

003年度から山村留学も試みてきた。地域振興推進委員会が窓口になっている。当初は里親型で始めたが、いろいろと課題があり家族型で受け入れるようになった。2012年度までに合計5人を受け入れた。すべて中学生である。住まいは町によって籠ふるさと塾や町営住宅があてられた。

山村留学を進めるには、学校と地域の連携協力関係は欠かせない。しかし、学校との協力関係は必ずしもうまくいかなかったようである。家族型で籠ふるさと塾や町営住宅に住むということから、教育委員会や学校側には移住者と留学生との区別が意識されず、山村留学も移住者も同じだというような認識が持たれるという。そのためか、山村留学生を募る際に大切とされる、受け入れる学校の魅力を発信するような試みはなされなかった。

また、小規模特認校という制度がある。これは、小規模校が通学区域の制限を外して希望する児童生徒を受け入れることができるというもので、全国でも多くのところで取り入れられている。色川でも地域からこの制度の適用を求めたことがあったが、実現しなかった。

このように、山村留学制度や特認校制度を活用して子どもの在籍数を確保したいという地域の思いと、学校や教育行政側との間に認識の違いが見られた。また、現在では保護者が多様化する中で、山村留学制度について知らない保護者も増えているという。学校と地域の接点を構成する問題として、話し合うための仕掛けが望まれる。

❸まとめ――学校と地域のあるべき姿とは

本書のプロローグでも述べたように、近年、学校と地域の関係や連携の強化について頻繁に言及されている。中教審答申（２０１５年12月）では学校と地域との連携の理念を、「未来を創り出す子供たちの成長のために、学校のみならず、地域住民や保護者等も含め、国民一人一人が教育の当事者となり、社会総掛かりでの教育の実現を図る」とされている。また、これまでは学校のために地域が協力するという側面が前面に出ていたが、東日本大震災による被災地の状況や地方創生という政策課題を受けて、両者の連携が地域課題の解決にも資するようにとの観点も盛り込まれている。

色川の地域課題とは何か。本章で見てきたように、当初は人口の減少、若者の流出に伴う地域の衰退が課題とされ、そのために移住者を受け入れてきた。学校は地域の重要な拠点であり、地域人口の再生産を担う場としてなくしてはならないものだった。この課題は今も大きいが、しかし課題意識の転換の必要性も語られている。

原和男さんは、移住者を受け入れないと保育所も学校もなくなり地域も消えてしまうという問題意識を当初は「是」としてきたことの反省として、「なぜ移住者を受け入れるのか」「どんな地域をめざすのか」を住民同士でしっかりと共有することの必要性を強調する。[22] 学校との関係も、まず「どんな地域をめざすのか」があってこそで、その話し合いの中で自ずと学校への思いや関係のあり方も出てくるだろうし、学校もどんな学校を目指すかを考えるときに、子どもの成育環境としての地域をよく知ろうとするはずだという。原さんは、地域振興推進委員会の活動をしながら学校評議員も務めてきた。しかし、これまで学校と地域がそれぞれの課題を話し合う共通の場を必ずしも

22　原和男（2016）「移住者は地域の担い手になり得るか――色川への初期移住者の目から」小田切徳美・筒井一伸編著『田園回帰の過去・現在・未来――移住者と創る新しい農山村』農文協。

うまく持てなかったことから、今ではすぐに学校との関係を求めるのではなく、地域の中から始めるしかないと考えている。

思えば、校舎の建て替えは、そこでどういう教育をするのか、どんな教育を求めるのかを考えるために、ここがどういう地域なのか、どんな地域を目指すのかを、学校と地域でともに議論する絶好の機会だった。その機会を活かせなかったのは残念というほかない。しかし、今でも機会はある。学校運営協議会や地域と学校との懇談会、行事の際の交流会などである。ただし、そこでの話し合いを実質的なものとするための工夫や、そこに持ち込まれる地域住民や保護者たちの声が日常的に交わされる仕掛けがなくてはならない。そうでなければ、いくら繰り返しても両者の距離が縮まることはないだろう。

特に学校の側には、小規模校で教職員の数が限定される中で数々の教育改革の波が押し寄せ、大きな負担がかかっている。その結果、何かをすることはさらなる負担を増やすことにつながると考えるようにもなる。しかし、その中の何に重点を置いた学校づくりをするのか、どのような方法で行うのかについても、学校だけで抱えることなく、むしろ地域に開いて検討することが求められる。

「和歌山県は県全体が少子・高齢化の先頭を行っている」、町教育長は面談の際にそう言った。色川は、少子・高齢化とそれに伴う地域の衰退化を食いとめるために移住者を受け入れ、40年以上をかけて先頭を走ってきた。今後は、色川が移住者受け入れ・定住先進地としてだけでなく、「学校とともにある地域づくり」「地域とともにある学校づくり」の先進地、すなわち地域と学校がともに地域課題と学校課題に取り組む先進地を目指すという構想を描けないだろうか。

4　卒業生と色川――2つの家族の事例から

最後に、卒業生のその後を取り上げて、そこから地域と子どもたちの将来を考える一助としたい。色川では移住者が入る前から子どもは中学校や高校を卒業すると、進学や就職で色川から出ていき、その後戻ってくる者は少なくなっていた。かつては交通手段の関係で、周辺の高校に進学しても下宿を余儀なくされていた。その後通学が可能になったが、高校卒業後に色川に住むケースはほとんど見られない。地域には、一般的な意味でいうところの就業の機会は少ない。那智勝浦町は漁業や観光業が主たる産業とはいえ、町人口の減少が物語るように経済的に活気があるとはいえない。そういう中で現在、移住者家族の子世代で色川に居住する例が出てきている。2000年代の後半以降、20代から30代の5人が色川に暮らしているという。

ここでは、2つの家族を例に、移住者二世のその後を見てみたい。一つは原さん家族で、3人きょうだいのうちの2人が現在色川に居住する。もう一つは城さん家族で、4人のきょうだいのうち1人が色川にいる。まず、両家族の概要を説明したあと、それぞれの子どもたちの事例を紹介する。

❶ 2つの家族の概要

▼▼▼原さん家族

父親の原和男さんは兵庫県出身。耕人舎の実習生を経て1981年に色川に移住し、色川地域振興推進委員会会長を務めるなど、移住者の受け入れや地域活動の中心的存在である。母親は大阪府出身。長男・考佑《こうすけ》さん（1987年生まれ）、次男・洋平さん（1988年生まれ）、三男・裕《ひろし》さん（1990年生まれ）と、子ども3人は全員色川で生まれている。現在、長男は滋賀県で会社勤務、次男と三男は色川で農業や獣害対策の活動をしている。

三人とも、大野保育所育ちである。第1節で紹介したように、父親の和男さんは、子どもが保育所に入って初めて子どもの同級生が少ないことに気づき、同級生を増やすためには移住者を増やすことが必要だと考え、地域活動に乗り出すとともに保育所の移転にも力を注いだ。

原家では、田植えや稲刈りなどの農繁期に子どもたちが学校を休んで手伝うことになっていた。そういう家庭は他にはなかったが、三兄弟とも学校を休むことは嫌ではなかった。裕さんは、むしろ休めることに「優越感」を抱いていて、また作業自体が楽しいというより、昼食に「運動会の次くらいにいいものが出る」ことが楽しかったと語る。

なお当時、学校の活動として田植えなどを体験するのは一般的ではなかったようで、考佑さんが高学年のときに父親が田を提供したことがあった程度という。

兄弟たちは小学校時代は町のスポーツ少年団でサッカーをしていたが、色川中学校に進学後、学校の部活がソフトテニスだけだったので、全員がテニスをしていた。裕さんの同級生がサッカーを続けたくて色川中学校ではなく那智中学校に進学したときには、裕さんもそうしたかったが父親は反対した。

▼▼▼城さん家族

父親は高知県、母親は岐阜県出身で、二人は大阪のニュータウンに住んでいた頃、「土のあるところで子どもを育てたい」と1986年に大阪府の千早赤阪村に山村留学した。家族全員での移住である。父親はそこから勤務先に通った。

子どもは4人、長男・ひろさんは1979年、長女・のぞみさんは1981年、次女・あさ子さんは1982年に誕生、三女・ふきさんは1986年に千早赤阪村で生まれた。山村留学先の条件が子どもが小学生ということだったため、両親はいずれ移動するならまだ若いうちにと1993年に色川に移住した。移住時、長男は中学2年生、長女は中学1年生、次女は小学5年生、三女は小学1年生になるところだった。色川に来てからは、母親が看護師として町の特別養護老人ホームに働きに出、父親が農業に従事した。

現在、長男は東京でＩＴ関係の職に就き、長女は新宮市立学校の教員、次女は三重県で公益社団法人愛農会の職員、三女は色川に住む。全員結婚して子どもがいる。

山村留学先の千早赤阪村の小学校は、全校児童が40人弱ほどで単式学級編制だった。単式編制を保つことが山村留学制度を始めた目的だった。中学校は4つの小学校を校区とし、規模は大きかった。山村留学1期生だったため、地域から温かく受け入れられた。色川への転入学後は千早赤阪村にいるときと比べ、小学校の規模が半分になり、中学校は驚くほどの小規模になった。

▼▼▼当時の色川小学校・中学校

城家族の末っ子の1歳下が原家族の長男にあたる。両家族の子どもたちが色川小・中学校に在籍したのは、1993～2005年度頃のことである。この時期の児童数は15～25人の間、生徒数は10～13人だった（前掲表3・3）。少人数ながらも各自の同級生の数には幅がある。この期間の初期の頃は、地元の子どもが多かったというが、移住者家庭が徐々に増え、さらに山村留学生が入るなど、学年によっては転出入がよく見られたようだ。

小学校の複式学級の学習指導では、城家族の下2人のきょうだい、あさ子さんやふきさんの在籍時には、主要教科でも2学年で同一内容の授業を受けることがあったという。たとえば国語では、ある年は全員が5年生の教科書の内容を学び、翌年には全員が6年生の教科書で学ぶというようにである。ふきさんはいま親の視点で考えてみて、学年や年齢で分けずに一緒に何かをすることは子どもにとってたいへん意味があると思っている。2学年の複式だけでなく、全校体育や全校音楽、給食を一緒に食べることや昼休みに学年関係なく遊ぶことも同様である。ただ、色川小学校しか知らないふきさんや、原家族の三兄弟にとって、複式学級は当たり前のことだったので、特に印象は強くないようだ。

教員に対する思い出としては、次のようなことが語られた。ふきさんが5・6年次の担任は若くユニークで意欲的な取り組みをしていて、その後管理職になって色川小に戻ってきた。それ以外は

50代のベテランの先生が多く、授業が面白かったという。色川の先生たちは、「色川の子どもは何か違う」と驚いていたようで、一人の教員は色川の子どもたちにカルチャーショックを受け、定年を待たずに退職してタイに行ったそうだ。原考佑さんは、5・6年のときの担任がほとんど教科書を使わずに授業をしてわかりやすく、「ここまでやったら君ら教科書の問題は全部解ける」と言ったことや、海釣りに連れて行ってくれたことが印象に残っているという。

ふきさんは、小学校時代で一番楽しかったのは集団登下校だという。途中で何かを採って食べたりしながら1時間かけて通っていた。雨の日は親が交代で車を出して送ってくれるので、車内がぎゅうぎゅう詰めで通うことも楽しかった。地域の人たちも集う運動会は「すごかった」思い出で、子ども心に大人と先生たちは大変だと思っていた。

▼▼▼高校進学とその後

両家族とも子どもは全員高校に進学した。那智勝浦町には高校はなく、隣の新宮市もしくは串本町の高校に進学するのが一般的である。城家族の上2人が学校の寮に入ったり下宿したりした経験を持つが、他は家から町営バスとJRを使って通学した。7人のうちの5人が大学に進学している。進学先は、北海道や東京、九州だけでなく海外にも及んだ。専業農家あるいは兼業農家の家庭から大学進学、しかも遠方に出るのは経済的負担が大きいが、奨学金を取得したりアルバイトにいそしんで自活していた。

その後、彼らはどのような人生を歩むことになったのか。色川に暮らす3人と、色川の外で暮らす3人に分けて見ていこう。[23]

❷色川で暮らす、地域を継承する

▼▼▼色川で百姓になる

原家族の次男の洋平さんは、高校卒業後は1年くらい「ぶらぶら旅に出ようかな」と考えていた頃、色川百姓養成塾ができて卒業後に入塾した。洋平さんの進路について父親が言ったのは、「自分で考えろ。大学に行きたければ行けばいいいし、行きたくなかったら行かなくていいし、それは全く自由で自分で考えればいい」ということだったという。

色川百姓養成塾とは、かつて日本の「むら」にいた、自らの手足や経験、勘を頼りに、身近な自然の恵みを利用して生きる知恵と技を持つ人を敬意をこめて百姓と呼び、地域のお年寄りからそのような知恵や暮らし方を受け継ごうとするものである。単に農業体験をするだけでなく、むらの文化や昔話を聞き書きしたり、むらの風景を写真で残すなどの活動もする。

洋平さんは、その活動を通して昔の色川の伝統や文化をいろいろと学んだことが面白く、自分でもやってみたいと百姓を始めた。色川の魅力を感じたことで、旅に出る夢は「いつのまにか消えてしまった」という。米作りや養鶏、お茶の栽培をしているが、特に牛で田耕をするのは色川でも他に例がなく、新聞などにもたびたび取り上げられるほど有名になっている。「昔の人になりたい。昔の風景をみたい。棚田を残したい」というのが、洋平さんの夢である。

もう一つの洋平さんの夢は、地元の子どもが増えることだ。卒業生たちがそのまま色川に残ってくれたらいいが、外に出て行った場合、働き盛りで家庭を持ったりすると戻ってくるのはなかなか難しいと考える洋平さんは、それでも「ちょっと頭の片隅にでも色川のことを覚えてたら」という思いで、川遊びをしたり一緒にごはんを食べたりして中学生とのかかわりを続けている。学校の運動会でも中学生の席には洋平さんの姿があった。人数の少ない中学生の競技では他の卒業生とともに走り、当たり前のように後片づけをしていた。城ふきさんと一緒に、卒業生たちに連絡をとって同窓会を開いたりしている。

洋平さんの妻は近隣地域出身で、色川で集落支援員などをしていた。

▼▼▼色川で獣害対策活動

原家族の三男・裕さんは高校卒業後、九州の国立大学の農学部に進学した。農学部を選んだのは、自分に向いていると思ったからだという。実は、父親も農学部の出身なのだが、その影響ではなく自分の希望である。大学では生物生産学科の家畜コースで学び、卒論は獣害の中でもイノシシの研究だった。卒業後、色川に戻って獣害対策の活動に従事している。

大学在学中、将来についてまだ明確ではなかったときでも、色川が好きなのでいつか帰るだろうなという感覚はあったという。しかし、今ではない、今帰ってもそんなに役に立たないという気持ちがあって、それまでどこかでもう少し勉強しようと考えていた。ところがその頃、色川では獣害

23　城ひろさんの聞き取りはできていない。色川中学校に2年間在籍したが、高校時代から下宿して色川を離れているので、今回は対象にしなかった。

対策のための専属の人材を確保しようという動きがあり、タイミングがつながって帰ってくることになった。2013年のことである。

最初の3年間は、獣害対策のための国の補助金が出ていたのでそれで雇用され、現在はNPO法人地域再生ネットワークの中の獣害対策部として活動している。活動範囲は、色川に限定されない。那智勝浦町の獣害対策協力隊の業務管理や、他の市町村や団体などとの情報交換なども行っている。色川では、獣害被害の相談に乗ったり対策を講じたりするだけでなく、狩猟体験ツアーを企画して、「獲って、さばいて、食べる」という狩猟の一連の流れを体験し、参加者が猟師や移住者など地域住民の暮らしに触れることを目的としている。

裕さんは大学在学中に色川を離れていたときでも、色川は「後ろ盾というか安心感」を感じるところだったという。色川を話題にするときには、同級生が何人いたかという話で、「少なければ少ないほど勝つみたいな」ところを持ちネタにしていたともいう。

▼▼▼色川で子育てして恩返し

城家族の三女・ふきさんは、高校卒業後アメリカの大学に進学した。父親から批判的精神を受け継いだというふきさんは、「日本の大学に行っても遊んでいるだけではないか」という思いがあったからだという。姉たちが韓国やフィリピンに留学したときに遊びに行った経験があり、それも影響しているようだ。海外留学は準備だけでも多額の費用がかかるが、支援機関に任せないで安く済ませる方法を見いだした。

アメリカの大学ではソーシャルワークを学び帰国した。アルバイトで資金を貯めて世界一周を目的に旅に出る。しかし、アメリカを出発して中米を1年半くらい回った後、実家のある色川に帰ってきた。2010年のことである。その後、近隣の町の老人ホームで働きながらヘルパーの資格を取ったが、結婚して色川地区に住み、現在子どもが2人いる。夫は、地域おこし協力隊員として色川に来て知り合ったが、たまたま夫も青年海外協力隊員として中米にいた経験があった。夫は現在、紀州備長炭の炭焼きをしている。自宅で聞き取りをしたときに見た生活は、古い民家を借りた住まいの中で自然と共存するライフスタイルだった。

ふきさんが暮らす南平野は、色川小学校の校区内で最も遠い集落で、就学先としては市野々小学校と色川小学校が選択できるが、2019年4月に長男を色川小学校に入学させた。[24] ふきさんは、子どもの教育は何よりも親が基本で、親がしっかり背中を見せることが大切だという考えであり、学校教育を絶対だとは考えていないという。しかし、自分自身が「ここにお世話になって」小学校、中学校と卒業しているので、やっぱり色川小学校に入れた方がいいかなと考えるようになった。

実は、同じ南平野に、母親が日本人で父親がアメリカ人の国際結婚家庭が引っ越してきたことがあった。その家族は、子どもを就学させないでホームスクーリングをしたいと考えていた。ふきさんはその家族と親しく、引っ越し前に相談をされたときに、自身も教育に関しては同じような考えだけれども、「スタンスとしてはやっぱり私は地域に恩があるというか、そういうのもあるから、学校に入れないということは私はできない、立場上できないという話をした」という。ふきさんは

24　もう1軒の移住者家族の子どもと2人で、町教育委員会が出すスクールカーで通っている。

移住者家族として色川に受け入れてもらった恩があり、このような地域や学校では子どものいる家族が喜ばれるということをよくわかっていた。

❸色川の外にあっても〈色川マインド〉を持つ

▼▼▼日本版マウル教師

城家族の長女・のぞみさんは高校卒業後、東京の教員養成系の国立大学に進学した。教員志望だったというよりも、兄が当初志望していた大学なので、自分が代わりに行けば親が喜ぶかなと思ったという。美術が好きだったので、進学先ではそれが叶えられるということもあった。大学の寮に入ったが、上京している兄や妹と一緒に住むこともあった。

アルバイトで忙しかったが、大学時代に留学をしている。もともと高校卒業後に留学して国際関係の仕事をしたいという夢があった。大きいところに出たいという気持ちが強かったという。したがって大学選びには、交換留学制度があることも条件だった。国費で韓国に留学した。子どもの頃から親の知り合いの在日コリアンとの交流があったために韓国に興味があり、大学では英語学科の学生が英語圏の留学選考を受けるので、最初から韓国に狙いを定めて、第二外国語は韓国語を履修していた。

大学卒業後、首都圏で1年間小学校の講師をしたときに、教員になるのもいいかなと考えるようになった。家の事情もあっていったん色川に戻り、町の旅館でアルバイトをしていたが、本宮町（現田辺市）の小規模小学校で講師を務めることになり、その後、複数の自治体の教員採用試験を受験する。合格した横浜市の教員になったが、高校時代の同級生と結婚して和歌山に戻った。出産後に和歌山県の採用試験に合格、それ以来和歌山県内で小学校教員をしてきた。

のぞみさんは現在、2校目に勤務した新宮市立高田小学校の校区に住んでいる。高田小学校は赴任時に全校児童が12人程度の極小規模校だった。高田小学校への着任が決まって、「やった！」「宝くじに当たった」と思ったという。のぞみさんは自分が通った千早赤阪村の小学校に対する肯定的な気持ちが強く、その当時出会った先生のような教員になって、自分がしてもらったようにしてあげたいと思っていた。複式指導については、子どもの頃には完全複式を経験していないため、高田小学校で1・2年の複式学級を担任したときには難しいと感じたが、複式指導のやりようはいろいろあることに気づいたという。実際には産休や育休で高田小には籍を置くだけとなり、自身の子どもが高田小に入学したので、調査時は市内の別の小学校に勤務していた。

しかし、それでも高田に住み続けているのは、小さな地域を大切に考えているからである。たとえば、高田の保育所は子どもも少なく閉所寸前だったが、のぞみさんの子どもが入ることで存続している。より中心部の保育所に入れた方が環境が整っているためそうする保護者もいるが、のぞみさんはあえて高田の保育所にこだわる。また、色川に『色川だより』があることにならって、『高田だより』をIターン仲間とともに発行している。地域の人が地域のことをもっとよく知るためと、外から高田に入ってきてもらうためである。高田地区の人口は３００人程度で色川と似通っている。

調査時にのぞみさんが勤務していたのは中規模校だが、できれば小規模校に勤務したいと考えていた。そして実際、２０１９年4月に地元の高田中学校に異動している。

韓国では、保護者や地域住民として地元の教育活動にかかわる教員を〈マウル教師〉と呼ぶ（補論参照）。マウルとは、韓国語で村落共同体・生活共同体を意味するという。のぞみさんは日本版〈マウル教師〉といえる。

▼▼▼農ある暮らしとつながる人生設計

城家族の次女・あさ子さんは、高校は三重県にある愛農学園農業高等学校（愛農高校）に進学した。愛農高校は私立の農業高校で、全寮制教育や聖書に基づく人格教育、留学生の受け入れなど特徴のある教育を行っていて、「日本で一番小さな農業高校」といわれている。クリスチャンである母親が高校見学に行って気に入り、あさ子さんに勧めたという。きょうだいの中であさ子さんが一番農業に関心があり、土いじりが好きだった。あさ子さんも体験入学に行って気に入ったが、愛農高校に決めた理由の一つに、大きい学校に行くことの怖さがあったという。

農業高校への進学理由はそれだけではない。将来、青年海外協力隊に行きたいという希望があり、そのために農業系の大学への進学を考えた結果でもあるというから深謀遠慮がうかがえる。あさ子さんの農への関心は、親が農業をしているというだけでなく、母親が国際飢餓対策機構を通じてアフリカの子どもを支援しており、子どもたちもお小遣いから支援金を送ったりしていたことにある。機構のニュースレターなどから飢餓について知り、農業生産について考えるようになったということだ。

大学は、国公立の農学部を考えていたが、高校の先生から勧められて東京の私立大学に進学した。

キリスト教系で国際的な学びを特徴としている大学である。私立大学への進学は経済的には難しいと感じたが、母親に相談したところ後押しがあった。兄や姉が東京にいたのも大きいだろう。

国際関係学科で人類学を専攻し、在学中にフィリピンのネグロス島の大学に交換留学をした。留学先選びもまたユニークである。のぞみさん同様あさ子さんももともと留学を望んでいて、しかし都会ではないところを希望していたのだが、首都ではない地域の大学が留学先になっているのはフィリピンだけだった。留学先ではソーシャルワークを学んだ。

大学卒業後、あさ子さんは横浜ＹＭＣＡに就職した。このときもあさ子さんは母親に相談している。農業関係で著名な出版社にも合格していたが、母親は「農業のフィールドはいつでもできる。ＹＭＣＡには国際組織もある」と助言した。国際協力関係の仕事をしたいというあさ子さんの夢とも合致した。ここに3年勤めたが、デスクワークが主だったので農業関係への夢を捨てきれず、退職して韓国のプルム農業高等技術学校（以下、プルム学校）の専攻部に入学して、2年間有機農業を学んだ。プルム学校については次の補論で詳しく紹介しているが、愛農高校とも関係があった。あさ子さんものぞみさん同様、韓国に興味があって大学でも韓国語を履修していた。プルム学校の同期は30代の韓国人が多く、農業がしたい、本気で田舎暮らしがしたいという人ばかりだった。

2年後に帰国したあさ子さんは、全国愛農会に就職する。愛農会は、土と命を守る担い手の育成や有機農業の普及・教育、有機食品の検査認証などを行っている公益社団法人で、愛農高校の設立母体である。高校と敷地を同じくしているので、あさ子さんは母校に戻ったことになる。結婚・出産によっていったん退職したが、現在また同会に復職している。

▼▼▼心に色川を育みながら暮らす

原家族の長男・考佑さんは高校卒業後、北海道の国立大学に進学し、工学部機械科でエンジンの研究を専攻した。小さい頃は魚が好きで漁師になりたいと思ったこともあったようだが、理系科目が得意で機械が面白そうだったからである。

進学についてはは、何のために大学に行くのかとモヤモヤしていた頃、父親から「一度社会に出てからやりたいこと見つけて、そのための手段として大学が必要なんだったら大学に行くというのが理想だな」とアドバイスされたという。

就職は当初、自動車メーカーを考えていたが、後悔するのではないかと思ってやめた。「どこかに何か間接的にでもいいから第一次産業にかかわることができたらいいかな」と思って探した結果、農業機械も扱う企業に就職した。バイオエンジンの研究もできるというのが魅力的だったという。現在は漁船やタンカーのエンジンの開発を担当している。

勤務先も住まいも滋賀県で、現在は結婚して子どもがいる。色川には時折帰ってくるようだ。

色川から離れて住みながら、考佑さんは色川で生まれ育ったことは誇りだという。出身を聞かれたらまず和歌山県と言うが、すぐさまそれに付け加えて「和歌山の中でもド田舎」と言う。そこには、田舎をバカにするなよという思いがこめられている。色川は和歌山県の中でも特異なところだと思っているので、「ちっちゃいとこで育った」という言い方をわざわざするというのである。考佑さんは、色川の地域全員を知っていて挨拶したり話を交わしたりすることで、「色川人」としての意識が根づいたのではないかという。

色川で暮らしている二人の弟について尋ねたところ、「色川は心安まるところなので、仕事でしんどくなったときはうらやましいと思う。ここに住んでいるけど、ふるさとは色川なんで。仕事で折れそうになると、帰りたくなる気がする。洋平とか裕は結構自由に、しんどいところもあると思うんですけど、結構楽しそうにやっているように見えるんで。なので、そういう道も僕にもあったんかなと思うことはありますね」と答えた。

❹ 卒業生の生き方と色川

2家族6人のライフストーリーを聞くと、高校卒業後の進路や生き方には2つのことが大きく影響していると思われる。1つは親の生き方の影響で、もう1つは色川という地域がもたらした影響である。

▼▼▼親の生き方の影響

2家族とも子世代は、育ちの中で親からあれこれ言われたことはないというのは共通していた。移住地で新生活を営むことや農業などで生計を立てることは並大抵のことではなく、親にそんな余裕がなかったともいえようが、あれこれ口を出すことを良しとしない教育姿勢だったと思われる。そのため、子世代は自ら進路を選び取り、経済的なことも含めて戦略的に解決していた。しかし、必要に応じて親がアドバイスをすることはあった。

子世代が影響を受けたのは、「親の背中」である。それは、移住者としての生き方と言ってもいいかもしれない。

原家族では、三兄弟とも父親を尊敬していると語る。子ども時代には地域活動に熱心な父親がたびたび会合に出かける意味をよくわかっていなかったというが、考佑さんは大学に進学して家を離れてから、帰省時に父親から色川に来た頃の話やこれから地域でやっていきたいことなどを聞く機会が増えたという。そして、「あんな風になれたらいいな」と思っている。いろいろな情報を仕込んで、やりたいことが内から出てくる父親を見ていて、「体は結構ガタ来ていますけど、思いはすごい若々しい」と評価する。洋平さんは日常的に近くで父親を見ながら、自身も「あんな風にぱっぱぱっぱ動けるかどうかはわからないけど、何か色川のためにしたいなあというのはある」という。裕さんも獣害対策という活動を通して、地域を大切にして受け継ぐという父親の姿勢を継承しようとしている。また、父親だけでなくむしろ母親の影響が大きいと三人ともが語り、母親を「忍耐の人」「辛抱強い」と評する。

城家族では、父親が自分たちの生活を「豊かな貧乏」と称していたという。経済的には厳しくとも、自給自足的で有機農業を目指した心豊かな生活を送っているという自負であろうか。自らの信念や価値観を大切にする姿勢は、子世代の進路や生活にも受け継がれていると思われる。

また、山村留学時代に父親がよく職場に連れて行ってくれたが、そこには障害を持つ人、車椅子の人、ＬＧＢＴ、在日コリアンなどいろいろな人が働いていて、「いろんな人がいるんだよ」ということを言葉ではなく実際に見せてくれたことが大きいという。さらに、在日コリアン家庭とのつき合いを通して韓国を身近に感じ、英語一辺倒の世の中に違和感を覚えてあえて韓国語を履修したり、母親がかかわっていたアフリカの飢餓支援活動を通して国際協力への志向を抱くというように、国際的な視野も培われていた。それは、単なる憧れとしての海外ではなく、そこで生活をし、支援活動をしたり、農ある暮らしを共に学ぶ場としての海外だった。

▼▼▼色川がもたらしたもの

ここに取り上げた全員が、色川が大好きである。彼らに限らず、色川の外に住む卒業生たちも色川が好きだと多くの親たちは語る。先に紹介した裕さんだけでなく、卒業生が他地域出身者と子ども時代の学校規模を「競う」というのはよく聞かれる話で、自分の出身校の子どもの数がどれだけ少ないかを自慢げに言い合うという。田舎を、へき地を、恥ずかしいと感じていない。色川に親や家族がいることが、色川と自身をつなぎ、色川への思いを抱き続けられる要でもあろう。

ふきさんは色川に「恩がある」という言い方をしていたし、洋平さんはかつての色川を知れば知るほど色川を好きになるという。考佑さんは、何かにつけて色川を思い出しているようだ。のぞみさんやあさ子さんは、色川の外に住んでいても、色川は常に自身が暮らす場所の参照軸としてある。のぞみさんが高田で保育所や学校の保護者として暮らし、地域住民として地域の活動をしているのは、色川に見習っているからでもある。色川には活動する人材が豊富であるから、自分は今の地でがんばろうというのである。あさ子さんは、子どもを色川に山村留学させようと考えたこともあるそうだ。

色川小学校と中学校の旧校舎が建て替えによってなくなったことに対する反応はそれぞれである。

更地《さらち》になったのを見て「ああ、こういうもんなのか」と思ったとか、新校舎の外観がきれいで安全性が担保されているのならそれでいいという語りは、校舎新築をめぐっていろいろとあったことを踏まえての感想である。

のぞみさんは、旧校舎がなくなったことにショックを受けたという。出身校である千早赤阪村の小学校が閉校になり、現在は建物には入れないらしい。色川中学校の閉校式には参加した。教員という職業からも学び舎《や》を失うことは衝撃だったようだ。

色川で暮らしながら校舎の解体を身近に見てきた洋平さんは、「仕方ないというのもあったし、寂しいというのもあった」という。洋平さんとふきさんは、中学校の建物の解体から定点観測をしてアルバムにしようとしていた。特にふきさんは、なんとか中学校の建物を残せないかといろんな人に声をかけたり相談したりしていた。

▼▼▼移住者の子世代であること

それでは、これら移住者の子世代は自らをどのように考えているのだろうか。このことは全員には尋ねていないので、たまたま語られたことを手がかりにする。

色川では、地域住民は「地元」か「移住者」かという2つのカテゴリーで表される。Uターン者は地元である。移住者の中から、その子世代が色川に暮らす事例が見られるようになったが、子世代は地元なのか移住者なのか、それとも別のアイデンティティがあるのだろうか。

裕さんは、「地元というプライドは全く無い」という。「地元」とは代々続いている場合で、地域でそのように言われることも影響しているらしい。しかし、裕さんは「Ｉターン二世」と言われるのもいやだという。その理由を、「移住とかＩターンというところに誇りを持っていないので。そこまで重視しないし、それをフィルターで見られるのがすごくいやだというのが大きい。何だと言えないけど、それがむしろ強みじゃないかと」と説明してくれた。移住者やＩターンというのは、外から付けられたフィルターであり、そういうフィルター越しに見られることへの抵抗が語られている。したがってそこに誇りは感じないが、強みとするところに裕さんの抵抗の戦略が垣間見える。たとえば、獣害対策で色川以外での活動が広がると、自己紹介しなければならない機会も増える。そういうときには、相手によって名乗りを変えるようだ。「移住者二世」と言うときもあれば、プライベートでは「ここで生まれました、育ちました」と言うときもある。「仕事的には移住者を使った方が行政とか食いつきがいい」と笑う。「どっちでもないしどっちでもある」。「ここで生まれた人」というのが、最もしっくりくるアイデンティティのようだ。

裕さんのこの話の裏には、父親である和男さんが自身のことを「地元ではない」と言うのを意識しているところがある。そのため裕さんも「地元ではない」と言うが、それは「親父に言われたからではない」という注釈がついた。

和男さんは、自身のことを「移住者」と規定している。いつまで移住者かという質問に、「死ぬまで」と答える。「移住者の誇りを持てと言っている。移住者は移住者の誇りを持ったらいいし、地元は地元の誇りを。移住者ならではの役割と地元ならではの役割がある」という。子どもは「移住者の子」であり、孫は「移住者の孫」である。「曾孫は？」と意地悪く質問すると、「いや、いつまで経ってもそういうことなんです、単なる事実なんで。そういう意識を、ルーツじゃないけどしっかりと押さえておくことで、代々を重ねてきた地元の暮らしにもしっかりと目を向けられるようになるし、大切な色川らしさにも気づくようになる。最近、地元の人が、おまえら30年も40年もおったら地元やと言うけど、俺絶対違うと抵抗してます。地元になれるわけない。そこは違うと言いたいです。移住したての頃、明治や大正生まれの人たちから「あんたらは三代暮らすまではよそ者や」とよく言われました。その人たちは、この地を代々汗して築いてきたんだという誇りにあふれていました。それが地に足着けて懸命に生きてきた村人の自負だし、ごくごく自然な地元の感覚だと思います」と語った。

洋平さんに「ここで生まれたんですからIターン二世になるんですか?」と質問したところ、「そうですね」という返答だった。「でも、ここで生まれたんですよね。ここがふるさとなんですよね」と重ねて尋ねると、「親がIターンだからそんなことも言えないし」ということだった。そして、「最近は地元と言われることも少しはあるから、自分の中では中間あたりかなと思いますね。昔から色川に住んでいるわけではないから」と続けた。

色川の外で暮らす考佑さんは、自分のことを人に話すとしたら、「生まれ育ったのが色川です」と言うという。色川のことを知らない外の世界では、地元か移住者かは問題にならない。それでは、色川の人に対してはどのように自己紹介するかという質問に、「えっと、僕は原和男の息子です。長男です」と言うと答えてくれた。それが、手っ取り早いという。

のぞみさんは自分のことをJターンくらいかなと考えている。千早赤阪村や色川で育ち、東京に出た後、色川の近隣の市内に住んでいるからだ。そんなのぞみさんは、どこにいても自分を「アウェイ」だと感じているという。千早赤阪村で小学校までを過ごし、中学時代を色川で、高校時代は近隣市で暮らし、東京に出て戻ってきたが、和歌山県内をいくつか移り住んだ。そのため、自分は生まれながらに路線を踏み外していると思っているが、既定路線に乗らなくていいということが親からもらった一番の財産だということだった。

❺まとめ——〈色川マインド〉を持ち続けて

限られたケースの聞き取りではあるが、以上から何がいえるだろうか。親の生き方と色川の地域がもたらした影響は、実は重なるところも多いのではないかと思われる。移住者を受け入れ、移住者が暮らす色川には、移住者としてやってきた親の思いや志向が重なっている。それは、〈色川マインド〉といえるかもしれない。外からもたらされる価値観に左右されず、自らの手で自らの生を営もうとする姿勢、地域に受け継がれてきたものを大切にして自らも主体的に地域を引き継ごうとする姿勢、何よりも色川という地域に愛着を持っていることで、そうした姿勢は色川から離れて暮らそうが持ち続けられるものである。

その一方で、彼らの語りからは、その生き方や進路に影響を与えたものとして、学校教育への言及はほとんどなかった。しかし、それは学校教育の影響が全くなかったということではない。あさ子さんはこの原稿をチェックしてもらった返事の中で、「振り返れば私が色川にいた5年間は学校生活が中心で、（保護者以外の）地域の人とのかかわりはそれほど多くなかったように記憶しています」と書いている。籠の運動会への参加やわら草履《ぞうり》作り、敬老の日のお年寄りの訪問や茶摘みなどは、学校の教育活動として経験したが、今から思えばそれが「色川らしさ」の経験だったという。学校を通して地域を体験していたのだ。いい先生との出会いや小規模だったことの良さなど、後になって問われてみれば思い出すというくらい、学校生活というのは子どもにとって当たり前のものなのかもしれない。小さな学校の良さは皆が感じていたし、実際に自身の子育てでは小さな学校を望む言動が見られた。

ここで大事なことは、学校がなければ彼らは色川に生まれ育つこともなかったということだ。そういう意味では、学校はただあればそれで、それだけでいいともいえようか。

彼らが育った時代と比べ現在ではさらに住民が多様化し、地域の活動も活性化している。彼らの世代で色川に暮らす者は、移住者子世代のパイオニアであり、今後のロールモデルになるかもしれない。色川の外にあっても〈色川マインド〉を抱いて生きる人たちがいることは、地域では伝わりにくいが、そういう人たちの姿を色川の子どもたちが知る機会もあればなおいいだろう。

地域では子世代が色川に住まうことがさらに期待されており、今後は増えることも予想される。持続可能な地域づくりを考える若い人たちが色川に根づき、子育てする中で、学校と地域の関係が変わっていくかもしれない。

最後に、学校運営協議会の委員をされているお二人に寄稿をお願いした。色川で生まれ育った浦勝良さんは東京の大学を卒業後、那智勝浦町の消防署職員を経て、色川出張所所長を務めた。住まいは同町にあるが、退職後に色川に農家民宿を開くとともに、毎年、小学生にブルーベリー体験を提供している。白水洋子さんは初期の移住者で、かつては色川小・中学校に通う子どもの保護者でもあった。今でもコーラスの練習で学校を利用している。色川小学校の田植え体験や餅つきの活動は、白水さんご夫妻のお世話によっている。

Voice

色川に生まれて68年……浦　勝良

兎《うさぎ》追いしかの山　小鮒《こぶな》釣りしかの川
夢は今もめぐりて　忘れがたき故郷《ふるさと》

山間の急峻な地にへばりつくように集落が点在する我が故郷、色川の里。

この地に生まれて68年、この歌詞のごとく幼少時代を送った日々をなつかしく思い出す。

私が生まれた昭和25（１９５０）年当時の色川村は、人口約３０００人で農林業、銅鉱業を基幹産業に暮らしは活気に満ちていた。私自身、野山を駆け回り、自然を相手にさまざまな遊びの中から思い出を作り、地域に見守られ成長した。このことが、後の人間形成や故郷への思いを醸成したものと思われる。

中学時代、テニス部に籍を置き日々の練習や対外試合に行くことが楽しく、特にお盆に開催された地区テニス大会が思い出の一つである。当時、鉱山関係者の中にテニスをする人が多く、大人に混じって大会に参加して対戦できたことが心に残っている。今年23回目を迎えた正月3日に開催する新春テニス大会は、地区民、帰省中の老若男女が参加する地域行事として定着し、子どもたちの楽しみの一つとなっている。この大会も、私の中学時代の良き思い出の中から発案し、公民館活動として実施しているものである。

色川が移住者を受け入れて41年になる。紆余曲折の中、１９９１年に地域全体で取り組む組織づくりをし、取り組みの根幹をなす理念は28年間一貫して受け継がれている。地域の歴史・文化を継承し、地元住民への感謝の念を持って協調し合うことを前提に面談を行い、地域の暮らしを理解してもらった上で移住につなげていく。

その成果として若い移住者が増え、保育所、小学校、中学校が現存している。３２０人ほどの小さな地域に子どもたちの声が響き渡る情景は、住民に元気と前向き志向をもたらしてくれる。この子どもたちがこの地で生まれ育ち、成長していく中でたくさんのことを学び、思い出を作れるよう、地域とのかかわりの中で彼らに日々の暮らしを生きた教材として提供できることが、私たちの生き甲斐にもつながっている。

私は、ブルーベリーの生産者としてブルーベリー摘み取り、ジャム作り体験を小学生に提供して楽しんでもらっている。茶摘み体験や米作り体験などを通して、色川地域ならではの自然からの恵みがどのような働きにより生産されているかを知ることで、自分が暮らす地域を理解し郷土愛を育むことになる。市街地から遠隔の地であるため、学校を地域コミュニティの活性化の中核的な施設と位置づけ、地域をあげてその充実を図っている。

このことは行政も認めているところであり、2年前には小・中合同校舎を新築することができた。色川小・中学校は、超小規模校ではあるが、学習発表会や授業参観のたびに学習能力の高さに驚くばかりで、潜在能力なのか学習環境によるものか、現状に触れうれしくなる。子どもたちは、意見や感想を発表する機会が多く、さまざまな活動の中でリーダーを務めることができる。主体的に学習に取り組む環境がそうさせていると思うし、先生も一人ひとりの状況把握ができ、きめ細かい指導を行っていると感じる。

この子どもたちが色川の地で育ったことに誇りを持ち、郷土愛を持って地域の担い手となってくれることを願う。

Voice

子どもたちの登下校を見守る

白水洋子

朝7時すぎ、小学生の集団登校の声が、家の前の坂道を上がって行く。今年は6人。1年生から6年生まで、きょうだいもいる。そんなことから始まる何気ない毎朝の光景。

数年前に老朽校舎の建て替え問題が起きた。財政難ということで、この過疎地の小中学校がなくなるかもしれないというところまで追い込まれたのだ。人数だけでみれば、効率的でないということだが、そういうことで、日本のあらゆることが消滅してきた。学校が、子どもの教育の場のみならず、その地域において、そこに住むいろんな年代の住民に与えるものは計り知れない。その地域の中心となるものである。

この色川において、今や大半を占めているＩターン者の子どもたちの通う学校である。過疎の村が存続しているのも学校があるおかげとも思う。学校のない村は人口の増加は望めないし、ましてやＩターンの若者となるとなおさらである。

そういう私も、36年前にＩターンで色川に移住してきた。ここで子ども2人を育て、保育所、小学校、中学校に通わせた。学校の存続問題は、直接的には子どもの保護者の問題ではあっても、実際にはそこの住民の大問題であった。

そして今、新校舎が建ち、日々子どもたちがその新校舎に通い、勉強している。この普通の光景に思わず、心が緩むのだ。ああ、良かったと。町の学校に比べれば、設備は十分ではないが、学校の行事には村人も参加し、全員が色川という地域で生きるのに、学校の存在はなくてはならない。

家の前の畑で農作業をしている夕方、山の上の方から、学校を終えた小学生が歓声とともに下ってくる。坂道を、タッタッタッと走ってくる子もいる。「お帰りー」「ただいまー」、そして「さようなら」と家の前の道を過ぎていく。

補論

創意が生きる小さなマウルと学校

韓国・忠清南道洪城郡洪東地区

——尾﨑公子

一人ひとりを大切にし、多様な人々が共存し、共に生きる地域づくりを進めている韓国忠清南道《チュンチョンナムド》にある洪東《ホンドン》。ここでは学校が、そうした理念を実現するインフラとして機能し、担い手となるべき人材を輩出している。洪東は人口4000人弱の小さな農村である。そこに、どんな学校があって、どんな人がいて、取り組みを支えるどんな仕組みがあるのだろうか。日本における地域と学校のかかわりを考えるための補論として、人々の創意が生きる小さな農村と学校の取り組みを紹介する。

[洪城郡 HP をもとに作成]

はじめに

❶洪東マウルとは

本論では、忠清南道洪城郡《ホンソン》の洪東《ホンドン》マウルを取り上げる。マウルとは、「村落共同体」「生活共同体」の伝統的呼称である。日本で言うところの「地域づくり」は「マウルづくり」と呼ばれている。日本の村に相当する韓国の行政単位は「面」なので、行政上は洪東面となるが、ここでは共同体のニュアンスがある「マウル」を使用する。前頁の地図の通り、忠清南道は朝鮮半島の中央西側に位置し、洪城郡は黄海に面している。郡庁のある洪城へは、ソウルからバスや列車を利用することができ、所要時間は1時間半程度である。洪東は洪城の南東約10㎞のところにある中山間地域の農村で、総面積は3636ヘクタール、農家率は74％に及ぶ。稲作と野菜栽培が中心だが、酪農密集地域でもある。

2019年7月現在の人口は3507人。14歳以下の年少人口は人口比率8％弱、65歳以上の高齢化率は30％となっている。1965年に1万6242人あった人口は減少の一途をたどっていたが、2010年の3463人で下げ止まった。高齢化率も1990年の11・6％から2010年の35・0％へと急激な高齢化が進んでいたが、さらなる高齢化をなんとか食い止めている現状にある。帰農できるマウルづくりが奏功し、帰農・帰村者の定住が進んでいるためである。

韓国では農業を営むための都市から農村への移住を帰農と呼び、田園生活を享受するための移住を帰村と呼んでいる。洪東に限らず、韓国全体でも、減り続けていた農村人口が底を打ち、2015年から増加に転じている。洪東のような就農の成功モデルが出始めたことや、ベビーブーム世代(1955~1963年生まれ)が定年・引退を迎え帰農・帰村する人々が現れたためで、今後10年間は増加傾向が続くと見られている。日本で「田園回帰」と呼ばれるのと同様の現象が起こっているのだ。洪東では現在、人口の約半数を帰農・帰村者が占めるに至り、韓国の「帰農・帰村1番地」と呼ばれている。人々を引き寄せる魅力となっているのは、〈教育・有機農業・協同組合〉の3拍子が揃っている点にあると指摘されている。

洪東には、私立プルム農業高等技術学校(以下、プルム学校)といういわゆるオルタナティブスクールが存在し、有機農業と協同組合をいち早く取り入れ、自然との共生も含め、多様な人々が共存できる地域づくりを進めてきた。これまでに約1200名の卒業生がいるが、その約1割が洪東に残って地域の担い手として活躍しており、地域人材を輩出するインフラとして機能してきた。そうした地域づくりに2000年に入ってから、洪東中学校をはじめとする公立学校もかかわるようになり、人々を引き寄せるような教育環境を形成してきたのである。洪東には2校の小学校(洪東小学校、金堂《クムダン》小学校)と洪東中学校がある。

だが、2000年に入るまで、公立学校は地域にありながら、まるでエアーポケットのごとく、地域とかかわりを持たない存在であった。第3章で、学校と地域の〈距離〉を取り上げたが、韓国でも同様であり、全国から注目される地域づくりがなされていても、公立学校が地域づくりに関与することや、地域資源を活かそうとする取り組みはなかったのである。そうした状況の中から、学校と地域を〈架橋〉する取り組みが生まれてくる。ここでは、その経過に焦点を当てる。

❷ 洪東との出会いと調査概要

私が韓国調査を始めたのは、韓国・公州大学のチェ・ジョンユル教授との出会いがきっかけだった。日韓の教育行政学会が2011年に「農村学校における教育福祉への新たな方向性」をテーマにした国際シンポジウムを公州大学で共催した際に、小規模学校の日韓比較研究を始めようと意気投合し、共同研究を手がけることになった。2012年に最初に訪問したのが洪東中学校である。田園学校事業という小規模校活性化事業のモデル校だったからである。そこで、日本円で億を超える国からの助成金を使いこなし、地域と学校の連携事業を手がけるミン・ビョンソン教諭と出会ったのだ。その実践力の高さに驚くとともに、なぜこうした実践が可能なのか、いちスーパーティーチャーが成し遂げた偉業なのか、それ以外の背景があるのか。それらが知りたくて、以来、チェ教授とミン教諭と共同研究を続け、これまで計8回にわたって訪韓調査を実施してきた。訪韓調査のうち2回は中島勝住・中島智子も同行している。調査を続けるうち、学校に自律的な経営を認める政府の政策があり、付与された自律権を最大限駆使して、学校と地域を〈架橋〉し、理想の教育や地域づくりを追求する教職員のネットワークや運動があることがわかってきた。

以下では、学校と地域を〈架橋〉する教職員や住民の姿を捉え、その実現のために、いかに現行制度が駆使されているのかを見ていくことにする。さらに、1事例にとどまらない地域と学校に関わる新たな潮流があり、洪東のような小さな農村の学校の取り組みをバックアップする民間組織や運動があることを紹介することにしたい。[1]

1　プルムル学校のマウルづくり

❶プルム学校の概要

プルム学校は、農村の担い手を育成するという教育的使命感とキリスト教信仰に基づいて設立された私立学校である。1958年に高等公民学校（中等部）、1963年には農業高等技術学校（高等部）、2001年には高等部の延長課程である専攻部（2年課程）を開設してきた。中等部は、1980年に同地域に公立の洪東中学校が設立されたのを受けて廃止されている。高等部は1983年から学力認定校となり、上級学校への進学も可能となったが、それまでは、同校の理念・長所を活かすために、政府からの財政支援を受けない非正規の学校として存在していた。専攻部は今日でも学歴認定が受けられない一種の社会教育機関の位置づけになっている。

1993年から全寮制となっており、1学年30人の小規模校である。多様な能力と知識と感情を持った生徒一人ひとりに向き合おうとすれば学校規模は小さくならざるを得ず、小さな学習共同体であればこそ、生徒たちの探究、創造、挑戦、批判などの能力が育てられるとの信念に基づき、小さな学校であることに価値を置いてきた。

元プルム学校長のホン・スンミョン氏は、私たちのインタビューで完璧な日本語を操りながら、

石碑に刻まれたプルム学校の校訓。エリートではなく、各人の個性を発揮しながら、隣人と地域共同体をつくり上げていく〈平民〉を育てるとの意味が込められている。

プルム学校が目指す教育について次のように語ってくれた。

「地域の活性化にはやはり人材を育てるということがかなり重要だと思っています。（中略）私はこの村の学校でできるだけ地域と一緒に取り組む教育をしたい。そしてまた、環境と平和を中身にした教育をしたい。そして一人ひとりを大切にして、共に生きる人を育てる。競争とか序列化とかにはあんまり力を入れないんですよ」。

この言葉にプルム学校の教育理念が凝縮されている。では、こうした理念が、どのように具現化し、今日の洪東が築かれていったのだろうか。ホン氏は、プルム学校の歩みについて、次の3期に分けることができるとしている。

第1期：学校の設立と協同組合の運営（1960年代〜）

1　以下では、2012年と2013年に洪東で実施した洪東中学校教職員、プルム学校関係者、地域住民計16名へのインタビューや、小さな学校教育連帯関係者へのインタビュー、小規模活性化事例に関わる現地調査で得られたデータを使用する（参考文献の尾崎 2014, 2015, 2018参照）。また、プルム学校や洪東の取り組みについては、尾花清（2003, 2005, 2011）やホン・スンミョン（2008, 2010）をはじめとする参考文献であげた先行研究を参考にした。

第2期：有機農業の導入と拡大によるマウルづくりへ（70年代～）

第3期：生涯学習の段階へ（80年代～）

以下では、この時期区分に沿ってプルム学校の取り組みを見ていくことにする。

❷ プルム学校の取り組み

▼▼▼第1期：学校の設立と協同組合の運営

洪東は、韓国における協同組合発祥の地とされており、地域住民の共同出資などによって自発的に組織・運営されているさまざまな機関・団体がある。協同組合を最初に手がけたのはプルム学校である。学校の中で運営方法や精神を学びながら基礎をつくり、軌道に乗れば卒業生たちをはじめとする住民に引き継がせてきた。ホン氏は、「組合の形で農業を興《おこ》す」と表現するが、卒業生が地域に残って働くことができるように、まずは農業経営を成り立たせるための資金、そして生産、加工、流通の販路を相互扶助的な組合をつくることで確保してきた。協同組合は、同校の理念である

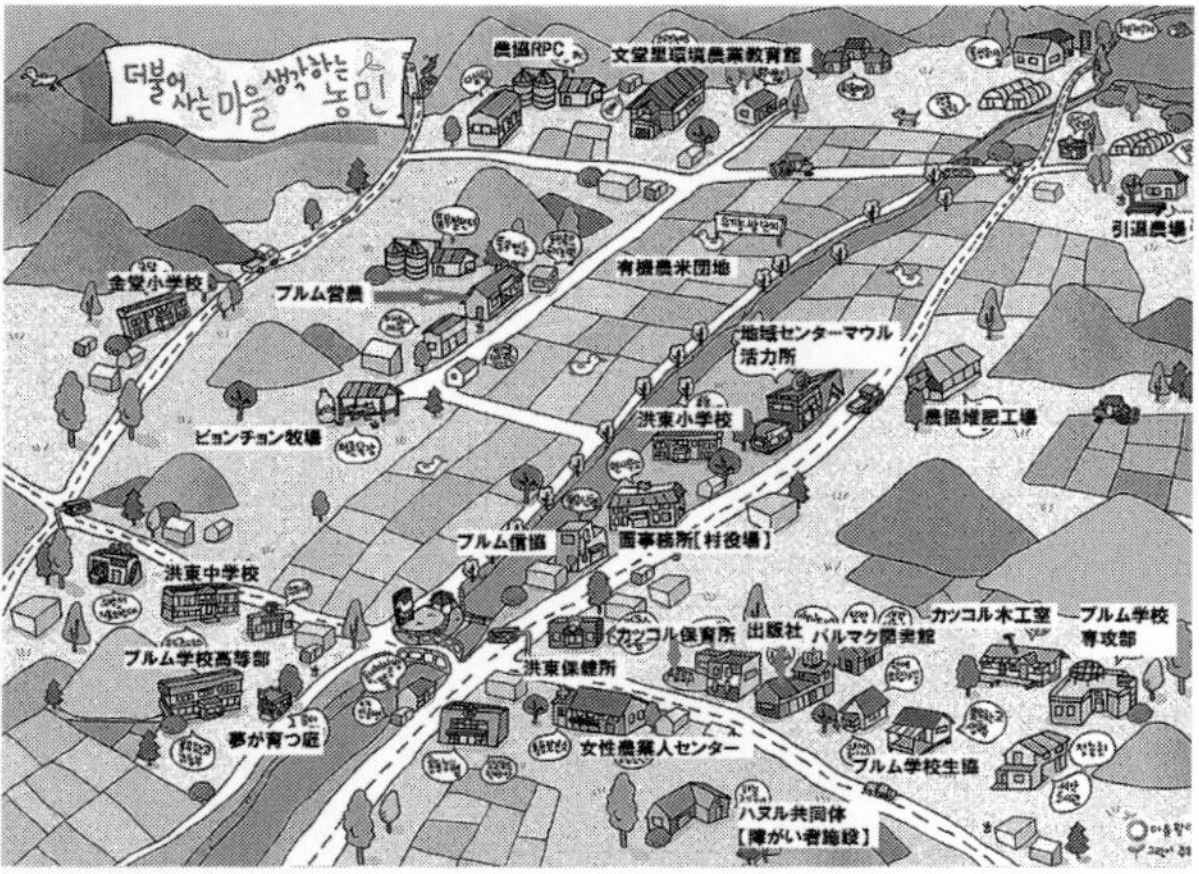

図補.1　洪東面のイラスト図

出所：地域センターマウル活力所[2]ホームページをもとに尾﨑加筆。

「共に生きる」一つの仕組み・型として大きな機能を果たしてきたのである。

さらに、組合設立は、農村での暮らしを成り立たせる手段であるばかりではなく、学生や住民の自治能力を高める手段でもあった。協同組合の総会には学生も参加し、地域の担い手となる実地学習の機会ともなってきたのだ。

現在、同校に関連する34の機関団体が存在する（2019年1月現在、図補・1参照）。洪東農業協同組合、プルム信用協同組合、プルム生活協同組合等をはじめとして、有機農業を支える研究所、図書館、出版社、古書店などの文化機関、そして保育所、障がいを持つ子どもを対象とする園芸教室、障がい者施設などの教育・福祉機関に及んでいる。1979年に設立された保育所は、農村における共同保育所づくりの先駆けであった。

▼▼▼第2期：有機農業の導入と拡大によるマウルづくりへ

70年代に入って、プルム学校の卒業生たちが中心となって、有機農業の取り組みを始めた。悪戦苦闘の末、合鴨農法が成功し、安全な食品という付加価値によって高い収益をあげ、農家の経営基盤を安定させる活路となった。同時に、地域と自然、生産者と消費者を結びつける機能を果たし、過疎化し荒廃していた農村を再生させる大きな契機となっていく。

ホン氏は、人間を中心に据え、生物や自然を周辺的に捉える環境観を批判して、人間も生態系の

2　地域センターマウル活力所は、プルム学校の卒業生が幹事となり地域活動の情報発信などを行い、地域内外の人や団体の連携を促しながら、起業支援、帰農・帰村者予定者への支援を行っている。

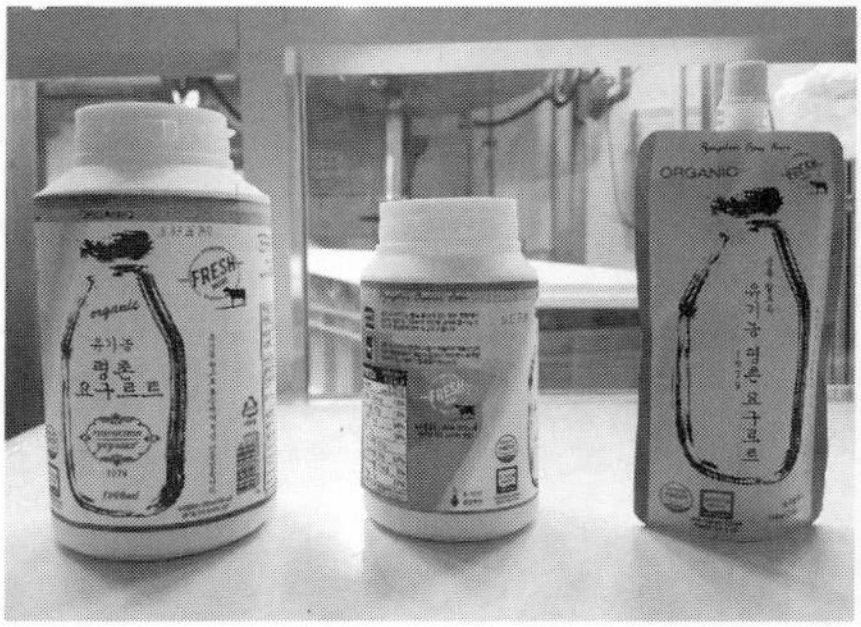

ピョンチョン牧場のヨーグルト（プルム学校2期生と3期生経営）［提供：ミン・ピョンソン］

プルミ有機野菜農場のトマト（プルム学校25期生経営）［提供：同上］

一部であるとし、プルム学校の教育理念を〈生態教育〉と規定している。地域には、土、水、生物、田んぼなど具体的な生態と多様で多彩な人々が活動し暮らす生活圏がある。地域は生きている現場の教室であり、地域全体が教材となり、住民が教師となる教育実践を目指してきた。有機農業は、そうしたプルムの教育理念やマウルづくりを実現させる働きを持つことになる。

▼▼▼第3期：生涯学習の段階へ

自然との共生も含め共に生きる人を育てるプルムの実践は、協同組合と有機農業を両輪として、

80年代以降、さらに展開していく。

２００1年には専攻部を開校し、洪東は保育所から専攻部までを完備する地域となった。専攻部には、農業研究所も付設された。プルム学校と地域の関係について「地域からまなぶ」高等部と「地域にかえす」専攻部と指摘されているように[3]、地域から学ぶだけではなく、シンクタンク的機能を果たして地域の有機農業を支えていくのである。

２０１1年にはパルマク図書館も開設された。行政支援を受けず寄付金のみで建てられたもので、未就学児童への本の読み聞かせや、地域の子どもたちの作品展示、教養講座など、生涯学習の拠点にもなっている。パルマクとは「明るくすがすがしい」という意味で、その名の通り、居心地の良い空間となっている。

他にも、障がい者や高齢者などの社会的弱者を排除しない「共に生きる」理念がさまざまな機関・団体の設立によって具現化され、一人ひとりが大切にされるマウルづくりが進められている。たとえば、「夢が育つ庭」という知的障がいを持つ児童・生徒を対象とする園芸教室がある。ハンディの程度に合わせてカリキュラムが設けられ、花や野菜を世話する農業活動を通じて、地域住民との関係をつくり、就労機会の確保につなげている。

ホン氏は、障がい者がいかに大切にされるかが地域の健全さを示す指標になるとし、「地域は新自由主義や企業経済や中央集権の防波堤」だとする地域観を提示している。新自由主義や企業経済

3　降旗信一・元鐘彬（2012）「韓国農村における共生型教育共同体の現状と課題――「学校から住民への貢献アプローチ型」教育共同体としてのプルム学校の特徴」

は、市場における生き残りをかけて競争し、効率性を追い求め、その中で切り捨てられるものに自己責任の論理を振りかざす。それに対して、プルム学校は多様な人々が共存し共に生きる地域を創り上げるために、医療、安全、農業、教育、文化、共同体など、市場原理では解決できない分野をカバーする実践を続けてきたのだ。

しかし、90年代半ばまでは、プルム学校は偏差値が低い底辺校と認識され、地域に受け入れられていなかった。「雨水がぽたりぽたりと落ちて岩を穿《うが》つように地域が変化してきた」とホン氏が表現するように、半世紀かけて、徐々に共感が広がって現在に至っているのである。

2　公立学校と地域の〈架橋〉

❶地域にありながらも地域とかかわりを持たない公立学校

1987年の民主化闘争、それに続く経済発展を遂げて、国民所得が向上する中で、さまざまな市民社会団体が結成されるようになり、新自由主義とは異なる価値観を求める一定の潮流が生まれてくる。また、教育分野においても代案学校（オルタナティブスクール）運動などが起こり、これまでの公教育とは異なる教育を求める人々が現れてくる。洪東は、そうした人々の受け皿となり、プルム学校を核とするマウルづくりに賛同する人々が、帰村・帰農し、プルムの卒業者と共に、さまざまな経験、スキルを発揮し、地域の機関・団体の運営にかかわっていくのである。パルマク図書館の幹事を務める女性も帰村者で、「洪東に来て、教育が地域を変えるという手ごたえを感じ、自分も地域の活動にかかわりたいと思った」と図書館事業にかかわるようになった動機を語ってくれた。大学院卒業後、7年間公立小学校の教員をしていた。その経験がここで活かされている。

しかし、プルム学校の理念を活かす取り組みが、公立小中学校も含めて一貫してなされていたわけではない。公立小中学校は、地域にありながらも地域とかかわりを持たない存在としてあった。2000年代に入って、帰農・帰村者の子どもたちが小学校・中学校に入学するようになると、そうした公立学校のあり方が批判され、学校と地域との連携を促す声が高まっていき、公立学校教職員の中に、それらの声を受けとめる動きが生まれてくるのである。

❷ 地域と学校を〈架橋〉する人々、組織、プログラム

▼▼▼〈架橋〉する帰農・帰村者 ―― 公立学校のあり方に異議を唱える

帰農・帰村者らは、2002年に地域内で保護者会を組織し、「洪東子ども愛」と名づけて活動を始める。彼女・彼らは、地域が〈生態〉や共同体づくりの先進地区であるのに、小・中学校の教育内容と教育方法は、入試重視の競争教育であることに疑問を持ち、学校教育の問題点について共に学ぶ組織を立ち上げたのである。どのような保護者が活動にかかわっていたのだろうか。ここでは2人の中心メンバーの経歴に触れておきたい。

保護者会の代表を2002年から2004年まで務めたジョ・ユサン氏（1962生まれ、大学院卒）は帰村者で、プルム学校での教員経験があり、プルムの卒業生である男性と結婚し、子どもも

プルムを卒業している。2004年からは、同年に開設された女性農業人総合支援センターの運営委員になり、2010年にセンター長に就任している。同センターは、帰村・帰農した女性農業者の地位向上と自己実現の機会を提供するために設置された機関で、①相談業務、②保育提供、③子どもの勉強部屋の提供、④女性向けの教育プログラムの実施などを主な業務としている。②③のように、女性農業者が安心して農業に専念できるように、子どもの保育や教育にかかわる業務もセンターの柱になっている。ジョ氏は「私は帰村者であるが、ここで結婚し二人の子どもを育ててこの土地の人間になった。帰村者と土地の人の両方の立場がよくわかる」と語り、保護者という立場を超えて、地域の女性や子どもたちを支援する取り組みへと活動を広げている。

もう一人の中心メンバーだったアン・ジョンスン氏（1962年生まれ、大学卒）は帰農者で、夫はプルム学校専攻部の教員であり、子どももプルムを卒業している。保護者会活動とともに洪東小学校、洪東中学校の学校運営委員や学校運営委員長（学校運営委員会については後述する）を務め、2004年から2008年まで女性農業人総合支援センター長を務めた。2011年には洪東の近接地域の地域児童センターの開設にかかわり、センター長に就任している。学校と地域の両面において子どもたちの学びや生活支援に携わっているが、「大人と子どもの関係が変化し、子どもは地域の子どもとなり、子どもたちは「大人は自分の先輩」と認識するようになった」と取り組みの手ごたえを語ってくれた。

こうした女性たちが、保護者会活動において、プルム学校のホン氏を講師に招いて教育哲学を学んだり、綴り方・読書法の指導原理、学校図書館の支援法を学ぶ学習会を開いていくのである。

▼▼▼〈架橋〉する教員――マウル教師の存在とそのバックボーン

一方、保護者会活動の開始と軌を一にして、2003年に公立学校と保護者、プルム学校、地域住民をつなぐパイプ役を担うことになるミン・ビョンソン教諭が洪東中学校に異動してくる。ミン教諭は、同地の教育実践におけるキーパーソンとなっていく人物である。

ミン教諭（1961年生まれ、大学院卒）も1986年から洪東に居住し、妻はプルム学校の教員、子どもたちもプルムの卒業生である。つまり、先の女性たちと同様、子どもを地元小学校、中学校、そしてプルムに通わせる保護者でもあった。2003年から2013年まで洪東中学校に勤務し、異動後も洪東の教育プログラムの運営に携わっていたが、2019年3月に洪東中学校の公募校長（同制度については後述）に就任した。学校と地域の連携事業を遂行する実践力とともに、住民として地域に根差していることなどが評価されたのである。

ミン教諭のような学校と地域を架橋する教員のバックボーンの一つに、全国教職員労働組合[4]（以下、全教組）がある。ミン教諭は校長となったため現在は組合員の資格を失ったが、幹部も歴任してきた活動家である。

4　全教組は、1989年5月に非合法組合として結成されたが、政府はすぐさま弾圧に乗り出し、約1500人の組合員を解雇した。その中にミン教諭や「小さな学校教育連帯」（後述）の中心メンバーたちも含まれていた。解雇された教員の多くは、4年6ヵ月後に復職を果たしたが、解職されている間は組合専従者となって居住地域の地域活動や教育実践に携わっていた。全教組は、1999年に合法化されたが、パク・クネ政権下の2013年に法外労組の通告を受け、労働組合としての法的地位を喪失し現在に至っている。

全教組は、労働条件の改善とともに「真なる教育」の実現を目指してきた。「真なる教育」とは、教育の民主化と学習者中心の教育を求めるものであり、「競争から協力へ！」「教室改革から学校改革へ！」「個別実践から集団実践へ！」などをスローガンにしている。そうした真なる教育の実現を目指し、具体的な学校の変化を求める組合員たちの中に、「マウルと共にあるマウル学校」など、地域社会と共に行う教育に価値を見出す教員たちが現れ、「教師学習共同体」と呼ばれている自発的な教員集会を各地で組織していった。そうした実践を先導する働きをしたのが後で取り上げる「小さな学校教育連帯」である。同団体では、保護者や地域住民として居住地の学校教育を支援する教員をマウル教師と呼び、マウル教師の活動を異動により学校の取り組みが途切れてしまうことを防ぐ方策と位置づけてきた。

ミン教諭も典型的なマウル教師であり、マウル教師たちが学校改革にとどまらず、マウルづくりにも踏み出して、地域社会と共に行う教育の具現化を図っているといえる。洪東では、ミン教諭の他にマウル教師が数名おり、そのうち1人はミン教諭と同時期に洪東中学校に勤務していた。この教員（1965年生まれ、大学卒）は、夫は農業を営み、子どもの中にプルムの卒業生がいる。全教組組合員であり、洪東中学校では分会長を務めていた。洪東小学校、中学校、プルムの保護者でもあり、女性農業人総合支援センターの運営委員でもあった。

地域と学校を架橋する人々の共通点は、高学歴でプルム学校にゆかりがあり、我が子の教育にとどまらず、地域の子どもたちに目を向けた支援活動を展開していることであろう。

▼▼▼〈架橋〉する組織――公私立学校教員とマウル指導者が一堂に会する教育課程研究会設立

２００４年1月初めに、ミン教諭ら教員と「洪東子ども愛」のメンバーら保護者15名は、大統領直属の教育革新委員会が主管する農村教育革新会議の討論会に参加する。そこで小さな学校教育連帯による農村教育の活性化事例を知ることになる。２月には、同連帯に加盟する京畿道《キョンギド》の南漢山《ナマンサン》小学校、忠清南道牙山《アサン》の巨山《コサン》小学校などの先進的な実践校に直接赴き、廃校寸前の学校の再生事例に刺激を受け、洪東でも新たな学校づくりが可能であり、そのためには教員の意志が重要であり、保護者も教員と力を合わせ努力する必要があるとの認識を深めていった。

こうして保護者と公立学校教員との連携関係が築かれていく中で、ミン教諭は、「第7次教育課程」（日本の学習指導要領）によって新たに導入され、学校の裁量に委ねられた創意的裁量活動を利用して、地域インフラを活用した教育プログラムの開発をプルム学校の教員・保護者・地域住民とともに進めていくのである。

教育部[5]（日本の文部科学省）は、１９９７年に「第7次教育課程」を告示した。そこで、教育課程を教科・裁量活動・特別活動の3領域から構成するとし、裁量活動の新設のねらいの一つに「地域社会と学校現場の地域的な特性にあった教育課程づくりができるようにするため」（『中学校教育課程解説』１９９９年）をあげていたのである。

5　国家の教育行政機関の変遷については次の通りである。１９４８年に文教部、１９９０年に教育部に改称、２００１年に教育人的資源部に改称、その後２００８年に科学技術部と統合し、教育科学技術部になり、２０１３年には科学技術は未来創造科学部へ移管し、教育部となって現在に至る。

裁量活動時間は、小学校では週2時間、中学校では週4時間が設定され、2000年（小学1年生）、2001年（中学1年生）から適用された。裁量活動の1時間が創意的裁量活動の時間に割り当てられ、「汎教科」学習活動と自己主導的な学習活動に関わる活動を行うとされた。汎教科とは、個別の教科の範囲を越えた統合教科を意味するもので、教育部は民主市民教育、環境教育など、16の「領域と内容」を例示していた。[6] 日本の「総合学習の時間」にあたるものが、韓国でも同時期に導入されていたのである。

ミン教諭は、汎教科教育の研究を進めることを名目として、洪東の公立小・中学校教員、プルム高等部・専攻部教員、文堂里《ムンダンリ》指導者ら13人で「洪東地域汎教科教育課程研究会」（会長・ミン教諭。以下、地教研）を2005年に結成した。[7] 教員たちはすべて全教組の組合員であった。地教研は洪城教育支援庁（基礎自治体に置かれている教育庁の出先機関で、教育庁は広域自治体に置かれている教育行政機関。後掲表補・1参照）から公的な教科教育研究会としての認可を受け、活動費200万ウォン（日本円で約18万円）の支給を受けて活動を進めていく。このことについてミン教諭は、教育支援庁の認可を受ければ、校長の協力も確実になり、公立学校とプルム学校との協力関係も円滑に進められるとの判断があったと述べている。後述するように、歴代の校長は地域連携に消極的であり、協力を得られやすくするための環境整備が必要だったのである。そのねらい通り、地教研の構成メンバーには、諮問委員としてホン氏、プルム高等技術学校校長、洪東小学校校長、金堂小学校校長、洪東中学校校長、文堂里洪城環境農業教育館代表が名を連ね、公立、私立、さらに有機農業を牽引してきたマウル指導者も加わったメンバー構成が実現したのである。

こうして地域内の公私立学校と地域住民が連携して教育課程づくりを進める体制が整えられた。第7次教育課程でも掲げられた「地域社会と学校現場の地域特性にあった教育課程づくり」が、学校だけでなく、保護者・地域住民との連携母体によって編成・運営されていくのである。

▼▼▼〈架橋〉するプログラム——地域インフラを活用したプログラムの開発・運営

地教研は、地域インフラを活用した生態系体験プログラムの開発を進めていった。森体験、河川探索、植生調査などの自然体験活動を、学校5日制（2006年導入）によって教育空白日となった土曜日のプログラムとして「日差しの学び舎」と名づけ、児童・生徒たちに提供していった。さらに、2008年にサムソン夢奨学財団の共同学びの庭事業費を獲得して、週末のみならず、中学生向けの放課後プログラムも手がけていった。こうした教育プログラムを支えたのは、30代半ばのプルム学校の卒業生や帰農・帰村者であった。

「日差しの学び舎」での学習成果は、「洪東通り祭」と称して、地域で発表する機会が設けられている。現在は児童・生徒の発表にとどまらず、高齢者も含めた学習発表会の場となり、1000人以上が集う地域行事となっている。

6　尾花清（2005）「韓国における地域づくりと連携したカリキュラム改革の試み」参照。
7　文堂里は洪東にある一つの集落であり、有機農法の最大拠点である。研修者を受け入れる宿舎などを備えた環境農業教育館や農産物の産地直売所が設けられており、利用者は年間2万人に及ぶ。

❸活動費の確保——田園学校指定

２００７年に、洪東中学校に４年任期の公募校長イ・チョンロ氏が着任する。彼は、教育福祉と[8]地域連携の学校経営方針を打ち出し、地教研によって基礎づけられた保護者・地域とともに教育課程の編成・運営を担う体制を維持し、地域資源を学校の教育課程に取り込む枠組みを確実なものとした。しかし、新たな教育課程を運営するための財源確保が課題として持ち上がる。そこで、洪東中学校は田園学校事業に応募し、２００９年に選定されるのである。これまでの地教研の活動が評価されたのだ。

田園学校事業（２００９〜２０１４年）とは、小規模校維持・育成事業であるとともに農山漁村教育福祉支援事業の一環として政府により導入された施策である。韓国でも日本と同様、少子・高齢化[9]が進んでおり、学校を統廃合しても小規模であるという現状を受けて、小規模校活性化策が講じられてきた。同事業は、学校に自律的な経営を認める一方で、教育福祉を政策理念に据えている点に特徴がある。教育福祉が政策理念に据えられたのは、都鄙間の教育・社会格差が歴然とあり、「脆弱者層」[10]の家庭割合が高い農山漁村への支援が必要だと考えられたためである。しかし、農山漁村の負の側面だけでなく、豊かな自然環境や社会関係資本が持つポテンシャルにも着目した学校と地域の再生事業であった。田園学校事業の柱は、①自然と先端技術が調和された教育環境（ハードウェア）、②特色ある教育プログラム（ソフトウェア）、③優秀な人材の配置・活用（ヒューマンウェア）、④学校経営の自律性の強化、⑤地域社会との緊密な連携の５つである。

洪東中学校は、２００９〜２０１１年に17億ウォン（日本円で約1億5000万円）の助成を受け、その財源で、タブレットパソコンを完備して教育環境を整備する一方、学校敷地内に地域連携の拠点となる地域社会教育文化センターを付設し、担当者を置いて、連携活動を促進させていった。また、放課後学習の場を保障し、教育機会の充実を図るために、教室、夕食、下校車両を提供するとともに、脆弱者層の子どもたちへのメンタリング活動などの生活支援機能を強化し、教育福祉を実践していった。地域住民がメンター（mentor：信頼のおける相談相手）となり、家庭で十分なケアを受けられない子どもへの家庭訪問などを行っている。

こうした取り組みの結果、生徒数は２００９年度の97人から毎年ほぼ1割ずつ増加して、２０１３年度は１６６人となった。田園学校には、校区外の生徒の受け入れも認められており、校区外の市街地から通ってくる生徒が増加したのである。また、基礎学力未定着生徒数も減少するなどの目に見える成果をあげた。

田園学校事業が終了した後も、洪東中学校が代表機関となって、２０１２年度にサムソン夢奨学財団の教育福祉事業の助成金を獲得して活動を継続させていった。２０１３年には10の教育サービ

8　韓国では教育福祉を「個々人の社会的・経済的地位あるいは居住地域によってもたらされる不利益や損失を除去・緩和するためのあらゆる教育サービス」と定義づけている（Im, 2011）。

9　２０１８年の合計特殊出生率は０・98と過去最低を記録し、少子化進行の深刻さが増す一方、高齢化率は14・８％（韓国統計庁調べ）であった。少子化に伴う学校の小規模化は、２０１７年現在で、１００人以下の小学校が全体の3割（60人以下2割）、中学校が2割であり、２００６年以降、韓国の統廃合基準は60人になっている。

10　韓国において「脆弱者層」として教育福祉の対象とされているのは、低所得者、単親家庭、祖孫家庭（祖父母と孫）、少年少女家庭（未成年者のみあるいは保護者の扶養能力がない家庭）、脱北者、多文化家庭などである。

ス事業体をネットワーク化して「学びの庭協議会」を結成し、財政支援がなくなっても持続可能な活動となるような体制構築を図り、2015年にはこれまでの実践を基に「日差しの学び舎マウル教育研究所」を設立している。代表者は、「洪東子ども愛」の立ち上げメンバーだったアン・ジョンスン氏である。研究所には、公立小中学校、プルム学校、パルマク図書館などが参画しており、地協研によって構築された学校と地域の連携母体は、マウル教育研究所に継承され、地域の各種教育機関と地域にある団体、帰農・帰村した専門家（文化芸術、生態、園芸など）をつなぐ役割を担いながら、プルム学校の教育理念をさらに具現化すべく「マウル学校モデル」の体系化を目指しているところである。

3　洪東の実践を可能にした制度的背景
――付与された学校裁量を活かす！

プルム学校の実践は、公教育の枠外の、すなわちオルタナティブスクールで可能となったものであるのに対し、洪東中学校の実践は公教育の枠内であり、公立学校の可能性を示すものとして注目される。ミン教諭たちは、公立学校に付与された裁量権を最大限に駆使して、理想の教育と地域づくりを実践していた。ここでは、活かされた制度を見ていくことにする。

表補.1　日韓の教育行政の仕組み

	日　本	韓　国
中　央	文部科学省―文部科学大臣	教育部―長官
地　方 広域自治体	 都道府県 教育委員会―教育長(任命制) ↓ 〈指導・助言・援助〉 ↓	 特別市・広域市・道など **教育庁―教育監（公選制）** ↓ 〈出先機関〉 ↓
基礎自治体	市町村・特別区 教育委員会―教育長(任命制)	自治区・郡・市 **教育支援庁―教育長(任命制)**

❶ 地方分権政策と学校自律化政策

ミン教論は、地域と連携した教育を首尾よく行うには、以下の前提条件があるとしている。

①地域との連携教育が持つ教育的価値の重要性を認識し、指導力を備えた校長と地域に暮らす教員

②地域との連携教育を広げることができる地域の教育インフラ

③教育プログラムを実行できる財政

④保護者および地域の協力的な意思疎通構造

ミン教論は、これらの条件を満たすために、現行制度を最大限に活かしていった。すなわち、学校運営委員会、第7次教育課程、校長公募制、そして田園学校事業である。これらの制度は、地方分権政策や学校の自律権拡大政策の下で導入されてきたものである。

韓国の地方自治制度は、表補・1の通りで、日本と同様、広域自治体（特別市・広域市、道など）と基礎自治体（自治区・郡・市）の2層制からなっている。現在、広域自治体は17ある。2006年の地方自治法の改正によって、広域自治体の教育行政を司る執

行機関の教育監を住民の直接選挙によって選ぶ公選制が導入された。一方、日本の都道府県の教育長は首長が議会の同意を得て任命する任命制をとっている。

さらに、2007年の初等・中等教育法の改正によって、国家の指導監督権を最小化し、「教育監は初・中等教育に関する一次的で最終的な責任機関」と定められた。教育監の選挙結果では、進歩的教育監と呼ばれる教育監の躍進が続いており、2010年の教育監の選挙では16の道・広域市中6地域、2014年の選挙では17の道・広域市中13、2018年の選挙では14の地域で進歩的教育監が選出されている。教育監は政治的中立性を確保するために、特定の政党からの支持・推薦を受けることが禁じられているが、ほとんどの進歩的教育監は全教組にかかわった経歴を持っている。中央の教育部の政策を一方的には受け入れず、対立も起きているが、小さな学校教育連帯の取り組みを支持する政策を取っており、連帯の追い風となっている。

以上のように、韓国では国家から都道府県レベルの広域自治体の教育監に権限を移譲して、中央集権的な体制からの脱却を図り、地方分権を進めると同時に、学校への権限移譲も進めてきた。1995年に大統領諮問機関の教育改革委員会が提出した「世界化（国際化）・情報化時代を主導する新教育体制樹立のための教育改革方案」（別名「5・31教育改革」）において、「初・中等教育の自律的運営のための学校共同体構築」が主要課題の一つに据えられて以降、政権交代がありながらも学校の自律権を実質的に拡大させてきた。同案に則って、学校運営委員会、校長および教員招聘制、学校会計制度、教育課程の弾力化とともに、一般校よりも教員人事などにおいて裁量権限が大きい自律学校の設置を進めてきたのである。学校の自律度は、教育課程（カリキュラム）編成権、予算権、人事権に関わる所掌や権限が、教育部や教育庁からどれほど学校に分与・委譲されるかによる。以下で、学校にどのような権限が付与されたのかについて、個別の制度をもう少し掘り下げて見ていきたい。

❷学校運営委員会――諮問機関ではなく議決機関

自律的な学校運営を可能にするために導入されたのが学校運営委員会である。

学校運営委員会は、小学校、中学校、高校、特別支援学校において保護者、教員、地域委員から構成される組織で、「学校の自律性を高め、地域の実情と特性に合った多様な教育を創意的に実施する」ことを目的に１９９６年に法制化された。１９９９年からは任意設置だった私立学校も含めてすべての学校で設置されている。導入当初は学校長の諮問機関であったが、現在は議決機関に位置づけられ、学校運営に関わる主要事項について審議し、議決する権限を持った機関となっている。日本にも２００４年に導入された類似の学校運営協議会（コミュニティスクール、以下、ＣＳ）が存在するが、議決権を持たない諮問機関であるところに日韓の大きな相違点がある。具体的審議事項としては、校則、学校予算・決算、教育課程の運営、教科書選定、公募校長・招聘教員の推薦などがあり、校長は運営委員会の審議・議決の結果を最大限尊重しなければならず、結果と異なることを行う場合は、運営委員会と管轄庁に書面で報告することが義務づけられている。

では、これらの事項が審議事項になるということは、どのような権限が教育部や教育庁から分与・委譲されたことになるのだろうか。

▼▼▼教育課程の運営など

韓国にも国家カリキュラムが存在する。日本の学習指導要領と同様の性格を持つ「教育課程」が教育部によって定められている。道・広域市等の教育監は、この「教育課程」に基づいて地域のガイドラインを作成し、学校はそのガイドラインに基づいて具体的なカリキュラムを編成している。既述の通り、1997年の「第7次教育課程」告示において学校の裁量活動時間が導入され、中央統制が強かった韓国にあっても、徐々にカリキュラムにおける学校裁量の余地を広げ、教育課程の運営方法が、教科書選定とともに学校運営委員会における重要な審議事項となっているのだ。教科書は、「教育課程」に基づいて教育部によって検定（2018年現在、歴史教科書は国定）されているが、どの教科書を選定するかは学校に決定権がある。日本では、学校に権限はなく、市町村教育委員会が採択している。

▼▼▼教育予算

教育予算については、教育庁が、国からの交付金と地方教育税などの自主財源を基にして、一般会計から独立した「教育費特別会計」を編成している。交付金が7割を占めており、国への依存度が高い。日本との相違点として、予算編成・執行権は教育監にあり、予算面において、首長からの独立性が担保されていること、国税、地方税ともに、課税対象となる税の一定割合が教育税となっており、教育財源が確保されていることがあげられる。

2000年に学校会計制度が導入され、教育庁から学校に配分される学校運営費のうち、使途が定められた目的事業費以外が学校裁量予算となり、これまで教育庁に帰属していた学校発展基金（同窓生や保護者からの寄付金や拠出金などを財源とする）などの収入や教育庁に返納しなければならなかった繰越金も学校収入として認められるようになった。これにより、教員と行政職員の人件費を除くすべての経費が学校の行政室（日本の事務室）で処理され、日本では教育委員会で扱うような会計処理も学校で行われており、学校単体で業務が完結される。予算・決算書は学校のホームページで公表されている。ちなみに、私たちが調査した南漢山小学校の場合（2016年度予算、児童数169人、6クラス）、学校予算は日本円で約4700万円、依存財源（教育費特別会計）と自主財源[11]（保護者負担収入）の比率は3対1であり、このうち経常経費を除いた約2000万円程度が学校裁量予算となっていた。理想とする教育内容を実現するには財政的裏づけが必須であり、裁量予算の使途を含めた予算計画に関わる権限が学校に付与されているのである。

▼▼▼人事

韓国の国立および公立学校教員は、国家公務員の身分を有した教育公務員であり、人事権は国家にあった。それが2008年に教育庁に委譲された。さらに、すべての学校に20％までの教員招聘権が付与されるとともに、校長に学校行政職員の人事権が付与された。教員の人事権は教育庁にあるものの、学校も一定の人事権行使ができるようになっているのである。日本のCSにも、「教職

11　自主財源となっているのは、給食費、放課後活動費、体験学習費等である。日本でも保護者が負担しているが、韓国のように学校予算には組み込まれないまま徴収されている。

員の任用」について人事権を有している都道府県の教育委員会に意見を述べる権限が与えられている。しかし、市町村教育委員会が定めるＣＳの設置規則では、学校運営協議会の任用意見権限を制限する、あるいは省く教育委員会が75％に及ぶ。[12] ＣＳ設置を促す法改正が２０１７年に行われたが、任用意見権限がＣＳ導入の阻害要因の一つになっており、保護者、地域住民が人事に関与することに対する学校関係者の強いアレルギーが存在していることがうかがえる。

❸校長公募制――一般教員の校長登用が可能に

洪東中学校では、地域の教育を創意的に実施するという学校運営委員会の設置目的を実現させるべく、ミン教諭は教員委員に、そして「洪東子ども愛」の保護者は保護者委員となり、教員・保護者双方の意思を学校運営に反映させるガバナンス機構として学校運営委員会を機能させていった。しかし、他の学校では、構成員の十分な理解が進まず、形式的な審議に終わり、実質的な機能を果たしていないのが現実のようだ。そうした中で、洪東中学校の学校運営委員会は、その機能をフルに生かして、２００７年から試験的に導入された校長公募制を利用して公募校長を迎え入れる決定を下すのである。学校運営委員会の審議事項に招聘校長・教員の推薦があるが、校長招聘制の運用が広まらなかったため、招聘制に代わり公募校長制が２００７年から試行された。洪東中学校はいち早く同制度を利用したのである。

ミン教諭は、先述したように、学校と保護者、地域との連携を進めていく前提条件として、「地域との連携教育が持つ教育的価値の重要性を認識し、指導力を備えた校長」を筆頭に掲げている。

従来、農村地域の校長就任は忌避される傾向にあり、農村学校でのキャリアはあくまでも都会の学校校長になるためのステップにすぎず、在任期間も短く、校長が地域に目を向けることはほとんどなかった。また、保身により、校外活動における児童・生徒のトラブル、住民との摩擦を回避するために、地域連携には消極的だった。そのために、農村教育に理解と熱意のある校長が必須要件に掲げられているのである。

校長公募制は、点数制に基盤を置いた教員昇進制度の弊害を克服するために導入された。それまでは、校長資格研修の成績、勤務評定、研究業績などを合算し、校長資格証所持者として昇進候補者名簿が作成され、評価点が高い者から任用されていた。校長による勤務評定の点数などが大きく作用するため、点数稼ぎの昇進競争を生み出し、上意下達の体制を強化する働きもあった。そこに世論の後押しもあって、４年任期の校長公募制が試験的に導入されることになったのである。全教組も、１９８０年以降、「学校自治」を実現するために、教員、子ども、保護者が校長任用に関与できる制度改革を求めていた。[13]

試行的に導入された校長公募制は、２０１１年に法制化され、表補・２の通り３タイプに分類さ

12 佐藤晴雄（2017）「コミュニティスクールのタイプ特性とその有効に関する調査研究」。

13 日本の校長は、管理職選考試験を受けて任用されるが、受験資格については都道府県によって異なり、副校長・教頭経験者を要件とするところもあれば、制限を設けていないところもある。また、受験資格を得るための推薦者についても、校長や市町村教育委員会等としているところもあれば、推薦不要のところもある。一方、校長の資格要件が緩和され、民間人校長制度が２０００年より導入され、教員免許状を持たず、教育に関する職に就いたことがない者の登用が可能になっている。しかし、いずれにしても、一般教員が校長に登用される例はほとんどない。

表補.2　公募校長の３類型

	志願資格	適用校
招聘	校長資格証所持者	一般学校 (1)学校運営員会等、学校構成員の意志を基に校長の申請により教育監指定 (2)学校運営員会の議決を経ずに教育監指定
内部	15年以上の教職経験者（一般教員）	自律学校（一般初中高校）
開放	公募校の教育課程に関連する機関・団体での３年以上の従事者	自律学校（特性化中高校、専門系高校、芸能体育高校）

れる。

２００７年の導入初年の公募校長は全国で55人で、内部型の一般教員からの採用は８人であった。うち、全教組組合員が半数の４人を占めていた。洪東中学校の公募校長として赴任したイ・ジョンロ氏も、31年間の教職経験がある私立学校の教員であったが、校長資格証を持たない一般教員であった。また、全教組の委員長経験者であり、忠南《チュンナム》教育研究所の所長でもあった。

忠南教育研究所は、小学校の廃校跡に２０００年に設立され、忠清南道の公立学校教員、大学教員、保護者、地域住民の３００人以上の会員を擁する民間組織で、現在は社会的企業という位置づけのもとで活動している。教育課程や教職員の研修プログラムの開発に取り組み、小さな学校を支援するためのコンサルタント、シンクタンク的機能を担うと同時に、公募校長、さらに教育監の人材発掘も手がけている。ミン教諭も副委員長として中心的な役割を担ってきた。同研究所は、校長公募制を提案し、政策立案にもかかわってきたことから、この機会を捉えて農村教育のモデルをつくるべく所長を候補者に立てたのである。公募には一般教員５名と現職校長４名が志願したが、教育庁や洪東中学校の学校運営委員会による審査の結果、イ氏が最高点で第一候補者として教育監に報告され、教育監は9月1日付でイ氏を校長に任命した。地域の実態を正確に把握し、農村学校での4年間の取り組みを体系的に示した点が評価されたのである。

校長公募制の意義は、教員・保護者・地域住民が学校運営委員会を通して、校長選出過程に直接かかわれるようにしたこと、さらに内部型校長を導入し、既存の昇進制度以外に、教育改革を志す教員に校長として任用される可能性をひらいた点にある。イ氏やミン教諭も該当する一般教員が校長になる内部型は、後述する小さな学校教育連帯の学校づくりにおいても重要な機能を果たすことになる。内部型の比率を15％にとどめようとする中央政府の動きもあったが、自律学校における公募校長の適用が法制化されたことにより、学校改革を志す人々によって積極的に運用され、学校改革の重要な手段に位置づけられていった。全教組幹部は、私たちのインタビューで、校長公募制は自分たちのリーダーの選考にかかわることができる制度であり、民主化の手段だと述べていた。

❹ 自律学校

自律学校とは、１９９０年代後半、学校の自律権拡大政策の一環として導入されてきた新たなタイプの公立学校である。学校運営の自律性を高めて、学校教育を多様化し、生徒の学校選択権を拡大させることによって、生徒の学力を高めることを目的に推進されてきた。自律学校に指定されると、公募校長の任用、定員の50％の範囲内での教員招聘、授業日数、授業時数の増減、全国からの児童・生徒募集などが可能となる。自律学校の指定対象校には、「学習不振児童などに対する教育を実施する学校」、「生徒個人の適性・能力開発のために多様で特性化された教育課程を運営する学校」などと並んで「農漁村学校」が入っている。後述するように、小さな学校教育連帯は農漁村にある学校の自律学校の指定を戦略的に求めていくのである。

自律化政策は、自律学校の導入目的からもわかるように、新自由主義に則った政策である。目的は子どもたちの学力向上にあり、そのための手段として学校の多様化を図り、選択肢を増やして競争原理を働かせていこうというのである。

しかし、ミン教諭のような組合の活動家でもある一般教員が校長に就任し、学校づくりとマウルづくりのリーダーとなっているように、自律化政策によって付与された裁量権を駆使することによって、学校自治や住民自治を実現し、新自由主義に対抗する実践も可能であることを、韓国の例は示している。

4 実践を支える民間組織と運動の存在

洪東中学校では、地方分権政策や学校自律化政策の中で付与された学校裁量を活かした取り組みがなされていた。だが、それは洪東中学校が単独に、あるいは一人のスーパーティーチャーが成し遂げたものではない。韓国には、洪東のような農村の学校の取り組みを支援する民間組織や運動がある。全教組、忠南教育研究所、さらに小さな学校教育連帯（以下、連帯）などがその例としてあげられる。中でも連帯の取り組みは、洪東中学校のみならず、全国的にも影響をもたらしてきた。そこで、連帯の取り組みを通して、洪東中学校の1事例にとどまらない地域と学校に関わる新たな潮流について見ていくことにしたい。

❶南漢山小学校の取り組み――廃校反対運動から新しい学校づくりへ

韓国政府は1980年代初頭より財政効率化を求めて小規模校の統廃合を推進していくが、一方的な学校統廃合は地域住民の反発を買い、各地域で反対運動を誘発していった。だが、それらは地域住民の廃校阻止運動であり、反対運動にとどまっていた。反対運動から、教員も加わり、小規模の特性を活かした新たな学校づくりへと運動の質的転換が起こるのは2000年代に入ってからである。その先鞭をつけたのが南漢山小学校であった。洪東中学校の関係者も訪問した小学校である。

同校は、1912年に開校した歴史ある学校で、山城跡の南漢山道立公園内にあり、文化遺産や自然にも恵まれた環境にあったが、人口流出が進んで児童数が26人にまで減少したため、2000年に廃校が決定されていた。その決定に対して、地域住民、保護者、そして教員が加わって、児童数を増やすことによって廃校を阻止するべく「転入学推進委員会」を結成し、子どもたちや保護者が転入を望むような学校づくりに乗り出していった。その結果、2001年には児童数が94人になり廃校は回避された。廃校危機を克服して新たな学校に再生させた同校の実践は、その後の小さな学校運動の先駆的なモデル校となって全国に拡がり、2005年の「小さな学校教育連帯」結成を牽引することになる。

南漢山小学校が従来の学校と異なる新しさは、学校運営体制と教育課程にある。学校運営においては、校長の権限が強い上意下達の組織ではなく教職員の同僚性を高め、さらに児童・保護者・地域住民も含めた学校構成員が参画する体制へと改革されていった。その際、現行の学校運営委員会がガバナンス機構として活用されていく。同校の学校運営委員会規程の第1条には、以下の設置目的が掲げられている。

「学校運営において、保護者及び地域社会の要求を体系的に反映し、学校共同体を構築して学校運営の民主化および透明性を高めるべく、南漢山小学校運営委員会を設置・運営することにその目的を置く」。

この目的通り、学校構成員の要求を反映させ、学校運営の民主化および透明性を高めて、学校共同体を構築し、子どもの序列づけにつながる各種表彰や大会・行事などの慣行、そして、教員の多くの労力が割かれていた公文書処理などを廃して、教育課程開発などに注力できる環境を整えていった。官僚主義や行政中心業務から脱却して、子どもたちの教育活動を中心とする学校に再編成したのである。教育課程では、付与されている裁量を最大限活かし、40分単位であった標準時間割を80分授業と30分の休憩を挟むブロック授業に変え、体験学習やプロジェクト学習を開発し、学習者中心の学習方式を取り入れていった。こうして、受験中心の競争的な学校を子どもの学びと生活を核とする学校につくり変えていったのである。

わってくる。

❷ 南漢山小学校のインパクト

南漢山小学校の実践に触れた教員たちは以下のように語っている。[14] そのインパクトの大きさが伝わってくる。

南漢山小学校の話を聞いた瞬間、全身が戦慄するように感じました。あ、そうやって革新が可能なんだな、と。長い歳月、教育運動をしながら学校単位の改革事例を聞いたのは、はじめてでした。

南漢山小学校の件は、新鮮な衝撃でした。学校全体が総体的に変われるという話を聞いて、教員の自主研修の方向が学校を活かす方へと糸口をつかみ、志ある教員たちが小さな分校に一緒に入っていって、学校をひとつ創る方法へと糸口をつかみました。

第2節第2項で触れたように、全教組の組合員たちは、「教師学習共同体」と呼ばれている教員集会を各地で組織し、公立学校改革の可能性を模索していた。南漢山小学校の事例は、そうした教員たちに「教員の自主研修の方向」「志ある教師たちが小さな分校に一緒に入っていく」という具体的な手立てを明示する働きを持ったのである。教員集会では、「マウルと共にあるマウル学校」「子どもたちの暮らしのための教育」「自治」「共同性」などが志向されるべき教育理念に位置づけ

14　ジョン・パウル／ファン・ヨンドン（2011）「自生的学校革新の拡散経路と過程に関する研究」。

られ、それらの理念を叶える場として小さな学校に可能性が見出されていった。小規模性は、構成員の自発的な参加・協力・討論を可能にし、教育の可能性を最大限追求し、学校改革をなし得る適正規模だと考えられたのである。そして、あえて小さな学校に異動するために、現行制度の校長公募制、教員招聘制が使われ、第二、第三の南漢山小がつくり出されていった。その際、教員集会は、教育理念を学ぶ場であるとともに、公募校や招聘校に関する情報共有の場としても機能することになる。

招聘制を使ってマウル教師になった教員は、教員集会に参加し、「保護者の問題、子どもの問題を見てきて、競争させる社会構造の問題点が見えてきました。そういった社会構造を変化させるために、マウルに関心を持つようになりました」と、地域に目を向けるようになった理由を私たちに語ってくれた。社会構造から学校を捉え直し、さらに社会構造を変化させるために地域の暮らしに目を向ける。教員でありながら、地域の暮らしから学校を捉え直す生活者の視点があわせ持たれている。教員集会は、教員の気づきを促し、授業改善から学校改革へ、さらにマウルづくりへと踏み出す教員を生み出していた。そして、そうした教員たちをさらに後押しする全国的ネットワークが構築されるのである。

❸ 小さな学校教育連帯の結成

南漢山小学校の事例に勇気づけられ、第二、第三の南漢山小学校がつくり出されていき、各学校での実践を共有しながら活動の持続的な発展を確保するために、２００５年に連帯が結成された。

現在、農村にある20の小学校が加盟校として活動している。加盟校は、京畿道を中心にして6道1広域市に広がっており、京畿道の6校は南漢山小学校から異動した連帯の会員が中心となって、教育課程を共有する取り組みを展開している。連帯は、こうした取り組みを実践の「ベルト化」と称している。ベルト化にかかわった教員は以下のように語っている。[15]

4つの学校が公式に協力し、私たちの学校の教務と研究部長が小さな学校教育連帯集会にも参加し、これまで色眼鏡でA（南漢山：引用者注）小学校を見てきた部分が、協力し交流しながら、この実感より同じ教員としての悩みをより分かち合う契機になりました。特に、A小学校教員たちは、特定教員団体所属の教員であるため、何か変わっているのだと、理由のない偏見を持っていたが、それを改める契機になりました。

加盟校の数自体は多いとは言えないが、加盟校が拠点校となって、実践の地域的広がりを目指す中で、賛同者を獲得していっている様子がうかがえる。実践の中心を担っているのは、全教組の組合員であることは確かだが、子どもの学びと生活を核にして学校を変革していこうという連帯の教育理念は、組合員以外の教員たちにも受け入れられ、公立学校の改革モデルになっていく。2006年に教育監の公選制が導入され、2014年の教育監選挙で多くの進歩的教育監が選出され、連帯の学校づくりを「革新学校」として制度化したことにより、全国的な広がりも見せている。連帯

15　同上。

の学校づくりは、小さな学校の再生モデルのみならず、公立学校の改革モデルとしてのインパクトを持っていくのである。

これまでにも既存の学校のあり方を批判し、新しい学校づくりを目指すオルタナティブスクールの取り組みはあった。しかし、それらが公立学校の枠外での取り組みであったのに対し、連帯の学校改革運動は、「公立学校で実践可能な改革モデルをつくり、教育の公共性を追求」（連帯HP）している点に大きな違いがある。そして、自律学校指定と校長公募制の学校指定を戦略的に採用し、現行制度を積極的に運用してきた。連帯は、さらなる自律権の拡大を行政に求め、次のような提案を行っている。

小規模学校の活性化は、まさに学校構成員の意志と努力によって決定するので、小規模学校に対する情熱と意志が強い校長と教員たちが配置され、勤務できるようにする必要がある。

（「小さな学校教育連帯と新しい学校ネットワークの市道教育庁提案」２０１８年8月）

連帯加盟校の中で非自律学校は2校のみで、そのうち1校は分校である。公募校長については9校（２０１８年現在）で採用されている。京畿道の小学校の例で比較してみると、自律学校・革新学校の占める割合は17・9％、公募校長の割合は22・3％（２０１６年現在）である。彼らは人事が取り組みの持続性を確保する上での要だと捉え、運動を展開しているのである。

おわりに

洪東では、限りない拡大・成長を求めて労働力や地域資源を枯渇させてしまうような市場原理主義、新自由主義ではない、オルタナティブな方向性を追い求め、自然との共生も含め共に生きる人を地域全体で育てる実践を繰り広げている。多様な人々の創意が活かされ、教育によって地域が変えられるという確かな手ごたえの中で、多彩な取り組みが展開しているのである。他所と違わず、洪東中学校にも同校の取り組みに賛同しない受験志向の保護者も存在するし、プルム学校の卒業生や帰農・帰村者と旧住民との軋轢《あつれき》があることも確かだが、合意形成を図る努力が重ねられている。

洪東の取り組みを可能にしている要因には、これまで見てきたように、小さくても存続している公立学校、公立学校と地域を〈架橋〉する教職員、帰農・帰村者、プログラム、財源、そして制度的要因の学校自律化政策がある。なかでも、日韓の違いとして、最後にあげた制度的要因が大きいという印象を持った読者もあるだろう。だが、ＯＥＣＤ（経済協力開発機構）の世界各国の教育実態をまとめた報告書『図表でみる教育２０１８』（明石書店 2018）によれば、韓国の学校裁量度は、日本と同程度の小さいグループに位置しており、欧米と比べて裁量権が大きいわけではない。それでも、付与された裁量権によってここで取り上げたような学校づくり、地域づくりが展開しているのだ。このことは、日本の現行制度でも叶えられる取り組みがあることを示唆している。

文科省は、１９９８年の中教審答申「今後の地方教育行政の在り方について」以降、学校の自律権を拡大させる施策を導入してきている。その中に、ＣＳや公募人事などがある。さらに、２０１５年には「公立小学校・中学校の適正規模・適正配置等に関する手引」を改訂して、地域コミュニティの核として小規模校を残す市町村の選択も尊重すると初めて言及した。また、「腰を据えて当該地域の教育に取り組んでもらうため、都道府県教育委員会と連携して、教員の採用及び人事において特定地域での勤務を前提とした「地域枠」を設ける」という提案もしている。ＣＳの任用意見権限も含め、小さな学校の取り組みに活かせる引き出しは日本の制度にもあるのだ。

むしろ韓国の事例で注目すべきは、制度上の違いではなく、小さな学校の取り組みを支えるネットワーク組織や運動が存在していることだろう。韓国では、小規模性を構成員の自発的な参加や協力、合意形成が可能となる要件だと捉えて、小さな農村の学校の取り組みをバックアップする草の根のネットワークが築かれている。さらに、「どんな地域にしていきたいか」「どんな学校にしていきたいか」について語り、形づくっていく過程に、教職員、保護者そして住民がかかわる体制を求め、その方策として付与された裁量権を最大限に活かそうとする運動が存在している。その根底に、自治や自律権の追求があると考えられる。

日本でも、人や自然とのつながりなど金銭に換算できない世界に目を向け、生き方、暮らし方、働き方を主体的に創造していこうとする人々、特に若者や女性たちの「田園回帰」の現象が見られる。こうした新たなライフスタイルを求める人々の動向と市町村や学校の自律権拡大に関わる現行制度の引き出しを〈架橋〉させることができれば、人々の創意が生きる学校づくり、地域づくりの展望も拓《ひら》けてくるのではないだろうか。韓国の事例は、その方途を示してくれている。

参考文献

朝岡幸彦ほか（2010）「韓国における農山村型ＥＳＤの可能性――洪城郡洪東面プルムを事例に」東京農工大学農学部『持続可能な開発のための教育（ＥＳＤ）研究』8

安ウンギョン（2014）「韓国における「小さい学校運動」の展開と意義」『早稲田大学大学院文学研究科紀要』第1分冊

Im, Youn Kee（2011）"New Directions and Tasks for Rural Educational Welfare Policy in Korea, "New Directions for Educational welfare in Rural Schools（2011 Korea-Japan Society of Educational Administration Symposium Proceedings of ISFIRE2）

尾﨑公子（2014）ＪＳＰＳ科研費（JP24531015：2012-2014）「人口減少地域の地域資源を機能させる地域共生型学校モデルの模索――日韓比較の視点から」（研究代表者：尾﨑公子）中間報告書

尾﨑公子（2015）ＪＳＰＳ科研費（JP24531015：2012-2014）最終報告書

尾﨑公子（2018）ＪＳＰＳ科研費（JP15K04310：2015-2017）「持続可能な社会構築を担う学校モデルの探求――韓国農山村の小規模存続事例に着目して」（研究代表者：尾﨑公子）最終報告書

尾花清（2003）「韓国プルム学校の生態共同体づくりの今日的局面」『教育』53、教育科学研究会

尾花清（2005）「韓国における地域づくりと連携したカリキュラム改革の試み」ＪＳＰＳ科研費（JP15203032：2003-2005）『教育改革時代における教師の位置と文化――その再編の社会学的・歴史的・比較論的研究』（研究代表者：久冨善之）報告書

尾花清（2011）「韓国の自生の「もう一つの学校」としての「プルム学校」――解説にかえて」『民主教育研究所年報』12

韓国教育部告示（2002）「第七次教育課程総論」教育／教育科学研究会編、尾花清翻訳『日韓教育フォーラム』7

佐藤晴雄（2017）「コミュニティ・スクールのタイプ特性とその有効に関する調査研究――学校運営協議会の権限規程から見たコミュニティ・スクールの有効性の検証」『大阪大学大学院人間科学研究科紀要』43

ジョン・ジンファ、伊藤浩子訳（2014）「教師主導の学校改革運動の登場」（尾﨑 2018 所収）

ジョン・パウル、ファン・ヨンドン（2011）「自生的学校革新の拡散経路と過程に関する研究」『教育行政学研究』29（2）、韓国教育行政学会（韓国語）

降旗信一・元鐘彬（2012）「韓国農村における共生型教育共同体の現状と課題――「学校から住民への貢献アプローチ型」教育共同体としてのプルム学校の特徴」『共生社会システム研究』第6巻第1号、共生社会システム学会

北海道大学大学院教育学研究院社会教育研究室編（2011）『韓国農村教育共同体運動と代案学校・共同組合の展開――忠清南道ホンドン地域における「プルム学校」発の地域づくり協同』「地域と教育」再生研究会調査研究報告書第1号

洪淳明（ホン・スンミョン）（2008）「共に生きる「平民」を育てる学校――プルム学校と地域共同体」山西優二・上條直美・近藤牧子編『地域から描くこれからの開発教育』新評論

洪淳明（2010）「洪淳明講演――農村再生洪東地域調査団御一行皆々様をお迎えして」鈴木敏正「韓国農村再生と地域教育共同体運動――第1次「プルム調査」の経過」（東京農工大学農学部『持続可能な開発のための教育（ＥＳＤ）研究』第8号）に採録

ホン・スンミョン（2014）「プルムの取組み――インタビューから」（尾崎 2014 所収）

民主教育研究所（2011）「小特集　教育改革の力と思想――韓国プルム学校に学ぶ」『民主教育研究所年報』第12号

ミン・ビョンソン、肥後耕生訳（2014）「学校と地域連携を阻んだ阻害要因について」（尾崎 2014 所収）

ミン・ビョンソン、肥後耕生訳（2014）「韓国の農村地域小規模校における地域共生及び教育福祉事例――忠清南道ホンソン郡ホンドン面のプルム農業高等技術学校とホンドン中学校を中心に」（尾崎 2014 所収）

＊なお、本論はＪＳＰＳ科研費（JP18K02393：2018-2020）「人口減少地域の学校と地域づくりを担う教職員像の研究――韓国マウル教師に着目して」（研究代表者：尾崎公子）による成果の一部である。

エピローグ

中島勝住

本書では、過疎化が進行している地域と小さな学校を取り上げて、地域に学校があるとはどういうことなのかについて考えてきた。まず、各章の内容を簡単に振り返ってみよう。

第1章の屋久島町一湊地区では、中学校がなくなったことで子育て世代の人口が減少し、小学校児童も急減した。そのことへの気づきが地域に危機感をもたらし、「黒潮留学」制度が始まった。一方、口永良部島では、移住者が1家族いて、そこに何人かきょうだいがいれば、当面、学校がなくなる心配はないことから、学校の存続への危機意識は他地域とは異なる。しかし、自然災害によって学校もろとも地域が避難するという経験を経て、学校があることを自明視していた意識に変化が見られた。

第2章の南山城村高尾地区では、学校統廃合によって地域から学校がなくなった。新しくできた統合校は、高尾地区の人々にとっては物理的にも心理的にも遠い存在である。そのために、地域に「子どもがいなくなった」「地域の未来が語れなくなった」という声が聞かれた。廃校舎はあるが、その活用には試行錯誤がみられる。

第3章の那智勝浦町色川地区では、かつて3校あった小学校が1校になり、その小学校と併設された中学校や保育所ともども、その存続が地域の存続にかかわるとして、40年にわたって移住者を受け入れて在籍者数を保とうとしてきた。学校と保育所があることが移住の大きなポイントにもなっているため、学校と地域の存続は一体的なものと考えられており、継続的な取り組みが必要とされている。

地域づくりと学校づくりが切り離せないものであり、それには地域と学校を〈架橋〉する教職員や住民の働きが欠かせないことを具体的に示したのが、補論で取り上げた韓国・洪東地区である。この事例では、一地域内の取り組みを超えて、韓国の教育の新たな潮流と制度的裏づけ、各地の民間教育運動と連動したダイナミックな構造が確認できた。

以上を通して私たちが考察したことを、ここでは4つのポイントに絞ってまとめてみたい。

❶学校があること、学校がないこと

まず、地域住民にとって学校というのは、それがあるときには、あることが当たり前であり、存在自体が意識されにくい。したがって、そうした状況では、学校がなくなるという事態を現実的に捉えることは難しく、学校の存続を地域の存続と結びつけながら地域全体の今後を考え取り組んでいくというのは、困難なことである。

そんな中にあって、そのことを自覚して40年にわたって取り組んできたのが色川地区だった。さらに、学校と地域の関係をより密接に結びつけた仕組みづくりにまで取り組んでいるのが、韓国の洪東地区である。一湊地区では、中学校がなくなることによって、地区にある小学校の存在が浮かび上がり、学校と地域の関係が注目を集めることとなった。口永良部島では、火山噴火による避難

生活によって自分たちの学校からいったん離れたことが、学校の存在をあらためて見つめ直す契機になった。一方、学校がなくなった高尾地区では、その後、学校喪失の影響をじわじわと感じることになり、現在に至っている。

地域にあった学校がなくなるのは、多くの場合は統廃合による。学校統廃合が持ち上がるとき、地域住民は学校という存在を意識するようになる。しかし、学校の統廃合は、地域住民と児童生徒の保護者が対立する構造になりやすい。保護者は小さすぎる学校の規模を、子どもの教育環境に悪影響を与えるものと捉えるのに対して、住民は学校が地域の拠点でありシンボルでもあることを根拠に存続を望むことが多いからだ。

自治体の財政状況改善を掲げて統廃合を推進しようとする教育行政は、「子どもの教育のため」を第一に統廃合を考えるよう住民に求める。実際には、保護者も地域住民として地域のことを考え、地域住民も子どもの育つ環境として学校と地域の関係を考えていても、議論が分断されると、学校内部に限定された教育の論理が優勢になりがちであり、学校が持つ地域の拠点性や地域の将来という側面が後退させられることになる。[1] 学校には適正な規模が必要だとしてなされる学校統廃合の過程では、「学校は地域の拠点だ」、「学校がなくなれば地域が衰退し、やがて地域がなくなる」という地域の訴えは二次的な意味しか持ちえない。

実は、そこにこそ重要な問題が潜んでいる。というのも、皮肉なことに、学校がなくなってしまうということは、地域と学校の関係を議論するプラットホームがなくなることを意味しており、そ

1 中島智子（2018）「学校統廃合における住民の合意形成をめぐる論点」『ＤＩＯ』３４２。

の後、地域の将来が語られるとしても、高尾地区がそうであるように、それは学校を外した条件の中でやるしかないからだ。

地域の拠点性というものが、地域住民の活動や会合などが学校で行われていることだけを指しているならば、それは廃校舎活用によって一定程度保障できるだろう。[2] もちろん、それがそれほど簡単ではないことは、高尾地区の事例でみてきた。また、地域によって事情は異なるだろうが、学校だけが地域の拠点というわけではないだろう。それは、地域の歴史に比して近代学校の歴史の方が圧倒的に短いという事実からも想像するのはたやすい。逆にいうならば、いつのまにか「学校が地域の拠点」と言わざるをえないほどに、学校の存在が地域の中で肥大化し、あるいは学校以外の地域の拠点がその役割や存在を縮減させられてきたともいえる。

しかし、ここではその因果関係や是非にまでは立ち入らない。もう一つの「学校がなくなれば地域が衰退し、やがて地域がなくなる」という語り方について、考えてみたい。地域の未来にかかわるとはどういうことなのだろうか。

❷ 地域の中で子どもを見かけるということ

地域に学校がなくなった高尾の住民は、「子どもの声が聞こえなくなった」と語っていた。色川の住民による寄稿では、子どもの登下校を見守る日常風景が描かれていた。地域に学校があるということは、とりもなおさず、地域に子どもがいる、子どもの姿を見かけることができるということである。

人口維持が地域の存続にかかわるのであれば、人口の再生産は不可欠である。それが、子どもが生まれそこに育つことを意味するのであれば、積極的な出産奨励策や子育て世帯の移住支援策をとればいい。しかし、地域に学校がなければ、学齢期以降の子どもが地域で育つことは難しい。本書で取り上げた地域の住民たちが、地域に学校があることを願うのはそのためであり、それは単に量的な人口維持策としてではない。子どもを地域の子どもとして、地域の未来につながる存在として見なしているからである。

だからこそ、本書で見てきた地域では、学芸会や運動会などの学校行事には、児童生徒の家族だけではなく、その何倍もの地域住民が参加していた。そこには、地域住民が集える行事という意味合いもあろうが、多くの地域住民は、地域の子どもを見ることをこそ楽しみにしているのである。地域でその声を聞く子ども、あるいは学校行事で見る子どもとは、一般的な子どもを指すのではなく、固有名詞を持つ子ども、どこそこの家の子ども、ということだろう。そうした子どもがそこにいるからこそ、地域も持続するという実感を持つことができるのではないか。地域に子どもがいて地域の学校に通っているということ自体が、地域社会の再生産活動なのである。[3]

子どもは未来を生きる世代であるといわれる。当該社会の将来像を子どもに託すような教育政策や言説も多い。しかし、地域住民が地域の子どもに見るのは、地域社会の未来を担う人材という目的的なものとは異なっているように思われた。子どもがいなくなって地域の未来を描けなくなった

2　中島勝住（2011）「学校の教育機能と学校機能――学校の統廃合をめぐって」『年報 教育の境界』8。
3　中西宏次（2018）「地域社会のミニマムインフラとしての学校」『地方議会人』49（6）。

と語る高尾地区の事例でも、未来を担う存在の不在が原因というよりも、その不在によって自らが未来を展望しようとする情熱の減衰が指摘されていた。子どもの存在は直接未来を託すものとしてではなく、それを通して地域の未来への時間を実感することができるということではないか。

この時間の連続性ということで言えば、子どもたち自身もそのことに自覚的になることがあった。口永良部島の子どもたちである。火山の噴火による避難生活という非日常の中で、自分たちが実は島の大人たちの背中を見ながら成長してきたことを感じていた。その子どもたちが、島の将来について語り始めている。色川でも、移住二世たちが地区内でも地区の外でも地域とのつながりを感じてきた。このように地域とのつながりは、親を通してのこともあれば、学校の教育活動を通してのこともあった。

あらゆる地域や学校に一般化することはできないが、こうした経験が少なくとも小さな地域の小さな学校において可能だったことは、本書がささやかながら示したところである。

❸ 学校と地域のあいだ

以上でみてきたように、地域住民にとっては、地域に学校があるということが大切なのであり、どのような学校かということは最重要なことではない。

たとえば、学校の規模が小さくても、それを良しとする。同時に、相当に努力しても在籍者数を維持することの難しさを痛感している。だから、学校があれば良く、小さいことは問題ではない。それどころか、移住者受け入れや、山村留学もしくは特認校としてアピールするときには、小さな学校の良さを積極的に打ち出しさえする。保護者たちも、少人数であることや複式授業が行われていることは初期設定であり、そこでの教育の良さに目を向けつつ、デメリットがあるとすればそれを学校外の別の方法で対処している。[4]

これに対して、教育行政や学校の側は異なる。特に義務教育の場合、全国において同等レベルの教育を提供すべきだとするため、学校規模や学校組織、教員配置、教育内容、教育方法などが標準化されやすい。教員が数年ごとに異動することも、その一例である。このような制度と、どこの学校に勤務しようとも子どもたちの教育を保障しようという教員の努力によって、へき地の小さな学校でも一定程度同等な教育が保障されていることは、保護者を安心させるものではある。しかし、このように標準化をよしとするスタンスからは、小さな学校はメリットよりもデメリットが注目され、良さよりも弱点の克服に注力されやすい。

昨今では、教育の標準や基準が示されているとはいえ、地域や学校の実情に応じて対応することが求められている。学校運営は地域や家庭の協力なしには成り立たないといわれ、学校運営協議会の設置をはじめさまざまな取り組みが推進されている。しかし、韓国の事例と比べてみると、保護者や地域住民が学校と対等な立場で連携するというところにまでは至っていないようである。

日本の場合、学校運営協議会は校長の諮問機関ではあっても議決機関ではない。校長の作成する学校運営に関する基本的な方針の承認等を通じ、校長のビジョンを共有し賛同することが求められていて、校長がリーダーシップを発揮することがこれまで以上に要請されている。しかし、韓国の

4　中島勝住（2014）「小さい学校が少子化を止めるかもしれない」『農業および園芸』89（11）。

ように校長の公募制を活用して、地域をよく知る教員が校長になるという仕組みはない。

公立学校は地域に存在する。子どもたちは地域に生まれ、または育っている。どのような学校であろうとするのかは、地域をよく知ることと無縁ではいられない。では、小さな地域の小さな学校ほど、教員は地域についても知りやすいかといえば、実はそうではなかった。車社会となった現在、教員住宅に住む必要のある離島以外では、へき地校ほど教員が住む場所と学校のある地域とは遠い。

学校と地域の間に横たわるものに、「ことば」もある。学校と保護者や地域住民が共に語り合える場を設けたとしても、「ことば」の壁がある。学校からの方針や説明は、学校の「ことば」で語られる。教育の論理を教育の専門家である校長や教員が語る「ことば」は、保護者や住民には聞き慣れなかったり十分理解できなかったりするため、学校の教育についてはお任せするということになってしまいかねない。他方、学校側にもっと知ってほしい地域の歴史や現状、思いなどは、そういう場で伝えるには時間がかかり、また「ことば」だけで理解を促すのは難しい。

地域と学校の間にあるこのような障壁を埋めて架橋できる存在として、韓国の〈マウル教師〉がある。〈マウル教師〉は、マウルづくりに取り組む教師を指すだけでなく、学校づくりに携わる保護者や地域住民をも指すという。学校と地域の両方の立場を知る者が増えれば増えるほど、両者の間の距離は縮まるだろう。

❹ 移住者と地域、学校

本書で扱った4つの地域には、いずれも移住者が登場している。

色川では、地域の学校をなくさないために移住者を受け入れ、学校があるから移住者が来るという好循環を作り出してきた。今では、保護者世帯のほとんどが移住者家庭である。口永良部島でも同様で、離島という特質もあるが、ある一家族の子どもが代を継いで学校を支えていた。

しかし、移住者は、地域の人口や学校の在籍数を確保するためだけの存在なのではない。地域や学校にさまざまな資源を提供している側面が、本書の事例から浮かび上がってきた。屋久島の一湊地区では、移住者が作詞した歌が小学校の愛唱歌となり、Uターン者とともに子どものための文庫活動を行っている。口永良部島では、移住者家庭が数多くの「南海ひょうたん島留学」生を受け入れている。色川では、移住者が地域の行事や活動の中心になっている場合も多く、学校の教育活動に関しても校外活動や職場体験等に協力している。移住者が多くない高尾でも、アート活動を行う移住者が、廃校舎を活用して絵の教室を開いている。

移住者たちは、地元住民とも協働しながら生活し、活動している。地元住民と移住者をつなぐような形でUターン者が介在することもある。なお、Uターン者は、たいていの地域では地元住民に含められる。本書で扱うような中山間地や離島では、進学や就職でいったん地元を離れることは通常のことだからである。そこに、新たに学校の留学生家族が加わることもある。こうして、地域に住むいろいろな人たちの働きや活動によって、地域や学校が豊かになる様子が見られた。

昨今の田園回帰や地域おこしの各地の取り組みにおいては、移住者や外部からの人材を「ヨソモノ」として、その資源性が肯定的・積極的に評価されている。本書でも移住者の役割に注目してきたが、しかし、私たちは、移住者を「外からの目」や地元にないものを提供する存在だけとは見ていない。移住者は移住したまさにそのときから、地域の長い歴史と営みという時間の中に組み込まれ、その後の時間を共に紡いでいく存在だと考えるからである。

韓国の洪東地区の事例もまた、「帰農・帰村」といわれる移住者が重要なアクターとなっていた。しかし、さかのぼればまず学校づくりが先にあり、私立の農業学校の卒業生が地域に残れるようにと協同組合をつくり、その卒業生たちが始めた有機農業やマウルづくりが、既存の学校や社会のあり方に疑問を持つ移住者を惹きつけた。移住者には保護者も教師もいて、やがて公立学校の改革や地域づくりが一体的なものとして取り組まれていった。息の長い歴史があったのだ。

本書で取り上げた日本の地域でもそうだが、地域の学校がなくなるかもしれないとなれば、いっそう学校は大切にされ、あることそれ自体が目的になる。そのために、地元住民やそこに集う多様な移住者が、どのような地域を目指すのか、どのような学校であってほしいのかを十分に議論することは難しくなってしまう。韓国の洪東地区の事例は、私たちにもう一歩進む先を明示しているように思える。それは、洪東地区のようなものを目指すということではなく、希望を持つことと、それを実現する手立てとして示唆的である。

「平成」として切り取られた時代は、何度にも及ぶ大きな自然災害に見舞われ、人口や経済成長の縮減が実感されてきた。そこにいったん立ち止まり、オルタナティブを求める人々やそうした動きも多く見られるようになった。本書では、それよりもさらに前からそうした志を抱いてきた地域も取り上げている。

地域を語るとき、学校を語るとき、地域と学校の関係を語るとき、大きな声で語られる言葉よりもそれぞれの地域の人たちの声を聞きたいと思ったのが、本書の出発点だった。本書では、結論めいたものを提示してはいない。地域がそれぞれに独自であるからには、地域と学校との距離もそれぞれであろう。地域の存続や学校の存続、地域と学校との関係や距離の取り方について、いくつかの事例を提供することで、読者の考えるきっかけにしてほしいというのが本書刊行の趣旨である。

本書はまず、地域の存続や未来について考えようとしている地域の方々に読んでもらいたいと思った。もしかすれば知っていることやわかっていることばかりであり、はがゆい思いをされるかもしれない。

また、教育委員会や学校関係者には、本書で見てきたような、地域の住民が学校に向けるまなざしをぜひ知ってほしい。都市部の比較的規模の大きい学校に対する保護者や地域住民のそれとはかなり異なるのではないか。今後都市部においても、学校規模がより小さくなっていくことは避けられない状況であり、地域と学校の新たな関係を創造していくヒントになると確信している。

さらに、都市生活に限界を感じ、これからの生きかた、特に子育てについて模索している方々に読んでもらえればと思った。本書のような事例を知ることによって、具体的には参考にならなくても、考え、行動するきっかけになればありがたい。

本書のテーマをさらに深めるための文献一覧（著者名50音順）

・網羅するのではなく代表的な文献を紹介している。
・韓国に関する文献については補論末尾を参照のこと。

●地域を考える

アレグザンダー、クリストファー（1984）『パタン・ランゲージ』平田翰那訳、鹿島出版会
井上俊（1984）『地域文化の社会学』世界思想社
今井照（2008）『「平成大合併」の政治学』公人社
大森彌ほか（2015）『人口減少時代の地域づくり読本』公職研
刈谷剛彦編（2014）『「地元」の文化力』河出書房新社
小島多恵子（2014）『ふるさとをつくる』筑摩書房
根本祐二（2013）『「豊かな地域」はどこがちがうのか』筑摩書房
広井良典（2006）『持続可能な福祉社会』筑摩書房
ペリー、クレランス・A（1975）『近隣住区論』倉田和四生訳、鹿島出版会
森岡清志編（2008）『地域の社会学』有斐閣
柳原邦光他（2011）『地域学入門』ミネルヴァ書房
矢作弘（2014）『縮小都市の挑戦』岩波新書
山下祐介（2018）『「都市の正義」が地方を壊す』PHP新書
山下祐介・金井利之（2015）『地方創生の正体』ちくま新書
山納洋（2019）『歩いて読みとく地域デザイン』学芸出版社
若林敬子（2011）『日本のむらむら、昔と今』ハーベスト社
若林幹夫（2007）『郊外の社会学』筑摩書房

●過疎や少子化を考える

相川俊英（2015）『反骨の市町村』講談社
赤川学（2004）『子どもが減って何が悪いか！』ちくま新書
宇都宮浄人（2015）『地域再生の戦略』ちくま新書
大西隆ほか（2011）『集落再生』ぎょうせい
大野晃（2008）『限界集落と地域再生』京都新聞出版センター
小田切徳美（2011）『農山村再生の実践』農文協

筧裕介（2015）『人口減少×デザイン』英治出版
金丸弘美（2013）『実践！　田舎力』生活人新書
自治体問題研究所ほか編（2014）『小さい自治体　輝く自治』自治体研究所
曽根英二（2010）『限界集落』日本経済新聞出版社
中国新聞取材班（2016）『中国山地過疎50年』未來社
徳野貞雄（2007）『農村の幸せ、都会の幸せ』生活人新書
農文協編（2016-2017）『シリーズ田園回帰』全8巻、農文協
水柿大地（2014）『21歳男子、過疎の山村に住むことにしました』岩波ジュニア新書
藻谷浩介・NHK広島取材班（2013）『里山資本主義』角川Oneテーマ21
藻谷浩介（2014）『しなやかな日本列島のつくりかた』新潮社
諸富徹（2010）『地域再生の新戦略』中央公論新社
山崎義人・佐久間康富編著（2017）『住み継がれる集落をつくる』学芸出版社
山下祐介（2012）『限界集落の真実』ちくま新書
山下祐介（2014）『地方消滅の罠』ちくま新書
山本努（2017）『人口還流と過疎農山村の社会学　増補版』学文社

●地域と学校について考える

岩佐礼子（2015）『地域力の再発見』藤原書店
岩崎正弥・高野孝子（2010）『場の教育』農文協
岸裕司（2003）『「地域暮らし」宣言』太郎次郎社エディタス
酒川茂（2004）『地域社会における学校の拠点性』古今書院
佐藤晴雄（2019）『コミュニティ・スクール　増補改訂版』エイデル研究所
四方利明（2018）『学校の建築と教育』阿吽社
千葉正士（1962）『学区制度の研究』勁草書房
遠野みらい創りカレッジ編（2017）『学びあいの場が育てる地域創生』水曜社
永田佳之・曽我幸代編著訳（2017）『新たな時代のＥＳＤサスティナブルな学校を創ろう』明石書店
花井信・三上和夫（2005）『学校と学区の地域教育史』川島書店
葉養正明（1999）『学校と地域のきずな』教育出版
葉養正明（2011）『人口減少社会の公立小中学校の設計』協同出版
樋田大二郎・樋田有一郎（2018）『人口減少社会と高校魅力化プロジェクト』明石書店
宮前耕史ほか（2017）『持続可能な地域づくりと学校』ぎょうせい
山崎博敏（2014）『学級規模と指導方法の社会学』東信堂
若林敬子（2012）『学校統廃合の社会学的研究』御茶の水書房

●小さな学校を知る
あんばいこう（2018）『「学力日本一」の村』無明舎出版
尾瀬あきら（2001-2004）『光の島』全8巻、小学館
川前あゆみ・玉井康之・二宮信一編著（2019）『豊かな心を育むへき地・小規模校教育』学事出版
佐々木征夫（2011）『草平君の選んだ学校』教文館
品田繁（2017）『日本一小さな農業高校の学校づくり』岩波ジュニア新書
城山西小と地域振興を考える会監修（2006）『小さな学校の大きな挑戦』小学館スクウェア
知本康悟（2019）『村に立つ教育』本の泉社
辻英之（2011）『奇跡のむらの物語』農文協
鳩井文（2019）『突然、廃校と言われましても。』全２巻、KADOKAWA
森口豁（2005）『子乞い』凱風社
山内道雄・岩本悠・田中輝美（2015）『未来を変えた島の学校』岩波書店

●屋久島をより知るために
大場博（1981）『屋久島一湊物語』屋久の子文庫
貴船庄二（2018）『島に棲む』南方新社
佐藤未歩編集（2009- 現在）『屋久島ヒトメクリ.』（不定期刊雑誌）
柴鐵生（2007）『あの十年を語る』五曜書房
高田みかこ（2019）『Hello! 屋久島』ＫＴＣ中央出版
武田剛（2018）『もうひとつの屋久島から』フレーベル館
長井三郎（2014）『屋久島発、晴耕雨読』新泉社
中島勝住（2010）「学校統廃合の実態――屋久島町上屋久地区を例として」『年報 教育の境界』7
中島勝住・中西宏次（2018）「小規模学校存続の可能性を求めて」『年報 教育の境界』15
林益人（2014）『屋久島の港町　一湊百年』一湊区
兵頭千恵子（2001）『屋久島の森を守る』春苑堂出版
兵頭昌明（2005-2006）「小さな地域の小さな学校」「学校の適正規模とは」（『屋久島タイムス』10、13）
日吉眞夫編集（1986-2009）『季刊　生命の島』屋久島産業文化研究所
日吉眞夫（2005）『屋久島』麗澤大学出版会
南日本新聞（1984/3/1-10/28）「母校消えて」１～１０３回
屋久島町立永田中学校閉校記念事業実行委員会（2013）『屋久島町立永田中学校閉校記念誌』
山尾三省（2012）『ここで暮らす楽しみ』野草社
「一湊公民館」https://www.facebook.com/yakushima.isso/
「口永良部島ポータルサイトひょうたん島」http://kuchinoerabu-jima.org/
「やくしまじかん」https://yakushima-time.com/

●南山城をより知るために

小泉友則・中西宏次（2015）「近世・近代の南山城・高尾地区の動向」『年報 教育の境界』12

サコ、ウスビ（2013）「建築のリノベーションとコミュニティの再構築の可能性——南山城村高尾地区旧高尾小学校再利用プレ調査を通して」『京都精華大学紀要』42

四方利明（2007）「多様な意味が生成する場として学校建築を考えるために——「学校と地域社会」という観点を中心に」『年報 教育の境界』4

四方利明（2009）「学校建築と地域社会——京都府南山城村における学校施設の複合化と学校統廃合の事例から」『立命館経済学』58（3）

高尾小学校閉校記念事業実行委員会（2003）『南山城村高尾小学校閉校記念誌』

田山小学校閉校記念事業実行委員会（2003）『田山小学校閉校記念誌 かけはし』

中島勝住（2009）「学校統廃合基準を検証する——「切磋琢磨」論批判」『年報 教育の境界』6

中西宏次（2004）「地域と学校の変容——京都府南山城村における小学校統合の研究に向けて」『年報 教育の境界』創刊号

中西宏次（2011）「南山城村・高尾地区コミュニティーの現況」『年報 教育の境界』8

南山城村史編さん委員会編（2002）『南山城村史』南山城村

「Gallery Den MYM」（手島美智子主催）http://galleryden-mym.com/

●色川をより知るために

色川西部あゆみの会編集委員会（1979）『ふるさとのあゆみ』

色川地域振興推進委員会（1992- 現在）『色川だより』

色川百姓養成塾事務局編（2009）『むらの教科書２００８ 色川・小阪集落』

色川百姓養成塾（2010）『わがらで地域づくり！』

色川ブランド研究会（2018）『ええわだ!! 色川』

「耕人」編集部（1984）『耕人舎友会って何んだ?』耕人舎友会

春原麻子（2007）「縁辺地域集落へのライフスタイル移動——「田舎暮らし」の成立過程とライフコース」（東京大学修士論文）

春原麻子（2016）「移住者受け入れ40年の歴史」小田切・筒井編著『田園回帰の過去・現在・未来』（シリーズ田園回帰 第3巻）農文協

原和男（2010）「地域のこれまでを未来に引き継ぐ「むらの教科書づくり」」『季刊 地域』No.02

原和男（2014）「地域を受け継ぐ〝自治力〟の向上を」『建築雑誌』１６６４

原和男（2016）「移住受け入れ四〇年の歴史から見えるもの」

『月刊自治研』58（685）
原和男（2016）「移住者は地域の担い手になり得るか」前掲『田園回帰の過去・現在・未来』農文協
村山勝茂（1995）「耕人舎と色川衆」『土と健康』23（4）
米山薫・米山知恵編（2004）『shozoとヨシ』下向正三・ヨシの記念誌をつくる会

「三十年の歴史を刻む「色川システム」」『和（nagomi）』Vol.8 https://www.pref.wakayama.lg.jp/bcms/prefg/000200/nagomi/web/nagomi08/specialfeature02/index.html
「ふるさと色川」https://wakayama-irokawa.com/
「ほんとに、おかげさまで、なんです」https://screen-life.jp/lifestory/story/person033/

あとがき

私が本書のテーマに関心を持つきっかけになったのは、2002年に南山城村の旧田山小学校を訪れたことだった。田山小学校は、村内3小学校が統合した結果、すでに廃校になっていた。そこでまず感じたことは、木造校舎の落ち着いたたたずまいであり、その校舎や校庭を子どもたちが走り回っている姿を想像するとき、どういう経緯で学校の統合が進められたのだろうかという疑問であった。そして、同じ日に統合校である南山城小学校の新校舎を見たその瞬間、学校としての姿のあまりにも大きな落差に、その疑問をどうしても解かねばという思いに駆られたのであった。

以来、現在に至るまで、各地で実施された学校統廃合の経緯とその後について、そして、学校と地域の関係について、共同研究という形をとりながら調査・研究を続けてきた。

その中で、一人ひとりお名前をあげることはできないが、四方利明さんをはじめ、これら共同研究をともに担ってきたメンバーの皆さんには、深く感謝の意を表したい。

そして、言うまでもなく、これらの調査研究を進めるにあたり、インタビューに応じていただいた方など、多数の調査協力者、関係各町村教育委員会と学校関係者、さらには大学のゼミの学生たちを含む研究協力者抜きには、調査自体が不可能であったであろう。特に、屋久島における調査のコーディネートを引き受けてもらった一湊の高田みかこさん、口永良部島の貴舩恭子さん、色川調査において地域との橋渡しをしてもらった外山（春原《すのはら》）麻子さん、大西俊介さんにはたいへんお世話になった。

また、一湊小学校、金岳小・中学校、色川小・中学校の教職員の皆さんには、学期中にもかかわらず調査に協力してもらった。心より感謝の意を捧げたい。そして、なにより各学校の児童・生徒の皆さんと触れ合ったことが、何度でも再訪したい気持ちを強く持つきっかけとなっている。

以上の方々の存在がなければ、本書はありえなかった。心よりお礼申し上げる。

本書は、私が35年間勤務した京都精華大学を退職する２０１９年3月には出版できているはずであった。しかし、出版に向けた準備が佳境に入った２０１８年秋、図らずも体調を崩してしまい、残念ながら退職時には間に合わなかった。そのことで、共同研究者でもある本書執筆者に迷惑をかけてしまい、たいへんに申し訳なく思っている。また、私ごとになるが、共編著者である妻の中島智子とは、同じ領域の研究を志しながら、これまで共に仕事をする機会はほとんどなかったが、研究生活の最後になって偶然にも同じ調査に携わることになった。智子には、私の体調に関する心労だけではなく、編集作業の肩代わりまでさせてしまうことになった。感謝の言葉しかない。しかし、無事出版されたことでその埋め合わせができたと思う。

最後に、本書の出版元である明石書店の大江道雅社長には、出版計画の大幅な変更にもかかわらず、そのあいだ何も言わずに待ってもらった。感謝に堪えない。また、面倒な編集に最後までつき合ってもらった吉澤あきさんにも、その忍耐と心配りには大いに感謝の意を表したい。

２０１９年11月

中島勝住

＊

なお、本書に関連する共同研究には以下の研究助成を受けた。また、本書は５の研究助成に対する成果報告書を兼ねている。

1．ＪＳＰＳ科研費（JP16530531：2004–2006）「学校施設の複合化に関する研究」（研究代表者：四方利明）
2．ＪＳＰＳ科研費　（JP19530767：2007–2009）「地域社会における学校の統廃合と複合化に関する研究」（研究代表者：四方利明）
3．ＪＳＰＳ科研費（JP22530587：2010–2012）「学校統廃合と地域社会の変容に関する総合的研究」（研究代表者：中島勝住）
4．ＪＳＰＳ科研費（JP25381150：2013–2016）「少子高齢化地域の存続と小規模学校の継続可能性についての総合的研究」（研究代表者：中島勝住）
5．京都精華大学公募研究プロジェクト（2016–2018）「小規模学校存続を核にコミュニティの持続可能性を模索する地域に関する実態調査研究」（研究代表者：中島勝住）

◈執筆者紹介（50 音順）

大垣裕美（おおがき・ひろみ）
1981 年生まれ。学校図書館司書。東京都千代田区立図書館読書振興センター学校支援チーフ。小・中学校の他、幼稚園やこども園、保育園、児童館など区立教育施設で読書活動支援を行う専任部署の統括をしている。学生の頃訪れたオーストラリア・メルボルンの学校図書館で、子どもとかかわる図書館活動の可能性に魅力を感じ、以来、鹿児島県屋久島町で学校図書館司書補を務めるなど、子どもと本をつなぐ仕事に従事。

尾﨑公子（おざき・きみこ）
1963 年生まれ。兵庫県立大学教員。専門は教育政策。大学では、“コミュニティ創出のための教育論”を掲げ教育・研究を行っている。学校には多世代、多機関を結びつける機能があり、そうした機能が有効に働けば、学校がコミュニティ創出の核となることができると考え、有効に働くヒントを求めて、国内外に足を運んでいる。主著に『公教育制度における教員管理規範の創出 ──「品行」規範に着目して』（学術出版会、2007 年）など。

小泉友則（こいずみ・とものり）
1987 年生まれ。大学非常勤講師・世界人権問題研究センター登録研究員。専門はジェンダー・セクシュアリティと教育研究。また、社会的に発言力を持たない子どもが、大人の手によって、いかように社会的に扱われ、規定されていくのかについて、広く関心がある。主著に、『子どもの性欲の近代 ── 幼児期の性の芽生えと管理は、いかに語られてきたか』（松籟社、近刊）、「「お母さん／お父さん、ワタシ／ボクはどこから生まれたの？」への返答法の歴史 ── 子どもの心の観察から性の教育へ」（日本女性学研究会『女性学年報』第 37 号、2016 年）など。

中西宏次（なかにし・ひろつぐ）
1946 年生まれ。京都精華大学特別研究員。元大阪府立高校教員。長年の教員生活を通じて教育と他領域との境界領域に関心を持ち「教育の境界研究会」での活動を続ける。一方、教育以外の分野でも「境界」にこだわり、自分史と境界的事象との接続領域を探究。主著に『学校のことば　教師のことば』（共同執筆、東方出版、1994 年）、『学校のモノ語り』（共同執筆、東方出版、2000 年）、『京都の坂 ── 洛中と洛外の「境界」をめぐる』（明石書店、2016 年）など。

❖編著者紹介

中島勝住（なかじま・まさずみ）
1951年生まれ。京都精華大学名誉教授。中国近現代の社会と教育を研究していたが、そこから、差別問題と多文化主義にも関心が向かう。目下のところは、人が心地よく住むことができるコミュニティのサイズと構造について、その実現可能性をあれこれ考えている。主著に、『中国近代の都市と農村』（分担執筆、京都大学人文科学研究所、2001年）、『学校の境界』（編著、阿吽社、2003年）、『〈差別ごころ〉からの〈自由〉を』（阿吽社、2017年）など。

中島智子（なかじま・ともこ）
1953年生まれ。元プール学院大学教員。研究領域は在日外国人教育。現在、学校統廃合と地域との関係や小規模校維持戦略について、公立学校と朝鮮学校の場合を比較的視点で研究している。主著に、『日本の外国人学校――トランスナショナリティをめぐる教育政策の課題』（共編著、明石書店、2014年）、「公立学校における「任用の期限を附さない常勤講師」という〈問題〉」（『エトランデュテ』創刊号、2017年）など。

小さな地域と小さな学校――離島、廃校、移住者受け入れから考える

2020年2月25日　初版第1刷発行

編著者　中島勝住・中島智子
発行者　大江道雅
発行所　株式会社 明石書店
101-0021 東京都千代田区外神田 6-9-5
電　話　03-5818-1171
ＦＡＸ　03-5818-1174
振　替　00100-7-24505
http://www.akashi.co.jp
装　丁　明石書店デザイン室
印刷・製本　モリモト印刷株式会社

（定価はカバーに表示してあります）　ISBN978-4-7503-4971-8

JCOPY 〈出版者著作権管理機構　委託出版物〉
本書の無断複製は著作権法上での例外を除き禁じられています。
複製される場合は、そのつど事前に、出版者著作権管理機構（電話 03-5244-5088、FAX03-5244-5089、e-mail: info@jcopy.or.jp）の許諾を得てください。

人口減少社会と高校魅力化プロジェクト
地域人材育成の教育社会学
樋田大二郎、樋田有一郎著 ◎2400円

スモールマート革命 持続可能な地域経済活性化への挑戦
マイケル・シューマン著 毛受敏浩監訳 ◎2800円

「辺境」からはじまる 東京／東北論
赤坂憲雄、小熊英二編著 山下祐介、佐藤彰彦著 ◎1800円

東北地方「開発」の系譜 近代の産業振興政策から東日本大震災まで
松本武祝編著 ◎3500円

創造的地域づくりと文化 経済成長と社会的結束のための文化活動
経済協力開発機構（OECD）編著 寺尾仁訳 ◎4500円

京都の坂 洛中と洛外の「境界」をめぐる
中西宏次著 ◎2200円

森の開発と神々の闘争 増補改訂版 屋久島の環境民俗学
中島成久著 ◎2500円

持続可能な社会を考えるための66冊 教育から今の社会を読み解こう
小宮山博仁著 ◎2200円

持続可能な生き方をデザインしよう
世界・宇宙・未来を通していまを生きる意味を考えるESD実践学
高野雅夫編著 ◎2600円

持続可能な未来のための知恵とわざ ローマクラブメンバーとノーベル賞受賞者の対話
名古屋大学環境学叢書5 林良嗣、中村秀規編 ◎2500円

持続可能な暮らしと農村開発 アプローチの展開と新たな挑戦
グローバル時代の食と農1
イアン・スクーンズ著 西川芳昭監訳 ◎2400円

3・11後の持続可能な社会をつくる実践学
被災地・岩手のレジリエントな社会構築の試み
山崎憲治、本田敏秋、山崎友子編 ◎2200円

ファクター5 エネルギー効率の5倍向上をめざすイノベーションと経済的方策
エルンスト・ウルリッヒ・フォン・ワイツゼッカーほか著
林良嗣監修 吉村皓一訳者代表 ◎4200円

ローマクラブ『成長の限界』から半世紀
Come On! 目を覚まそう! 環境危機を迎えた「人新世」をどう生きるか?
エルンスト・フォン・ワイツゼッカーほか編著 林良嗣、野中ともよ監訳 ◎3200円

新たな時代のESDサスティナブルな学校を創ろう
世界のホールスクールから学ぶ
永田佳之編著・監訳 曽我幸代編著・訳 ◎2500円

ユネスコスクール 地球市民教育の理念と実践
小林亮著 ◎2400円

〈価格は本体価格です〉

海と空の小学校から 学びとケアをつなぐ教育実践 自尊感情を育むカリキュラム・マネジメント
沖縄 八重山学びのゆいまーる研究会、村上呂里、山口剛史、辻雄二、望月道浩編著 ◎2000円

幼児教育と「こども環境」 豊かな発達と保育の環境
氏原陽子、倉賀野志郎、くしろせんもん学校・幼児の『環境』研究グループ編著 ◎2000円

ドイツのインクルーシブ教育と障害児者の余暇・スポーツ
移民・難民を含む多様性に対する学校と地域の挑戦
安井友康、千賀愛、山本理人著 ◎2700円

子どもの貧困と地域の連携・協働 〈学校とのつながり〉から考える支援
吉住隆弘、川口洋誉、鈴木晶子編著 ◎2700円

学校に居場所カフェをつくろう!
生きづらさを抱える高校生への寄り添い型支援
居場所カフェ立ち上げプロジェクト編著 ◎1800円

居場所づくりにいま必要なこと
子ども・若者の生きづらさに寄りそう
柳下換、高橋寛人編著 ◎2200円

学校を長期欠席する子どもたち
不登校・ネグレクトから学校教育と児童福祉法の連携を考える 保坂亨著 ◎2800円

めっしほうこう〈滅私奉公〉 学校の働き方改革を通して未来の教育をひらく
藤川伸治著 ◎1600円

前川喜平 教育のなかのマイノリティを語る
高校中退・夜間中学・外国につながる子ども・LGBT・沖縄の歴史教育
前川喜平、青砥恭、関本保孝、善元幸夫、金井景子、新城俊昭著 ◎1500円

新自由主義的な教育改革と学校文化
大阪の改革に関する批判的教育研究
濱元伸彦、原田琢也編著 ◎3800円

反転授業が変える教育の未来 生徒の主体性を引き出す授業への取り組み
反転授業研究会編 芝池宗克、中西洋介著 ◎2000円

色から始まる探究学習 アートによる自分づくり・学校づくり・地域づくり
「地域の色・自分の色」実行委員会、秋田喜代美編著 ◎2200円

アートの教育学 革新型社会を拓く学びの技
OECD教育研究革新センター編著 篠原康正、篠原真子、袰岩晶訳 ◎3700円

生きるための知識と技能7
OECD生徒の学習到達度調査(PISA) 2018年調査国際結果報告書
国立教育政策研究所編 ◎3600円

社会情動的スキル 学びに向かう力
経済協力開発機構(OECD)編著 ベネッセ教育総合研究所企画・制作 無藤隆、秋田喜代美監訳 ◎3600円

教育のワールドクラス 21世紀の学校システムをつくる
アンドレアス・シュライヒャー著 経済協力開発機構(OECD)編 ベネッセコーポレーション企画・制作 鈴木寛、秋田喜代美監訳 ◎3000円

〈価格は本体価格です〉

日本と世界の学力格差 国内・国際学力調査の統計分析から
シリーズ・学力格差①〈統計編〉 志水宏吉監修 川口俊明編著 ◎2800円

学力を支える家族と子育て戦略 就学前後における大都市圏での追跡調査
シリーズ・学力格差②〈家庭編〉 志水宏吉監修 伊佐夏実編著 ◎2800円

学力格差に向き合う学校 経年調査からみえてきた学力変化とその要因
シリーズ・学力格差③〈学校編〉 志水宏吉監修 若槻健、知念渉編著 ◎2800円

世界のしんどい学校 東アジアとヨーロッパにみる学力格差是正の取り組み
シリーズ・学力格差④〈国際編〉 志水宏吉監修 ハヤシザキカズヒコ、園山大祐、シム チュン・キャット編著 ◎2800円

高校を生きるニューカマー 大阪府立高校にみる教育支援
志水宏吉編著 ◎2500円

日本の外国人学校 トランスナショナリティをめぐる教育政策の課題
志水宏吉、中島智子、鍛治致編著 ◎4500円

朝鮮学校の教育史 脱植民地化への闘争と創造
呉永鎬著 ◎4800円

教師と人権教育 公正、多様性、グローバルな連帯のために
オードリー・オスラー、ヒュー・スターキー著 藤原孝章、北山夕華監訳 ◎2800円

批判的教育学事典
マイケル・W・アップル、ウェイン・アウ、ルイ・アルマンド・ガンディン編 長尾彰夫、澤田稔監修 ◎25000円

多文化教育事典
カール・A・グラント、グロリア・ラドソン＝ビリング編著 中島智子、太田晴雄、倉石一郎監訳 ◎5000円

多文化共生キーワード事典【改訂版】
多文化共生キーワード事典編集委員会編 ◎2000円

多文化教育がわかる事典 ありのままに生きられる社会をめざして
松尾知明著 ◎2800円

社会科における多文化教育 多様性・社会正義・公正を学ぶ
森茂岳雄、川﨑誠司、桐谷正信、青木香代子編著 ◎2700円

新 多文化共生の学校づくり 横浜市の挑戦
山脇啓造、服部信雄編著 横浜市教育委員会、横浜市国際交流協会協力 ◎2400円

多文化共生のためのテキストブック
松尾知明著 ◎2400円

「移民時代」の多文化共生論 想像力・創造力を育む14のレッスン
松尾知明著 ◎2200円

〈価格は本体価格です〉